高等职业院校港口与航道工程专业规划教材

Gangkou Shuigong Jianzhuwu

港口水工建筑物

交通职业教育教学指导委员会　组织编写

徐炬平　主编
宋华清[中交第二航务工程局有限公司]　主审

人民交通出版社

内容提要

本书为高等职业院校港口与航道工程专业规划教材之一。在编写过程中力求反映港口工程新规范的内容及新规范的应用,体现高职高专学生实践技能的培养。全书共分七章,内容包括:码头概述、重力式码头、板桩码头、高桩码头、斜坡码头和浮码头、码头附属设施、防波堤。每章前面有学习目的介绍,后面有小结和思考题。

本书适用于港口与航道工程及相关专业的教学,也可供港口工程相关专业工程技术人员参考。

图书在版编目(CIP)数据

港口水工建筑物/徐炬平 主编. —北京:人民交通出版社,2011.7 (2025.8重印)

ISBN 978-7-114-09144-5

Ⅰ. ①港… Ⅱ. ①徐… Ⅲ. ①港口建筑物:水工建筑物-高等职业教育-教材 Ⅳ. ①U656

中国版本图书馆 CIP 数据核字(2011)第 095021 号

高等职业院校港口与航道工程专业规划教材

书　　名:**港口水工建筑物**
著 作 者:徐炬平
责任编辑:杨　川
责任印制:张　凯
出版发行:人民交通出版社股份有限公司
地　　址:(100011)北京市朝阳区安定门外外馆斜街 3 号
网　　址:http://www.ccpcl.com.cn
销售电话:(010)85285911
总 经 销:人民交通出版社股份有限公司发行部
经　　销:各地新华书店
印　　刷:北京科印技术咨询服务有限公司数码印刷分部
开　　本:787×1092　1/16
印　　张:11.25
插　　页:5
字　　数:262 千
版　　次:2011 年 7 月　第 1 版
印　　次:2025 年 8 月　第 8 次印刷
书　　号:ISBN 978-7-114-09144-5
定　　价:35.00 元

前　言

随着我国国民经济的飞速发展，国家进一步加大了对水运事业的投入，一大批港口、航道工程项目的投资建设，迫切需要一批懂专业的高技能建设人才。同时，教育事业也迎来了发展的春天，尤其是高职教育得到了前所未有的发展，一大批高职院校中水利类、交通类专业的开设，为国家输送了大批合格、有用的人才。

由于港口与航道工程专业最初仅开设了本科教育，因此，目前所有的教材、教学标准、教学文件等均是立足于本科教育制订的。随着交通类高等职业教育港口与航道工程专业的开办，再加上新技术、新规范、新材料的出现，急需制订和编写面向高等职业教育的专业教学文件和配套教材。

在交通职业教育教学指导委员会的关心支持和指导下，从2008年开始，高职港口与航道工程专业开展了本学科的专业标准和教学标准的研究工作，并与人民交通出版社共同策划，同步规划了该专业核心教材。

高等职业院校港口与航道工程专业规划教材第一批共规划编写出版6种，计划在2012年年底前全部完成。本套教材针对高等教育的特点，本着"必须、够用、理论联系实际"的原则，经过广泛调研，征求用人单位意见而编写。每种教材的每一章前面有学习提示，后面有小结和思考题，重点章节还列选了工程实例，以方便学生的学习。

《港水水工建筑物》是高等职业院校港口与航道工程专业规划教材之一。在编写过程中力求反映港口工程新规范的内容及新规范的应用，体现高职高专学生实践技能的培养。全书共分七章，内容包括：码头概述、重力式码头、板桩码头、高桩码头、斜坡码头和浮码头、码头附属设施、防波堤。

本书适用于港口与航道工程及相关专业的教学，也可供港口工程相关专业工程技术人员参考。

本书具体编写分工如下：第一、二、三章由安徽交通职业技术学院徐炬平编写；第四、五、六章和码头案例由南通航运职业技术学院郑红娟老师编写；第七章由福建交通规划设计院高级工程师陈长泰编写。全书由徐炬平担任主编。

本书由中交第二航务工程局有限公司宋华清高级工程师担任主审。在本书编写过程中还得到安徽省港航建设投资集团有限公司李家俊总经理和安徽交通职业技术学院土木工程系王丰胜主任以及众多同行、网络的大力支持，在此一并表示感谢。

限于编者的水平，教材内容难免会有错误和不妥之处，敬请各教学单位和读者在使用和推广本系列教材时提出修改意见和建议，以便再版修订时改正。

交通工程机械专业委员会

2011年4月

目　　录

第一章 码头概述

本章学习提示：

通过学习掌握码头的组成、分类以及码头使用荷载及组合等内容，为后续各种类型码头结构、构造的学习打下基础。

第一节 码头组成及分类

一、码头建筑物的组成

码头建筑物是供船舶停靠、装卸货物或上下旅客的水工建筑物，是港口的主要建筑物之一。

码头建筑物由主体结构和码头设备两部分组成(图1-1)。主体结构通常包括上部结构、下部结构和基础。

上部结构的功能是：直接承受船舶荷载和地面使用荷载，并将其传给下部结构；将下部结构的构件连成整体；此外，上部结构还是系船柱、轨道、防冲设施等码头设备的基础。

下部结构的功能是：使码头形成一个直立墙身，并将作用在上部结构和自身的作用力传递到基础。

基础是码头建筑物的底座，承受下部结构传下来的作用力，并将其扩散到较大范围的地基上。

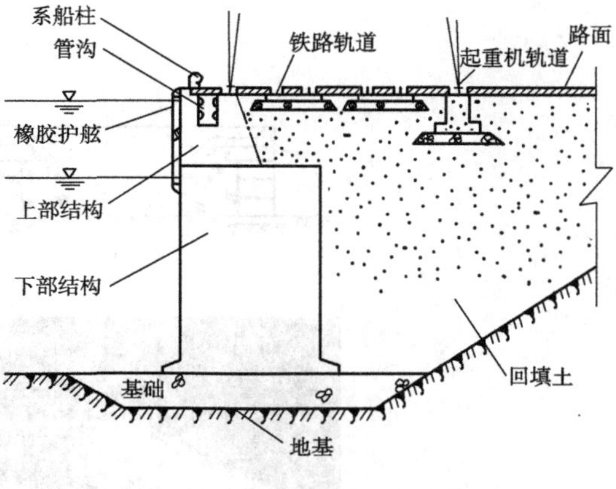

图1-1 码头组成示意图

码头设备是指供船舶系靠和装卸作业在码头上设置的设备，包括系船设备(如系船柱、系船环)，缓冲设备(如橡胶护舷)，安全设备(如系网环、护轮槛)，工艺设备(如工艺管沟、起重机轨道与铁路轨道)和路面等。

二、码头分类

1. 按平面布置分类

码头可分为顺岸式、突堤式、岛式等。顺岸式码头(图1-2)即为码头线与原岸线平行或基本平行的码头，应用较为普遍。突堤式码头(图1-3)主要应用于海港，分为窄突堤码头和宽突堤码头两种。前者沿宽度方向是一个整体结构，后者沿宽度方向的两侧为码头结构，码头结构中通过填筑构成码头地面。岛式码头（图 1-4）是修建在近岸深水海域中的码头，通过引桥或管道与岸相连，主要用来停靠巨型油船并进行装卸。

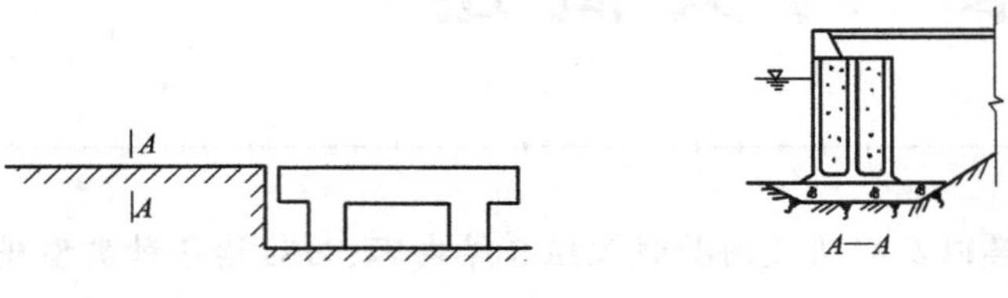

a)

b)

图 1-2　顺岸式码头

a）顺岸式码头平面布置图；b）某顺岸式码头实景

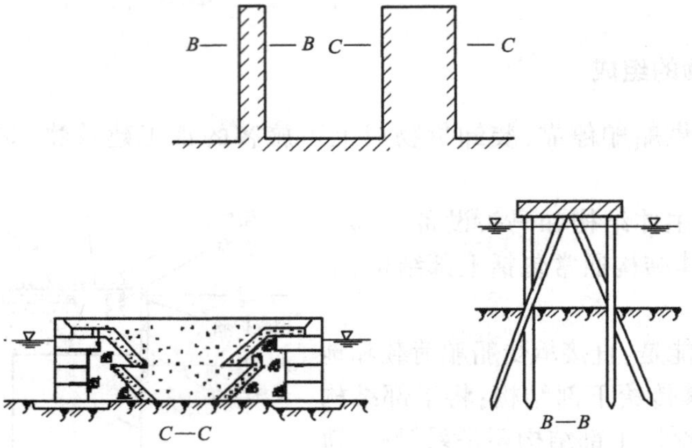

a)

b)

图 1-3　突堤式码头

a）突堤式码头平面布置；b）大连港突堤式码头实景

2. 按断面型式分类

码头可分为直立式、斜坡式、半直立式、半斜坡式和多级式（图 1-5）等类型。直立式码头适用于水位变化不大的港口，如海岸港和河口港，对于水位差较小的河港及运河港也很适用。斜坡式码头适用于水位变化大的上、中游河港或水库港。由于直立式码头装卸效率高，其应用范围正逐步扩大。在水位差较大的中游河港，采用多层系缆或浮式系靠船设施的直立式码头也日益增多。半斜坡式码头用于枯水期较长而洪水期较短的山区河流。半直立式码头用于高水位时间较长，而低水位时间较短的水库港等，后两种型式的码头应用较少。

图1-4　岛式码头实景

在河港中，对水位差8m以下的货运码头，宜建直立式；对水位差8～17m的件杂货码头，主要采用直立式；对散货码头主要采用斜坡式，对水位差17m以上，以建斜坡式为主，也可因地制宜建一些其他型式的码头。

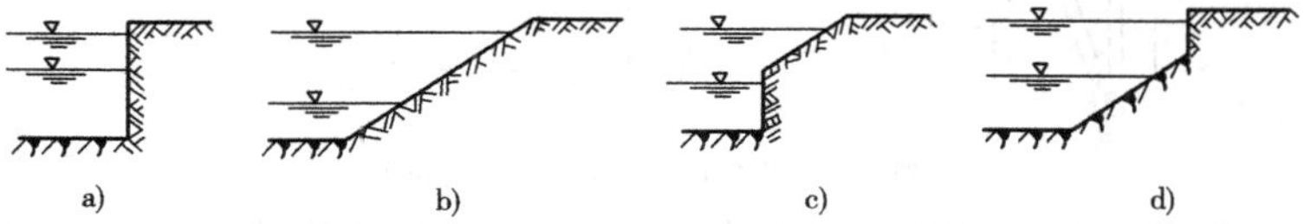

图1-5　码头的断面型式

a）直立式；b）斜坡式；c）半斜坡式；d）半直立式

3. 码头建筑物的结构型式分类

码头常见的结构型式有：重力式、板桩式、高桩式及混合式等。

（1）重力式（图1-1、图1-6）。依靠自重力（包括结构本身和填料的重力）来抵抗建筑物的滑移和倾覆。由于重力式码头自重较大，因此适用于土质较好的地基。又由于重力式码头墙体属实体结构，因此是耐久性和对工艺及超载变化适应性最强的一种结构。

（2）板桩式（图1-7）。靠打入地基中一系列连续板桩形成板的桩墙体来挡土。由于板桩码头系薄壁构件，且承受土压力较大，因此板桩码头主要适用于中、小型码头。

图1-6　重力式码头

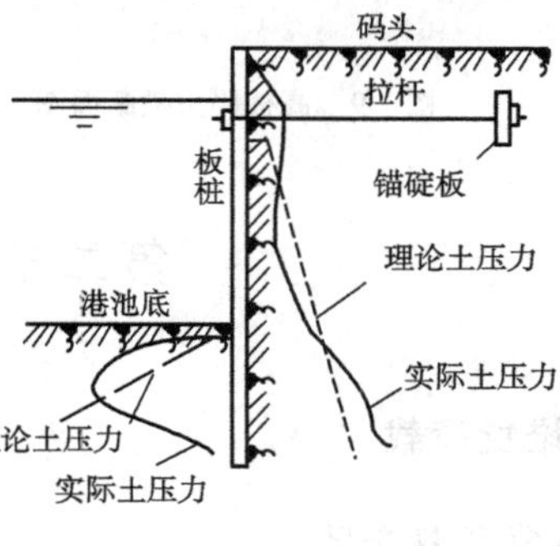

图1-7　板桩码头及其受力

(3)高桩码头(图1-8、图1-9)。主要由桩基和上部结构组成,利用打入地基中的桩将作用在上部结构上的荷载传到地基深处,高桩码头主要适用于软土地基。

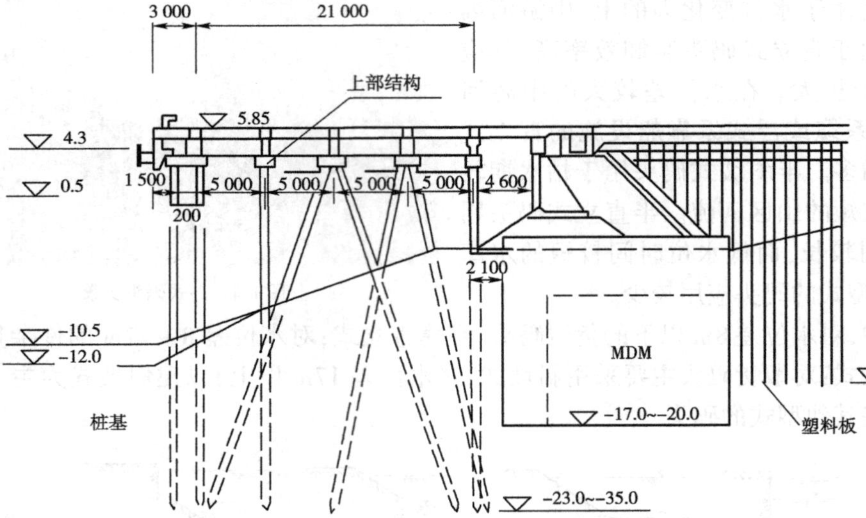

图1-8 高桩码头(尺寸单位:mm)

(4)混合式。除了上述三种基本的结构型式外,根据当地的地基、水文、建筑材料、码头使用上的要求以及施工条件等情况,也可采用各种型式的混合结构。例如:下部为重力墩、上部为梁板式结构的重力墩式码头;后排为板桩挡土墙的后板桩高桩式码头(图1-10)。

图1-9 高桩码头横断面图

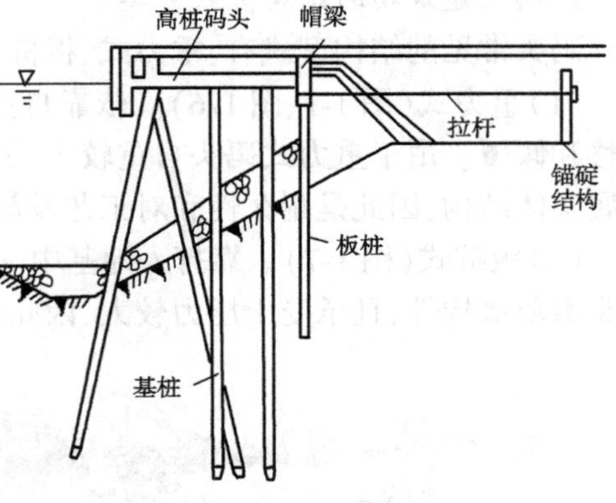

图1-10 后板桩挡土墙混合式码头

第二节 码头地面使用荷载

一、堆货荷载

1.堆货荷载分区

根据《港口工程荷载规范》(JTS 144—1—2010),将堆货荷载分成三个区域:前沿区、前方堆场和后方堆场。

(1)前沿区。它是从码头前沿线向后一定距离的地区。该区域通常作为装卸和运输机械的作业和通行地带,一般不堆货,只有少数情况下才临时堆存。根据港口使用上的规定,一般从门座起重机的陆侧轨中心以外1.5m开始堆货。考虑门座起重机的轨距10.5m和其前轨距码头前沿线为2m,因此对于有门座起重机的码头前沿区一般取14m;对于无门座起重机的海港码头前沿区宽度一般取10m,河港前沿区宽度一般取4~8m。

对于斜坡式码头,为与直立式码头概念统一,仍将其自坡顶线起向江的一段命名为前沿区。

(2)前方堆场。前方堆场主要用来堆放装卸下来临时堆存的货物。对于有门机的码头,其宽度取决于门机吊臂的最大伸距。门机最大伸距一般为25m和30m,所以前方堆场的宽度分别取18m和23m,如图1-11所示。对于不设门机的码头,根据各港口使用管理等情况确定。对于前方设有仓库的码头,习惯采用仓库的宽度。

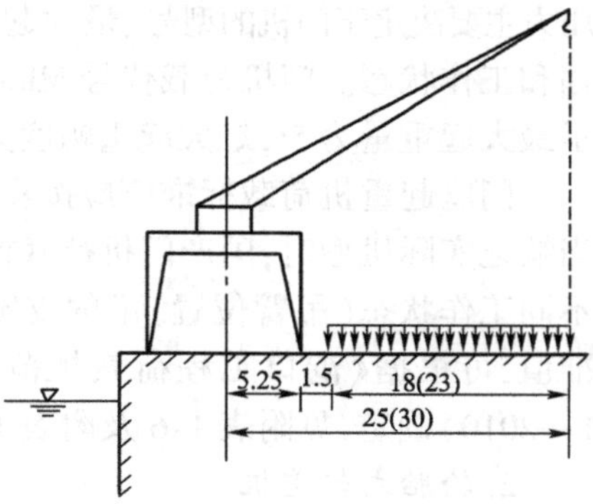

图1-11 设有门机的码头前方堆场宽度(尺寸单位:m)

(3)后方堆场。除上述区域以外的堆场。

2. 堆货荷载标准值

作用在港口工程结构物上的堆货荷载标准值,应根据堆存货种、装卸工艺确定的堆存情况、结合结构型式、地基条件和不同计算项以及对今后港口发展的考虑等进行综合分析后确定。

专业机械化码头的堆货荷载标准值按附表1-1选用。海港或河港各类码头在一般装卸工艺条件下的堆货荷载标准值,可分别按附表1-2和附表1-3选用。对有特殊使用要求的,应根据使用要求另行确定。后方堆场堆货荷载标准值,可按附表1-4选用;仓库的堆货荷载标准值可按附表1-5选用。装船机、卸船机和门机轨中心外1.5m范围内可不考虑堆货荷载。

二、人群荷载

客班轮码头及引桥因通行旅客,人行引桥或浮桥以及专用码头检修通道因通行港内工作人员而产生人群荷载。作用于港口工程结构物上的竖直人群荷载标准值 q 可按表1-1采用。

另外,设计人行引桥、浮桥时尚应以集中力1.6kN为标准值验算人行通道板的构件强度。作用于栏杆顶部的水平荷载标准值可采用1.0kN/m。对安全要求高的栏杆应按实际情况确定,但不应低于1.5kN/m。

人群荷载标准值表 表1-1

建筑物类别	人群荷载标准值 q(kPa)	说　明
客班轮码头及引桥	4~5	—
人行引桥或浮桥	2~3	人行通道宽度大于等于1.2m
	2	人行通道宽度小于1.2m

注:①大中型客码头 q 值取表列中上限值;

②设计钢引桥主桁时,人群荷载标准值不得折减。

三、起重运输机械荷载

港口起重运输机械包括轮胎式起重机、汽车式起重机、叉式装卸车、电瓶搬运车和牵引车等。港口选用哪种机械，取决于其相应的装卸工艺所选定的机械种类和型号。各种起重机械起重能力与跨幅有关，最大起重量与最小跨幅相对应，最大跨幅与最小起重量相对应，一般在两者之间工作。

1. 门座起重机

港口门座起重机(简称门机，见图1-12)一般轨距为10.5m。门机通过支腿对码头作用，支腿的压力主要决定于门机的型号、最大起重量、最大跨幅和工作状态。门机荷载代号Mh－5－30，即表示最大起重量为5t，最大起重幅度为30m。

门座起重机荷载标准值应按实际机型确定。当缺乏实际机型时，国产门机荷载标准值以及在不同工作状态(吊臂位置)下的支腿竖向荷载标准值，可根据《港口工程荷载规范》(JTS 144—1—2010)确定，见附表1-6及附表1-7。

图1-12　门座起重机

2. 轮胎式起重机

轮胎式起重机一般有空载行驶、打支腿工作和不打支腿工作三种工作状态。空载行驶对码头建筑物设计不起控制作用，只作为港区道路桥梁的设计荷载。打支腿工作和不打支腿工作是港内装卸作业的常用状态，视具体作业条件确定吊重和跨幅，再确定相应作用于码头的荷载。由于轮胎式起重机类型很多，《港口工程荷载规范》(JTS 144—1—2010)附录C给出常用轮胎起重机的荷载值。

3. 铁路荷载

铁路列车由机车和车辆组成。影响码头铁路荷载的主要因素是实际使用的机车和车辆类型。由于港口铁路所用机车和车辆的型号甚多，其自重、载重量和轴距各不相同，设计时一般不采用实际机车和车辆的轴压力，而是采用标准的铁路荷载图式，即中华人民共和国铁路标准荷载(又称“中一活载”)，其计算图式见图1-13。普通活载一般对大跨度结构起控制作用，特种活载一般对小跨度(小于3～5m)结构起控制作用。结构计算时分别按“普通活载”、“特殊荷载”图示加载，按计算结果的大值选取采用。

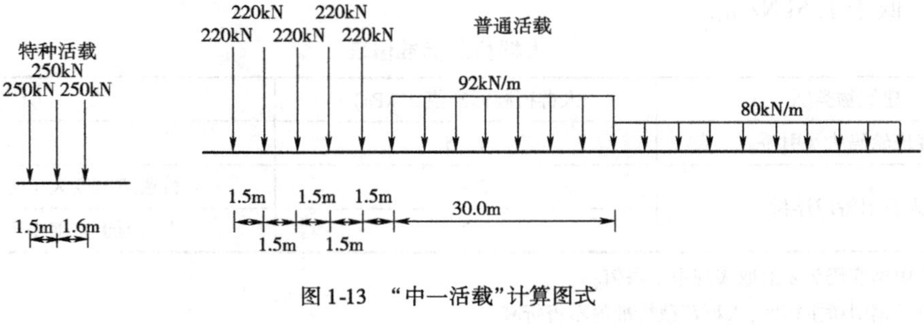

图1-13　“中一活载”计算图式

由铁路荷载产生的土压力，为方便计算，以线荷载形式表示竖向计算活载。作用于两根钢轨上的竖向线荷载的标准值，根据港口通过的机车类型、运输重件的重量，按表1-2选取采用。

铁路竖向线荷载标准值 表1-2

机车类型	竖向线荷载标准值（kN/m）	重件重量（t）	竖向线荷载标准值（kN/m）
调车机车	125	60～90	125
干线机车	140	>90	140

4. 汽车荷载

作用在港口建筑物上的汽车荷载，包括各级汽车和平板挂车荷载。汽车荷载按单辆汽车总重量分为：10t、15t、20t、30t、55t汽车五个等级。各级汽车的平面尺寸如图1-14所示，其荷载标准值可参考《港口工程荷载规范》（JTS 144—1—2010）有关规定。车辆在码头上的纵横排列，应按其出现最不利的荷载组合情况进行布置。

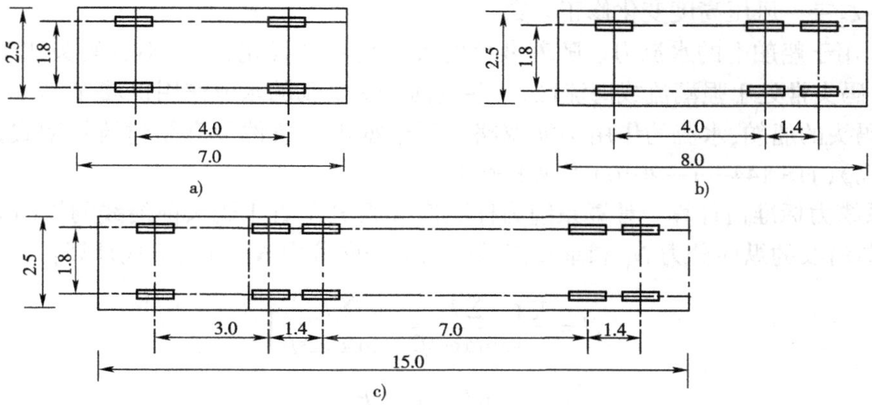

图1-14 各级汽车的平面尺寸（尺寸单位：m）

a）10t、15t、20t汽车平面尺寸；b）30t汽车平面尺寸；c）55t汽车平面尺寸

对填料厚度小于500mm的一般的透空式结构，汽车荷载的冲击系数可取1.1～1.3。对实体式结构或填料厚度大于500mm的透空式结构，可不计冲击系数。

第三节 其他荷载

一、船舶荷载

船舶荷载是作用于码头上的主要荷载之一，比较复杂，它与诸多因素有关，且具有随机性，其最终作用方式和设计中应考虑的荷载，主要包括如下内容：

（1）由风和水流产生的系缆力。

（2）由风和水流产生的挤靠力。

（3）船舶靠岸时产生的撞击力。

（4）系泊船舶在波浪作用下产生的撞击力。

1. 系缆力

系缆力是由风、浪、水流和冰等引起的，使靠离码头的船舶对系船设施上的缆绳产生的拉伸作用。系缆力主要是由风与水流共同作用于船舶的结果，计算时应根据可能出现的风和流的情况，但不应用两者最大值叠加。一般可按最大计算吹开风和同时可能出现的流来叠加。

(1)作用于船舶上的风荷载。作用在船舶上的风压力的计算，可分为垂直于码头前沿线的横向分力和平行于码头前沿线的纵向分力，并可按下列公式计算：

$$\left.\begin{aligned} F_{xw} &= 73.6\times10^{-5}A_{xw}V_x^2\zeta_1\zeta_2 \\ F_{yw} &= 49.0\times10^{-5}A_{yw}V_y^2\zeta_1\zeta_2 \end{aligned}\right\} \tag{1-1}$$

式中：F_{xw}，F_{yw}——分别为作用在船舶上的计算风压力的横向和纵向分力，kN；

A_{xw}，A_{yw}——分别为船体水面以上横向和纵向受风面积，m^2；

V_x，V_y——分别为设计风速的横向和纵向分量，m/s；

ζ_1——风压不均匀折减系数；

ζ_2——风压高度变化修正系数。

(2)作用于船舶上的水流力。随着港口的大型化和现代化，已有不少码头建于无掩护的开敞海域，码头常处于强潮流或海流区，一些内河码头受到的水流作用也较强，这种情况下，系泊于上述码头的船舶，水流的作用不能忽略。可根据水流条件和靠船建筑物型式按《港口工程荷载规范》(JTS 144—1—2010)附录F确定。

(3)系缆力标准值计算。计算系缆力标准值 N 及其垂直于码头前沿线的横向分力 N_x、平行于码头前沿线的纵向分力 N_y 和垂直于码头面的竖向分力 N_z，可按下式计算：

$$N=\frac{K}{n}\left[\frac{\sum F_x}{\sin\alpha\cos\beta}+\frac{\sum F_y}{\cos\alpha\cos\beta}\right] \tag{1-2}$$

$$\left.\begin{aligned} N_x &= N\sin\alpha\cos\beta \\ N_y &= N\cos\alpha\cos\beta \\ N_z &= N\sin\beta \end{aligned}\right\} \tag{1-3}$$

式中：N，N_x，N_y，N_z——分别为系缆力标准值及其横向、纵向和竖和分力，kN；

$\sum F_x$，$\sum F_y$——分别为可能同时出现的风和水流对船舶作用产生的横向分力总和与纵向分力总和，kN；

K——系船柱受力分布不均匀系数，当实际受力的系船柱数目 $n=2$ 时，K 取1.2；$n>2$ 时，K 取1.3；

n——计算船舶同时受力的系船柱数目；

α——系船缆的水平投影与码头前沿线所成的夹角，(°)；

β——系船缆与水平面之间的夹角，(°)。

(4)计算系缆力标准值上限。计算系缆力标准值不应大于缆绳本身的破断力。缆绳破断力应按产品材质和规格确定。

(5)计算系缆力标准值下限。作用于系船柱或系船环上的计算系缆力标准值不应小于表1-3和表1-4所列数值：

海船系缆力标准值(部分) 表1-3

船舶载重量 DW(t)	1000	2000	5000	10000	20000	50000
系缆力标准值(kN)	150	200	300	400	500	650

内河货船驳船系缆力标准值 表1-4

船舶载重量 DW(t)	系缆力标准值(kN)	船舶载重量 DW(t)	系缆力标准值(kN)
$DW \leqslant 100$	30	$1000 < DW \leqslant 2000$	150
$100 < DW \leqslant 500$	50	$2000 < DW \leqslant 3000$	200
$500 < DW \leqslant 1000$	100	$3000 < DW \leqslant 5000$	250

2.挤靠力

船舶受到风、水流(流速较大时)的共同作用下,通过橡胶护舷对码头产生的力称之为挤靠力。对于有掩护的海港码头可以仅考虑风产生的挤靠力,但对存在强流和大浪的海港码头和内河码头,应考虑风和水流的共同作用。和系缆力一样,不应将两者的最大值叠加。一般可按最大值计算吹拢风和同时可能出现的流来叠加计算。

3.撞击力

船舶撞击码头时产生的力称为撞击力。撞击力主要有:

(1)船舶靠岸时,船舶以靠岸速度碰撞建筑物引起的撞击力。

从理论讲,船舶撞击动能为:

$$E = \frac{1}{2}mv^2 \tag{1-4}$$

船舶靠岸碰撞码头时,其动能转化为橡胶护舷压缩变形、船壳弹性变形、码头结构的弹性变形能和船舶转动、横摇,以及船与码头之间水体的挤升、振动、摩擦、发热等能量的吸收耗散。其中橡胶护舷、船壳板、码头变形三者吸收的能力称为有效撞击能量 E_0,一般为船舶撞击动能的70%~80%。对于设置橡胶护舷的码头,有效动能基本全部由橡胶护舷吸收,码头结构物吸收的能量可以忽略不计。算出有效撞击能量 E_0,根据橡胶护舷的性能曲线,查出撞击力。

从公式(1-4)可以看出靠岸速度是决定船舶撞击力大小的关键,它与风、流等自然因素和操作因素有关。

(2)系泊于系船、靠船结构上的船舶在波浪作用下船舶运动碰撞结构引起的撞击力。

这种撞击力主要由横向波浪引起,是外海开敞式大型船舶码头的重要船舶荷载之一,在某些情况下,可能大于靠船时的船舶撞击力。系泊船舶在波浪作用下对系船靠船结构产生的撞击力标准值应通过物理模型试验确定。

二、水流力

水流力是以径流为主的河港透空式建筑物(墩式码头、桩基码头及架空斜坡码头)的可变作用,当流速大于3m/s时,有时会成为主导可变作用;对以潮流为主的海港透空式建筑物,也应考虑水流作用的影响。作用于港口工程结构物上的水流力标准值应按下式计算:

$$F_w = C_w \frac{\rho}{2} V^2 A \tag{1-5}$$

式中：F_w——水流力标准值，kN；

V——水流设计流速，m/s；

C_w——水流阻力系数；

ρ——水的密度，t/m³，淡水取1.0，海水取1.025；

A——计算构件在与流向垂直平面上的投影面积，m²。

三、土压力

在土力学课程中我们知道，挡土结构都承受着土压力作用。因此港口工程中重力式码头、板桩码头等都承受土压力作用，土压力是港口结构的主要荷载之一。

1. 土压力基本公式

(1)土压力种类。根据太沙基等一些学者研究，根据墙体相对位移$\frac{\Delta}{H}$，即墙顶位移Δ(Δ远离填土方向为“+”，反之为“-”)与墙高H的比值，将土压力分为：

①主动土压力：当$\frac{\Delta}{H}=0.001$，墙前土体处于主动极限平衡状态；

②被动土压力：$\frac{\Delta}{H}=-0.01$，墙前土体处于被极限平衡状态；

③静止土压力：$\frac{\Delta}{H}=0$，墙前土体处于静止状态；

(2)计算公式：

①朗肯公式。朗肯土压力公式假定挡土墙土体是刚性、墙背铅直、光滑，填土表面水平延伸。如图1-15所示，其任意深度土压力公式为：

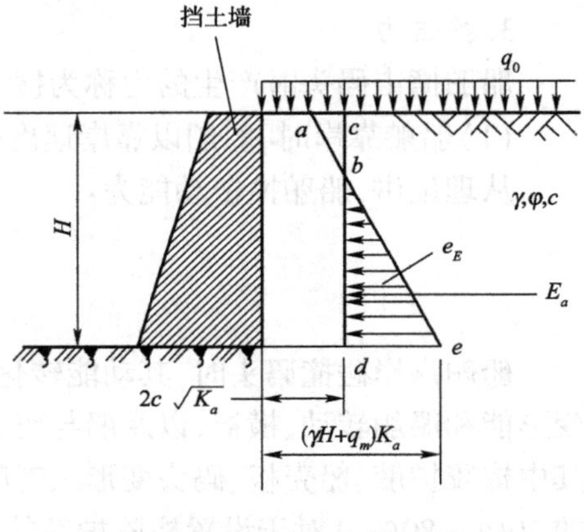

图1-15　朗肯主动土压力计算图式

主动土压力：$$e_a = (q + \sum\gamma h)K_a - 2C\sqrt{K_a} \tag{1-6}$$

被动土压力：$$e_p = (q + \sum\gamma h)K_p + 2C\sqrt{K_a} \tag{1-7}$$

$$\left.\begin{aligned} K_a &= \tan^2\left(45° - \frac{\varphi}{2}\right) \\ K_p &= \tan^2\left(45° + \frac{\varphi}{2}\right) \end{aligned}\right\} \tag{1-8}$$

式中：C——土的黏滞力，kPa；

K_a、K_p——主动土压力系数和被动土压力系数；

γ——土的重度，kN/m³；

φ——土的内摩擦角，(°)；

q——地面上均布荷载，kN/m²(单位斜面积上的荷载)。

②库伦公式。每延米墙上总主动土压力 E_a（图 1-16）和总被动土压力 E_p 分别为：

$$\left.\begin{aligned}E_a &= \left(qK_q + \frac{\gamma H}{2}\right)HK_a \\ E_p &= \left(qK_q + \frac{\gamma H}{2}\right)HK_p\end{aligned}\right\} \tag{1-9}$$

$$\left.\begin{aligned}K_a &= \frac{\cos^2(\varphi - a)}{\cos^2\alpha\cos(\alpha+\delta)\left[1+\sqrt{\dfrac{\sin(\varphi+\delta)\sin(\varphi-\beta)}{\cos(\alpha+\delta)\cos(\alpha-\beta)}}\right]^2} \\ K_p &= \frac{\cos^2(\varphi + a)}{\cos^2\alpha\cos(\alpha-\delta)\left[1-\sqrt{\dfrac{\sin(\varphi+\delta)\sin(\varphi+\beta)}{\cos(\alpha-\delta)\cos(\alpha-\beta)}}\right]^2} \\ K_q &= \frac{1}{1+\tan\alpha\tan\beta} = \frac{\cos\alpha}{\cos(\alpha-\beta)}\end{aligned}\right\} \tag{1-10}$$

式中：K_a、K_p——主动土压力系数和被动土压力系数；

K_q——地面荷载系数；

γ——土的重度，kN/m^3；

φ——土的内摩擦角，°；

q——地面上均布荷载，kN/m^2（单位斜面积上的荷载）；

δ——土与墙背面之间的摩擦角，也称外摩擦角，°（K_a 式中的 δ，当土对墙产生向下摩擦力时为正；K_p 式中的 δ，当土对墙产生向上摩擦力时为正）；

β——地面与水平面的夹角，°（向上倾为正）；

α——墙背对垂直面的倾斜角，°，仰斜为正，俯斜为负；

H——墙高，m。

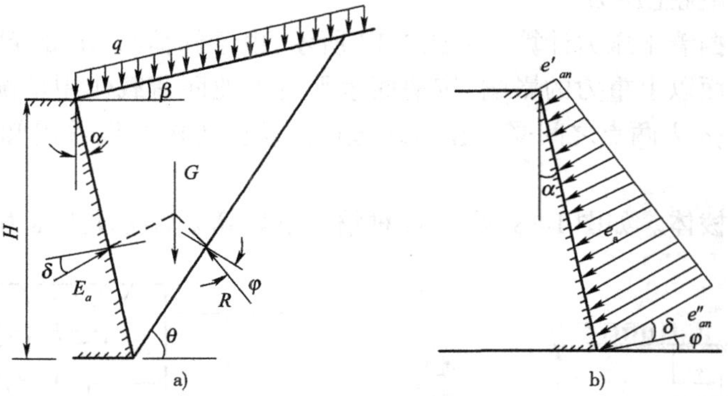

图 1-16 库伦主动土压力计算图式

a）滑动土体的受力平衡；b）墙后的土压力图形

由于库伦土压力公式是假定墙后填土是匀质的砂性土，因此在黏性土土压力计算时，通常采用经验内摩擦角 φ' 来代替实际内摩擦角 φ 和黏聚力 c。一般水上黏土可取 $\varphi'=30°\sim35°$，水下黏土 $\varphi'=25°\sim30°$；或采用等效内摩擦角 φ' 的方法，常按两种公式土压力强度等效的方法计算得到，式（1-11）为确定主动土压力等效内摩擦角：

$$(q+\sum\gamma h)K_a-2c\sqrt{K_a}=(q+\sum\gamma h)\tan\left(45-\frac{\varphi'}{2}\right) \tag{1-11}$$

另外库伦公式适用于 $-15°<\alpha<15°$的陡墙，其计算结果比较正确，α 值超过这个范围则属斜墙，宜采用索可洛夫斯基方法计算。

2. 公式应用

(1)从公式和土力学知识知道，作用在挡土墙上的土压力，其大小和分布与下列因素有关：

①挡土墙的型式与墙体的刚度。库仑土压力理论和朗肯土压力理论主要适用于刚性挡土墙。柔性挡土墙由于受墙体本身变形的影响，土压力及其分布与刚性挡土墙有很大区别。

②挡土墙表面的倾斜度及其粗糙程度。作用在光滑墙面上的土压力要比作用在粗糙墙面上的土压力小，前者土压力的作用方向与墙面的法线方向一致，而后者则与墙面法线成某一角度(等于墙面与填土的摩擦角)。此外，墙面的俯仰角越大，则作用在墙面上的土压力也越大。

③填土的性质(如土的均匀性、土的物理力学性质等)。填土的密实度越大，则填土的内摩擦角也越大。而填土的内摩擦角将直接影响土压力的大小，一般是内摩擦角越大，填土所产生的侧向土压力越小。同样，填土的内摩擦角和密实度还会影响到土压力沿墙高的分布图形，因而也将影响到二压力合力作用点的位置。

④填土表面荷载的情况。填土表面作用荷载时，将在挡土墙墙面上产生一个附加的土压力。

⑤地下水的情况。地下水将改变填土的物理力学性质，因而也影响到土压力的大小。通常地下水位以下土的容重、内摩擦角和凝聚力将比地下水位以下的土小。因而对于同一种土，无地下水时的土压力将比有地下水时土压力大，但有地下水的挡土墙墙面上将增加一个孔隙水压力，这种孔隙水压力，对于砂性土，大致等于静水压力。

(2)几种特殊情况土压力：

①带卸荷板的挡墙土压力计算。如图 1-17 所示，由于卸荷板 AC 的卸荷作用，因此 Aa 段可以不计卸荷板底面以上重力的影响，按地面水平且无地面荷载作用情况计算。b 点以下按无卸荷板情况计算；a、b 两点之间受力按直线过度。从受力图可以看出卸荷板可以减小墙后土压力作用。

②墙后有抛石棱体。如图 1-18 所示，此种情况下计算墙后主动土压力时。从墙体的后踵

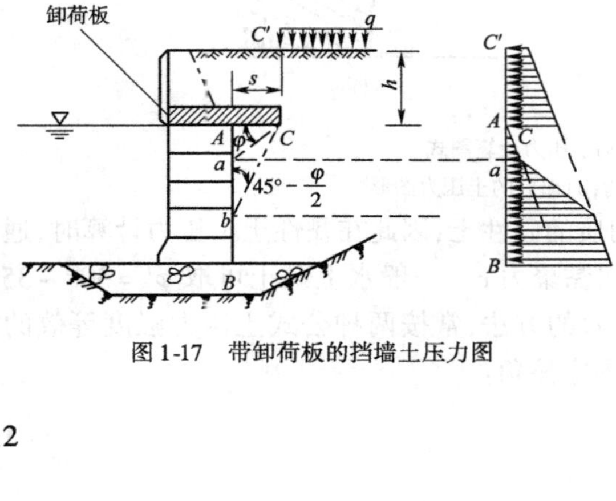

图 1-17　带卸荷板的挡墙土压力图

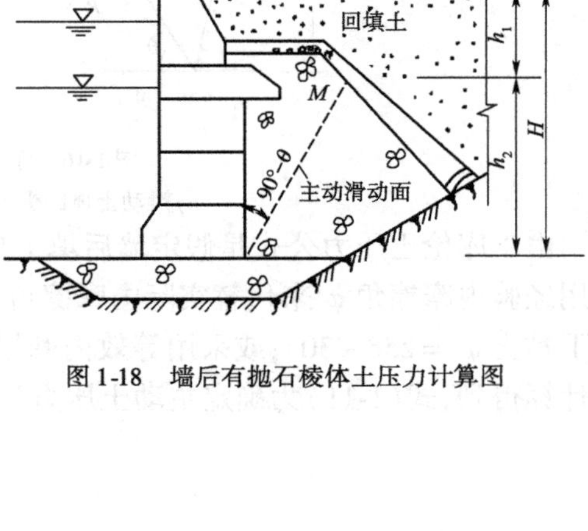

图 1-18　墙后有抛石棱体土压力计算图

作主动破裂面，与棱体坡面交于 M 点（出坡点），M 点以上的土压力按回填土的指标计算。M 点以下按棱体材料指标计算。破裂面与水平面的夹角 θ，可近似地采用两种材料的加权平均值：$\theta=\dfrac{h_1\theta_1+h_2\theta_2}{H}$，其中 θ_1、θ_2 分别为回填土和抛石棱体材料的主动破裂面与水平断面的夹角；θ 一般取 62°～65°。由此可以看出，为了减小作用在墙背的土压力，可以在墙背后设有抛石棱体。

③地面有集中荷载 P。如图 1-19 所示，当 P 作用点距墙背的距离为 s，在整墙高的土体滑动面以内时，它对墙背产生的土压力范围在 ab 之间，并呈等腰三角形分布，其中 a 点与 b 点分别为从 P 作用点画与水平面成 φ 角与 θ 角的直线与墙背的交点，θ 角是土的主动滑动面与水平面的夹角，当墙背为光滑垂直面和地面为水平时，$\theta=45°+\dfrac{\varphi}{2}$。根据总土压力与等腰三角形面积相等的条件，得最大土压力强度：

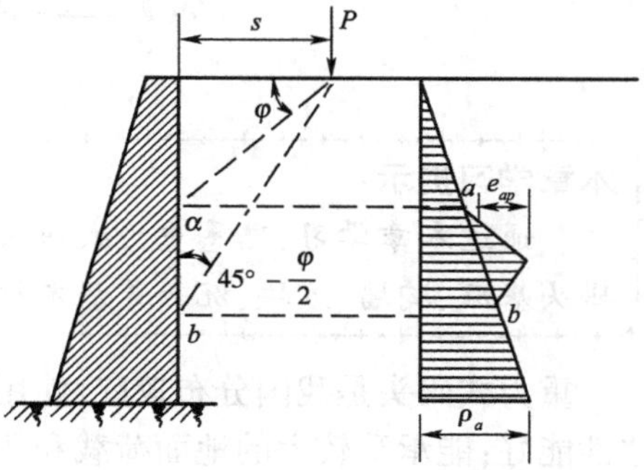

图 1-19 集中荷载作用下的土压力图

$$e_{ap}=\frac{2PK_a}{s\left[\tan\left(45°+\dfrac{\varphi}{2}\right)-\tan\varphi\right]} \tag{1-12}$$

式中：s——力 P 作用点到墙背顶点的距离。

从上述公式可以看出：s 越大，土压力越小。当 P 位于整个墙高的土体滑动面以外时，将对墙背不产生土压力。

小 结

本章主要内容包括：码头建筑物的组成及其功能；码头分类方法及各种类型码头的特点；码头使用荷载。通过本章学习，认识到码头建筑物的结构特点及受力特点。

思 考 题

1. 码头建筑物由哪几部分组成？各部分有什么功能？
2. 码头建筑按照结构型式可分为哪几种？各有什么特点？
3. 作用在码头建筑物上荷载有哪几种？
4. 作用在码头建筑物上土压力，其大小和分布与哪些因素有关？

第二章 重力式码头

本章学习提示：

通过本章学习，熟悉重力式码头的工作原理、基本结构型式与构造要求；掌握重力式码头基床、胸墙、方块、沉箱等基本结构的施工方法。

重力式码头是我国分布较广、使用较多的一种码头结构型式。其结构坚固耐久，抗冻和抗冰性能好；能承受较大的地面荷载和船舶荷载，对较大的集中荷载以及码头地面超载和装卸工艺变化适应性较强；施工比较简单，维修费用少，是港务部门和施工单位比较欢迎的码头结构型式。

第一节 重力式码头组成与构造

重力式码头一般由胸墙、墙身、基础、墙后回填土和码头设备等组成，如图 2-1 所示。

一、基础

基础的主要功能是将墙身传下来的外力分布到地基的较大范围，以减小地基应力和建筑物的沉降；同时也保护地基免受波浪和水流的淘刷，保证墙身的稳定。当墙身采用预制安装结构时，通常采用抛石基床做基础。因此，基础是重力式码头非常重要的部分，基础处理的好坏是重力式码头成败的关键。重力式码头的基础根据地基情况、施工条件和结构型式采用不同的处理方式。

1. 岩石地基

岩石地基承载力大，一般不需另做基础。当预制构件直接坐在岩面上时，为使预制件安装平稳，应以二片石、碎石整平岩面，其厚度不应小于 0.3m。对于现场灌筑的混凝土和浆砌石结构，可直接坐在岩面上。当岩面向水域倾斜时，为减小滑动的可能性，墙身砌体下的岩基面宜做成阶梯形断面，阶梯形断面最低一层台阶宽度不宜小于 1m(图 2-2)。

2. 非岩石地基

对于非岩石地基，采用水下安装的预制结构时，应设置抛石基床。现场灌筑混凝土或浆砌石结构时，地基承载力不足时应设置基础，基础可采用块石基床、钢筋混凝土基础板或基桩等；地基承载力满足时可设置 100 ~ 200mm 厚的混凝土垫层，其埋置深度应在冲刷线以下并不小于 0.5m(防止疏浚超挖)。

抛石基床是重力式码头中广泛应用的一种基础型式，抛石基床设计包括：选择基床型式；确定基床厚度及肩宽；确定基槽的底宽和边坡坡度；规定块石的重量和质量要求；确定基床顶面的预留坡度和预留沉降量等。

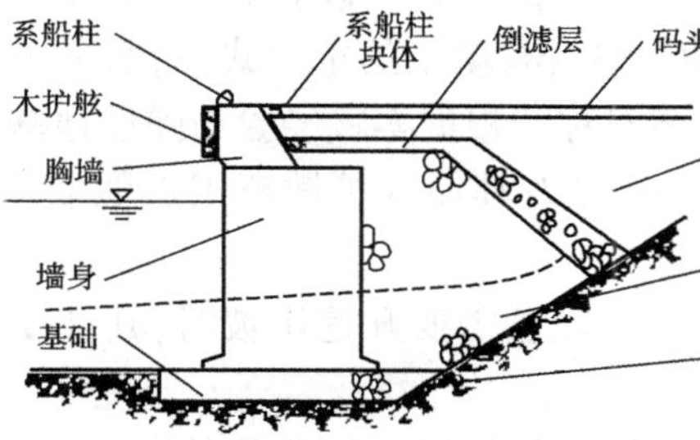

图 2-1　重力式码头组成

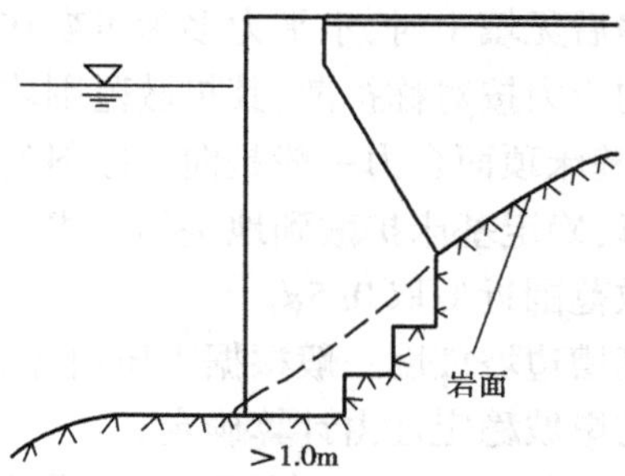

图 2-2　倾斜岩面阶梯处理

(1)基床形式。抛石基床型式可根据码头水深、地形和地基情况,采用暗基床、明基床和混合基床三种(图 2-3)。暗基床适用于原地面水深小于码头设计水深的情况。明基床适用于原地面水深大于码头水深且地基较好的情况。但当海流流速较大时应避免采用明基床,或在基床上设防护措施。混合基床适用于原地形水深大于码头设计水深且地基较差的情况,此时需将地基表层的软土全部挖除填以块石;当软土层很厚(大于 2 ~ 3m)时,可部分挖除换砂,然后在换砂层上做抛石基床。换砂层的功用是使其下面的软土加速排水固结,以提高地基的承载力。换砂层厚度一般不小于 1.0m。对于地震地区,采用换砂层时,应考虑砂土液化问题。

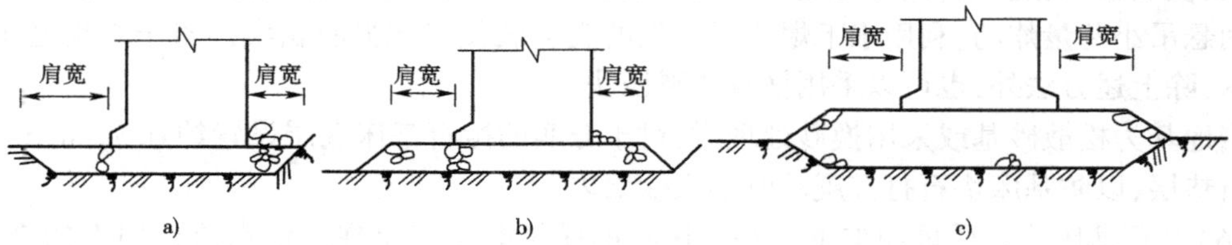

图 2-3　抛石基床型式

a)暗基床;b)明基床;c)混合基床

(2)基床厚度。基床顶面应力大于地基容许承载力时,抛石基床起扩散应力的作用,基床厚度由计算确定,并不宜小于 lm,以保证能抛 2 层块石。当基床顶面应力不大于地基承载力时,其厚度也不应小于 0.5m,基床只起整平基面和防止地基被淘刷的作用。当基槽抛石较厚时,计算确定的基床底面以下的抛石体可按地基换填处理。

(3)基槽底宽及边坡坡度。基床底宽由对基床顶面应力扩散到地基面的范围确定,不宜小于码头墙底宽度与 2 倍的基床厚度之和。基槽底边线与墙前趾和后踵的距离应符合图 2-4 的规定。

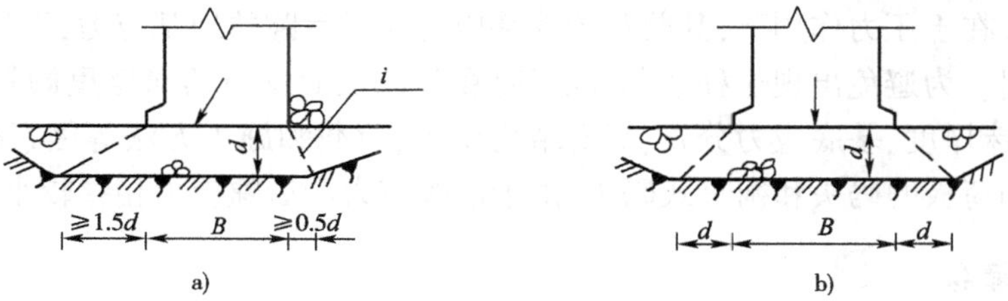

图 2-4　抛石基床应力扩散线

a)墙后有填土;b)墙后无填土

d-基床厚;B-建筑物底宽

墙后无填土时，水平力多为可变作用，故不考虑基床顶面合力的倾斜影响，规定墙左右两趾处的应力按对称扩散，其扩散范围均取基床厚度 d。墙后有填土的重力式墙，水平力是持久作用，基床顶面合力一般是向前倾斜的，应力扩散将不对称。根据实践经验与弹性地基应力分布计算，确定基床扩散到地基的应力分布总宽度 $L \geq B+2d$；其前趾扩散范围近似取 $1.5d$，后踵扩散范围近似取 $0.5d$。

基槽边坡坡度一般根据土质由经验确定。基槽距岸较近需要开挖岸坡时，其坡度应按施工时的岸坡稳定性由计算确定。

(4)基床肩宽。为保证基床的稳定性，基床肩部（特别是暴露在外面的外肩）应有一定的宽度。对于夯实基床，不宜小于2m，采用水下爆夯法密实时宜适当加宽；对于不夯实基床，不应小于1m。当码头前的底流速较大，地基土有被冲刷危险时，应加大基床外肩宽度、放缓边坡，增大埋置深度等护底措施。

(5)基床密实。为使抛石基床紧密，减少建筑物在施工和使用时的沉降，我国水下施工的抛石基床一般进行夯实；对于中、小型码头，在地基好、基床薄、结构整体性好且码头使用荷载小时，基床未经夯实也不影响使用，因此有些中、小型码头也不夯实。水下基床的密实方法，采用重锤夯实法、自行沉实法、预压法和爆破密实法（简称爆夯法）。重锤夯实的作用是：破坏块石棱角，使块石互相挤紧；使与地基接触的一层块石嵌进地基土内。爆夯法，即在抛石基床上水中间悬吊小药量炸药，利用水下爆炸时产生的震动波使基床抛石密实。对于干地施工的抛石基床，除上述方法外，也可以采用摆砌或碾压法。

当地基为松散砂基或采用换砂处理时，对于夯实的抛石基床底层设置约0.3～0.5m厚的二片石垫层，以防基床块石打夯震动时陷入砂层内。

(6)抛石基床块石质量和重量。基床块石的质量既要满足在波浪水流作用下的稳定性，又要考虑便于开采、运输和施工，一般采用10～100kg的混合石料（适当级配），对于不大于1m的薄基床宜采用较小的块石；基床厚度较大时，基床表层2m以下块石的重量范围可适当放宽。石料材质应满足饱和单轴极限抗压强度，对于夯实基床不低于50MPa，对于不夯实基床不低于30MPa；且未风化，不成片状，无严重裂纹。当抛石基床以下抛石换填并爆夯密实时，块石重量可采用1～500kg，块石饱和单轴极限抗压强度不宜低于30MPa。

(7)抛石基床的预留沉降量及倒坡。为了保证建筑物在允许沉降范围内正常工作，基床顶面应预留沉降量和倒坡（即向墙里倾斜）。对于夯实基床，设计时只按地基沉降量预留；对于不夯实基床，还需预留基床压缩沉降量。

重力式码头在土压力作用下，其前趾的地基应力大于后踵的地基应力，不均匀沉降使码头向临水一侧倾斜。为避免出现这种情况，施工时在基床顶面预留的向墙里倾斜的坡度应根据地基土性质、基床厚度、基底应力分布、墙身结构型式、荷载和施工方法等因素确定，一般采用0～1.5%。带卸荷板的码头和衡重式码头，由于前趾应力和后踵应力相差较小，可不留倒坡。

二、胸墙和墙身

胸墙和墙身是重力式码头的主体结构。它构成船舶系靠所需要的直立墙面；挡住墙后回填料，承受作用在码头上的各种荷载，并将这些荷载传递给基础和地基中；胸墙还起着将墙身构件连成整体的作用，并用以固定缓冲设备、系船设施和爬梯等。有时在其中设置工艺管沟和在顶部安设移动起重机轨道；另外通常系船柱块体也与胸墙连在一起。

1. 码头临水面

码头临水面一般为铅垂面。但为了增加码头建筑物的抗倾稳定性，通常在墙底设置前趾。为防止船底碰撞码头前趾，码头结构底部突出部分与船壳舭龙骨之间的最小净距不应小于0.3m（图2-5）。

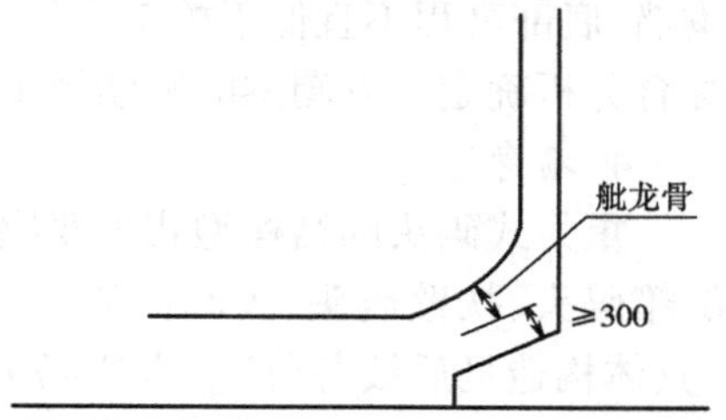

图2-5　舭龙骨示意（尺寸单位：mm）

2. 变形缝设置

为适应地基的不均匀沉降和温度的变化，重力式码头必须沿长度设置沉降缝和伸缩缝，一般是两缝合一，通称变形缝。缝宽20～50mm，做成上下通缝，即胸墙与墙身的变形缝设在同一个垂面内。现场浇筑混凝土和浆砌石部位的变形缝宜用弹性材料（沥青砂板、沥青木板等）填充。当墙身构件单块长度较大时，例如大型沉箱等，在混凝土胸墙宜增设变形缝，有利于提高胸墙刚度，减少开裂，分段长度不宜大于15m。变形缝填充料不能作为防漏砂措施。

变形缝间距根据气温情况、结构型式、地基条件和基床厚度确定，一般采用10～30m。在下列位置应设置变形缝。

（1）新旧建筑物衔接处。

（2）码头水深或结构型式改变处。

（3）地基土质差别较大处。

（4）基床厚度突变处。

（5）沉箱或圆筒接缝处。

3. 胸墙

胸墙是将墙身预制构件连成整体的构件，直接受船舶的撞击，并处在水位变动区，外界影响因素多，受力情况复杂。因此在设计胸墙时，除保证其抗倾和抗滑稳定性外，还应有良好的整体性、足够的强度和刚度。对于胸墙内设管沟等单薄的胸墙断面还应通过计算配置钢筋。

胸墙一般采用下列几种型式。

（1）现浇混凝土结构。

（2）浆砌石胸结构。

（3）预制混凝土块体结构。

现浇混凝土胸墙的优点是结构牢固，整体性好，是采用最多的一种型式。浆砌石胸墙可节约模板，如当地石料丰富，也可采用。但断面不宜过小，并要注意砌筑质量，保证有良好的整体性。为减少现场浇筑量，有的码头采用预制安装混凝土胸墙，但预制块之间应采取良好的整体联系措施。胸墙前沿线可比下部预制构件前沿线前移100～200mm，扶壁构件应伸入现浇胸墙，伸入长度宜取100mm。

胸墙的底宽一般根据抗倾、抗滑稳定性计算确定，但对某些结构则主要取决于下部结构的构造要求，例如：扶壁码头胸墙底宽不应小于肋板顶宽。顶宽一般不小于0.8m，主要是考虑抵抗船舶撞击力。对于停靠小型内河船舶的码头，顶宽不宜小于0.5m，这主要考虑浆砌石胸墙的中、小型码头，顶部至少砌两块块石。

胸墙顶面高程还宜预留沉降量，但不包括胸墙灌注前的沉降量。因为在浇筑胸墙至顶同时,墙身和胸墙的自重已在施工中加上,地基和基床的沉降已完成了一部分,所以胸墙顶面的预留沉降量应按浇筑胸墙后的后期沉降量预留。

为了保证胸墙有良好的整体性和足够的刚度,胸墙高度越高越好。但对于现浇或现砌的胸墙,底部高程不宜低于施工水位。施工水位根据工程量、结构型式、施工能力和水文条件等综合分析确定。有潮港的胸墙施工水深一般取平均潮位。河港一般在枯水季节施工。

4. *墙身*

重力式码头的结构型式主要决定于墙身结构。按墙身结构重力式码头可分为方块码头、沉箱码头、扶壁码头、大圆筒码头、格形钢板桩码头、干地施工的现浇混凝土和浆砌石码头等(具体构造见后续各节)。方块码头和沉箱码头在我国是两种常用的结构型式,我国南方采用扶壁码头,大圆筒码头和格形钢板桩码头是近些年来采用的码头型式。

三、墙后回填

1. *墙后回填的方式*

在岸壁式码头中,墙后需进行回填,以形成码头地面。墙后回填一般有抛石棱体和没有抛石棱体两种情况。第一种情况是紧靠墙背用颗粒较粗和内摩擦角较大的材料(如抛石)做成抛石棱体,以减小墙后土压力,并在棱体顶面和坡面设置倒滤层,防止土料流失。实心方块码头的安装缝多且分散,墙后减压后,墙身断面减小,节省混凝土方量较多,故多采用上述方式。另一种情况是墙后直接回填细粒土,只在墙身构件间的接缝处设倒滤装置,防止土料流失。沉箱码头、扶壁码头和空心块体码头为薄壁结构常采用此种方式。从减小土压力经济效果来说,对于实体结构,效果显著;但对于薄壁结构,由于其稳定性除靠墙身预制件的自重维持外,还有相当部分是靠结构内部填料的重量来维持的,所以经济效果不那么显著。采用何种方式进行墙后回填,应根据结构型式和当地材料情况通过技术经济比较确定。干地现浇和砌筑的码头通常不设抛填棱体。

2. *抛填棱体*

抛填棱体的材料选用当地量大、价廉、坚固、质量轻、内摩擦角大的材料,一般用块石。块石的质量不像抛石基床块石那样严格,但要求在水中浸泡后不软化、不碎裂。

抛填棱体的断面型式一般有三角形、梯形和锯齿形三种(图 2-6)。主要为防止回填土流失设置的抛石棱体,通常采用三角形断面,此时所用抛填材料最少。以减压为主要目的抛填棱体(又称减压棱体),一般采用梯形和锯齿形断面。在减压效果相同情况下,锯齿形比梯形节省用料,但施工程序多,将造成施工繁复,降低施工速率,不一定经济合理。因此分级式棱体一般不宜多于两级。为避免棱体密实下沉后,填土从墙身缝隙中流失,棱体顶面应高出预制安装的墙身不小于 0.5m。

3. *倒滤层*

为防止回填土的流失,在抛填棱体顶面、坡向、胸墙变形缝和卸荷板顶面接缝处均应设置倒滤层。在抛石棱体顶面和坡面的表层应抛设 0.5 ~ 0.8m 厚的二片石,其上再设倒滤层,以防止倒滤材料漏到抛石的缝隙中。倒滤层可采用碎石倒滤或碎石和土工织物结合使用的倒滤层。

碎石倒滤层又分为分层和不分层倒滤层两种。分层倒滤层一般由碎石层和 5 ~ 20mm“瓜米石”、粗砂或砾砂层组成，每层厚度不宜小于0.3m，总厚度不宜小于0.6m；不分层倒滤层混合石料倒滤层宜采用级配较好的天然石料，如石碴、砂卵石等，其厚度不得小于0.8m，或粒径5～100mm的碎石，其厚度分别不得小于0.6m；对于多级棱体，水下倒滤层厚度宜适当加大。

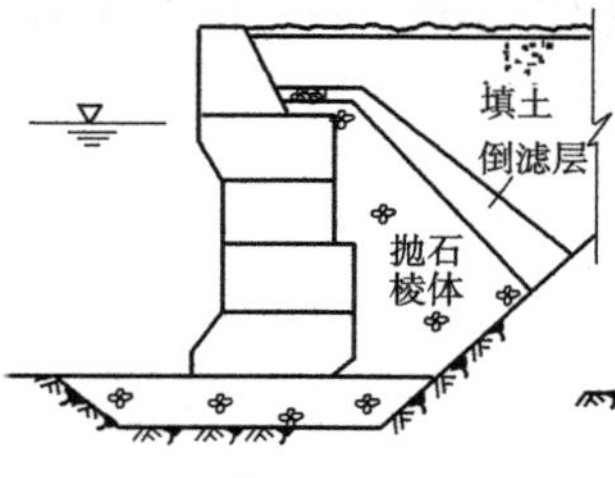

图2-6　抛填棱体的断面型式

a)三角形；b)梯形；c)锯齿形

抛填棱体及碎石倒滤层的坡度应根据所用材料的水下自然坡角确定。抛填棱体坡度一般采用1∶1，碎石层坡度一般采用1∶1.5。施工期间有波浪影响时，坡度应适当放缓。倒滤层大部分是水下抛筑，不分层施工比较方便；分层倒滤层，水下抛填分层厚度比较难控制。

土工织物倒滤层具有良好的透水性和阻止颗粒通过的性能，并具有施工方便和造价低等优点。但单独使用做倒滤层较易损坏，因此在重力式码头中碎石和土工织物结合使用的倒滤层日益增多。土工织物倒滤层的搭接宽度一般为1m。直接设置在墙身接缝处的土工织物宜采用双层结构，土工织物应有较大的垂直渗透系数和伸长率，并应有较高的抗拉、抗撕裂强度和较好的抗老化性能。

对于不设抛石棱体的沉箱、扶壁和空心方块码头，其缝隙少且集中，可分别在安装缝处设置倒滤空腔或倒滤井(图2-7)，施工也较方便。倒滤井与胸墙接头的构造可采用图2-8所示的型式。

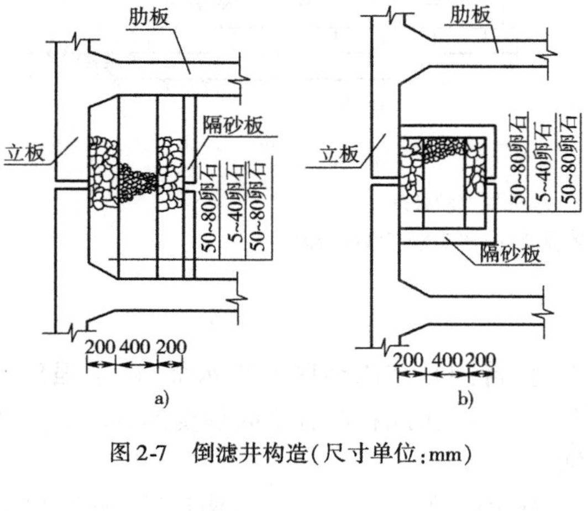

图2-7　倒滤井构造(尺寸单位:mm)

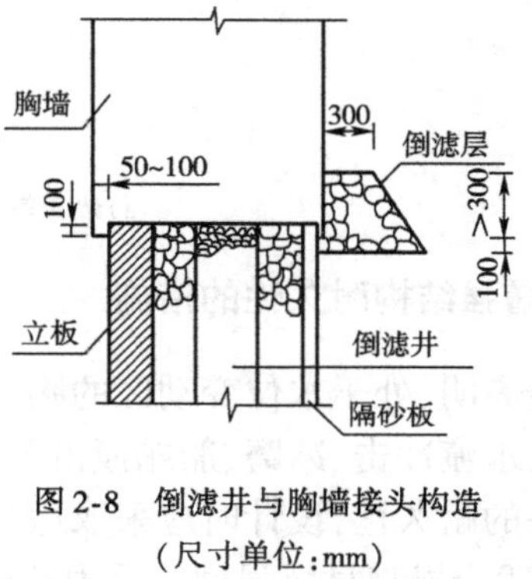

图2-8　倒滤井与胸墙接头构造(尺寸单位:mm)

4. 回填土

重力式码头的墙后回填土应以就地取材为原则，并按下列条件选用。

(1)土源丰富，运距近，取填方便。

(2)回填易于密实，沉降量小，有足够的承载力。

(3)产生的土压力小，通常采用砂、块石、山皮土或炉渣作回填料，水上部分也可采用黏性土、建筑残土和垃圾土回填，但需进行分层夯实或碾压处理。

墙后采用吹填时，应遵守《重力式码头设计与施工规范》(JTS 167—2—2009)对施工要求的规定。

四、码头端部的处理

顺岸式码头端部一般采用两种处理方式(图 2-9)。

(1)码头端部在顺岸方向做成斜坡。

(2)码头端部设置翼墙。

第一种处理方式是码头的端部做成台阶形，其后填土做成斜坡护岸。一般适用于码头有接长要求的情况，优点是不会发生较大的不均匀沉降，缺点是端部不能充分利用和要求码头端部有富余地形。第二种处理方式适用于码头不再接长的情况。优点是端部可用来停靠小船和节省岸线长度，缺点是由于翼墙建在岸坡上，墙高沿岸坡是变化的，墙下面的抛石基床又不易夯实；另外翼墙与正墙的工作条件差别较大，所以翼墙与正墙之间容易产生较大的差异沉降使结构出现裂缝。因此当翼墙长度超过 10m 时，应设置变形缝。

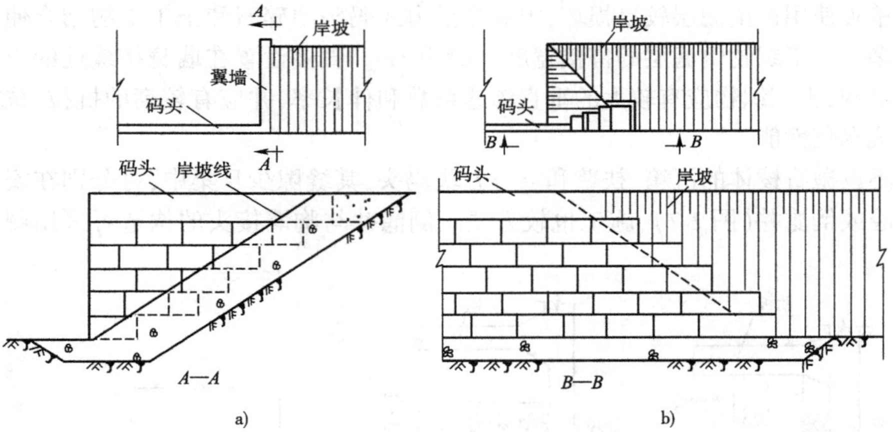

图 2-9 码头端部的处理

a)码头端部设置翼墙；b)码头端部做成台阶

五、增强结构耐久性的措施

实践表明，处于水位变动区的胸墙与墙身，特别是冰冻地区的临水面，由于强烈的干湿交替、冻融、水流冲击、冰磨、船舶撞击等作用，经过一定时期，都有不同程度的损坏。为了提高重力式码头的耐久性，设计时应采取适当措施。

(1)适当提高材料强度。重力式码头混凝土强度等级应根据结构计算和《港口工程混凝土结构设计规范》(JTJ 267—98)确定，且不低于表 2-1 要求；对于有防腐蚀要求以及对在水位变动区有抗冻要求的钢筋混凝土构件，按相关标准执行。对于浆砌石结构，其石料饱和单轴抗压极限强度不应低于 50MPa，砌筑用水泥砂浆强度等级不应低于 M10，勾缝水泥砂浆强度等级不应低于 M20。对于内河小型码头,砂浆和石料的强度等级可以适当降低。

混凝土强度等级　　表 2-1

胸墙、方块、空心块体等素混凝土	沉箱、扶壁、圆筒、卸荷板等钢筋混凝土
C20	C30

注:表中“素混凝土”是指“不含结构配筋的混凝土”。

(2)适当增大钢筋混凝土构件厚度和钢筋的混凝土保护层。保护层厚度不得低于表 2-2 的标准。

(3)对受冰冻作用的码头,水位变动区的临水面除选用相应的混凝土抗冻等级加大钢筋保护层外,尚可采用钢筋混凝土板镶面、花岗岩镶面或抗蚀性强、抗磨性高和抗冻性好的材料镶面等增强耐久性的措施。

(4)采用抗蚀性强、抗磨性高、抗冻性好的新材料。

混凝土保护层最小厚度表(mm)　　表 2-2

构件所在部位			大气区	浪溅区		水位变动区	水下区
				一般构件	板、桩等细薄构件		
海水港	钢筋混凝土	北方	50	50	50	50	30
		南方	50	65	50	50	30
	预应力混凝土		75	90	50	75	75
淡水港	预应力混凝土		60		50	60	60
	钢筋混凝土	北方	40			40	25
		南方	40			30	25

注:1. 构件所在部位的划分参照《港工混凝土质量控制标准》的规定;
　　2. 其他有关规定见《港口工程混凝土结构设计规范》(JTJ 267—98)。

第二节　方块码头

一、方块码头结构型式

1. 断面型式

方块码头是由混凝土方块或浆砌方块砌筑而成。其断面型式如图 2-10 所示,一般有阶梯式、衡重式和卸荷板式三种。

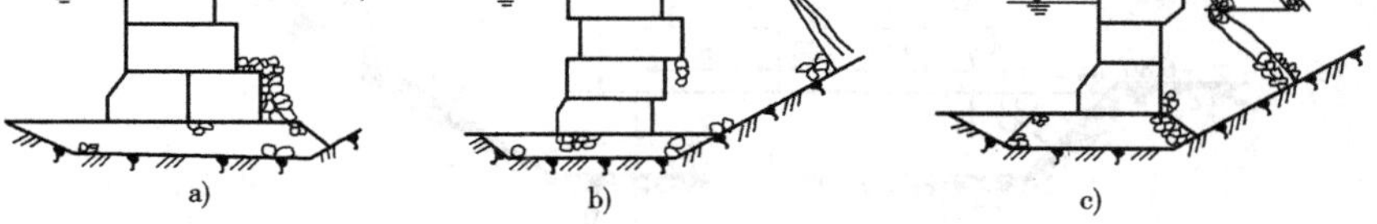

图 2-10　方块码头断面型式
a)阶梯式;b)衡重式;c)卸荷板式

阶梯式断面是一种古老的重力式断面型式[图2-10a)],过去由于起重能力较小(60t以下),为满足受力要求,块体码头都采用阶梯式断面。这种断面的缺点是断面和底宽较大;方块数量、种类和层数均较多;横断面方向的整体性差;施工麻烦;建筑物重心靠前,基底应力不均匀等。

随着起重设备起重能力的增大,方块码头建筑物不断向块大、空心、断面重心靠后和减小土压力等方向发展,从20世纪50年代开始,衡重式与带卸荷板的结构型式应用逐渐增多。采用大尺度的块体,在结构横断面的宽度上只安设一个方块,从而消除了断面上的垂直错缝,同时也减少了块体的层数。

衡重式[图2-10b)]和卸荷板式[图2-10c)]的共同的特点是重心靠后和墙后土压力减小。重心靠后,可增大抗倾力矩和使建筑物的基底应力分布均匀,有利于抗倾稳定性和满足地基承载力。土压力是作用在重力式码头结构的主要外力。因此减小主动土压力可以改善重力式码头结构的工作条件和缩小结构的横断面。衡重式断面的背面为俯斜,从主动土压力公式可以看出,作用在俯斜墙背上的水平主动土压力要比作用在垂直和仰斜墙背上的水平主动土压力小。

带卸荷板的结构型式靠其悬臂部分对其上面填土和地面荷载的遮挡来减小其下面因上部荷载产生的主动土压力,压力减少的多少与卸荷板的位置和悬臂长度有关,一般可减小土压力20%。但当建筑物高度较小时,卸荷板式与阶梯式比较,优越性不显著。

衡重式和卸荷板式码头的断面因结构重心靠后,抗震性能差,在地震区宜慎用。

2. 块体型式

方块码头块体型式主要有实心方块体、空心块体和异型块体。实心方块的墙身一般采用混凝土实心方块,其重量根据施工安装设备起重能力确定。对于小码头也可采用浆砌石方块结构。为了节省混凝土,也可在方块内埋入大块石,做成块石混凝土。实心方块码头的坚固耐久性最好,施工维修简便,当起重设备能力足够、地基承载力好、水泥砂石供应无困难时,宜考虑选用这种码头结构型式。如图2-11所示均为实心方块码头。

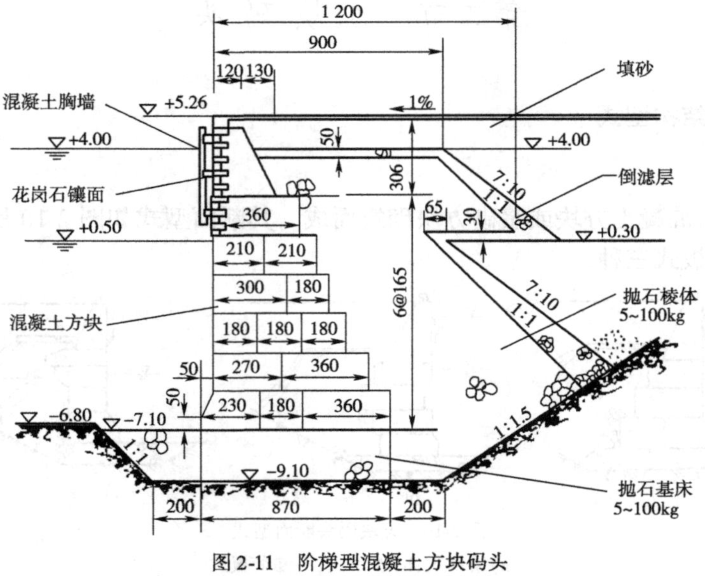

图2-11　阶梯型混凝土方块码头

为了减轻块体重量，或增加块体的高度以减少安装层数，在满足建筑物稳定的前提下，可将实心方块做成空心型式，腔内填充其他廉价材料（一般为砂、石），即所谓混凝土空心块体，如图2-12所示。空心块体码头分为有底板和无底板（图2-13）两种，无底板的空心块体码头与构件接触的基底局部压力大，且由于填料仅部分参加抗倾工作，抗倾能力小，故目前仅用于小码头。与实心方块码头结构比较，空心方块结构型式主要有以下优点：

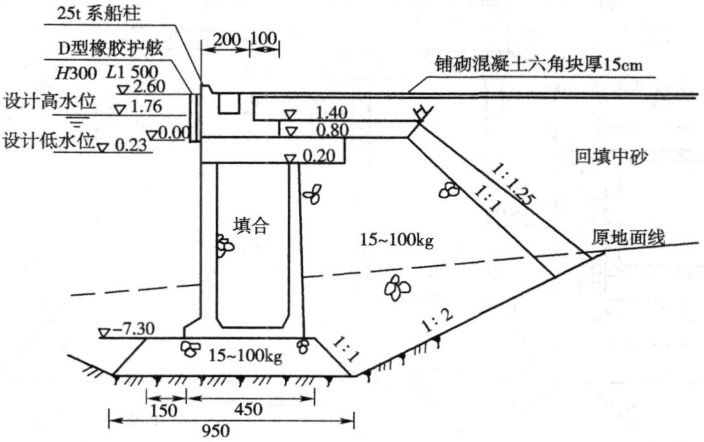

图2-12　空心块体码头

（1）在块体重量相同的情况下，空心块体外形尺寸比实心块大，有利于减少方块的数量和层数。

（2）在混凝土用量相同的情况下，空心块体码头建筑物的抗倾稳定性较好。

（3）有底空心块体码头建筑物，由于建筑物宽度与其高度之比较大，所以基底应力小。对于无底板空心块体码头建筑物，只有块体立壁与抛石基床局部接触，因建筑物底部的基床局部应力较大，往往超过规定的抛石基床承载力600kPa。为了增大抗倾能力和降低基床上的局部应力，可在立壁底部内侧和外侧（对前、后立壁而）加趾板。

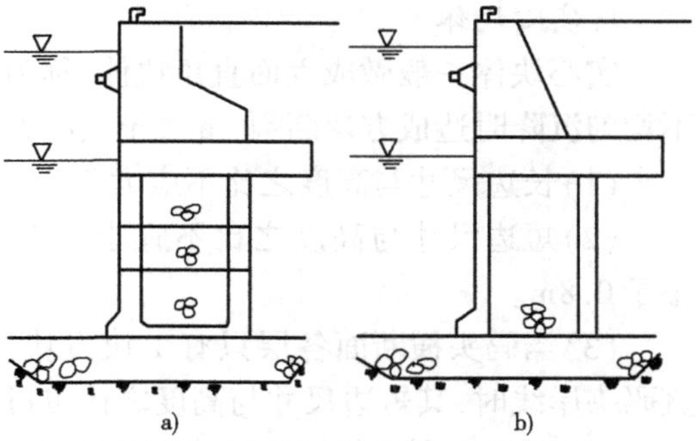

图2-13　空心块体码头断面型式

a）多层有底空心块体码头；b）单层无底空心块体码头

由于素混凝土空心块体码头在施工和使用中容易产生断裂，且为进一步增大空心块体空心率，就出现了壁和底都较薄的钢筋混凝土空心块体。我国某港西港池6个泊位全部采用了此种空心块体（图2-14），一层到顶，其中1号空心块体重454.375t，用500t浮吊进行安放，其结构与沉箱基本相同，只是安装方法不同而已。目前最大起重船起重能力已达8 000t。

二、构造

方块尺寸取决于起重设备的能力。在起重设备能力范围内，方块尺寸越大越好。在选择起重设备时，除考虑块体本身重量外，还应考虑吊具重力和块体与其底部与预制地坪之间的黏结力。此黏结力与所采用的块体脱模方式有关,应根据实测资料确定。当无实测资料时,此黏结力按5kPa确定。

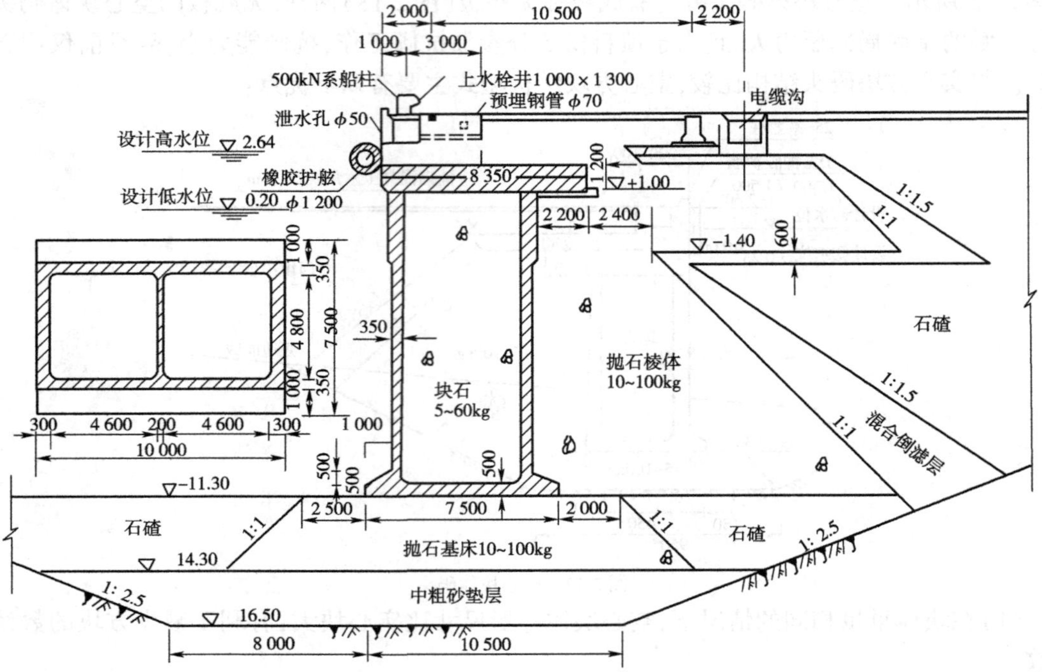

图 2-14 钢筋混凝土空心块体码头

1. 实心块体

实心块体一般做成六面直角块体,称为实心方块。为防止混凝土方块在施工过程和发生不均匀沉降时造成方块断裂,混凝土实心方块平面尺寸应符合下列规定:

(1)长边尺寸与高度之比不应大于3。

(2)短边尺寸与高度之比不宜小于1,且短边尺寸不应小于0.8m。

(3)当码头横断面各层只有1块方块,且方块的短边垂直码头岸线时,其短边尺寸与高度之比也可小于1。

(4)对于个别部位短边尺寸与高度之比不应小于0.5。

方块间垂直砌缝的设计宽度宜采用20~30mm。为保证结构的整体性,上下两层相邻方块间垂直砌缝应互相错开,错缝间距应符合下列规定:

(1)在横断面内不小于方块高度的1/2或0.8m。

(2)在纵断面内不小于方块高度的1/3或0.5m。

混凝土和浆砌石实心方块吊点宜预埋吊孔盒,并采用“丁”字杆(又称马腿,见图2-15)起吊。起吊时将丁字吊杆插入方块的吊孔中然后旋转90°,则丁字吊杆端头卡在吊孔中,起重机收起吊钩即可将方块吊起。丁字吊杆和吊孔的数

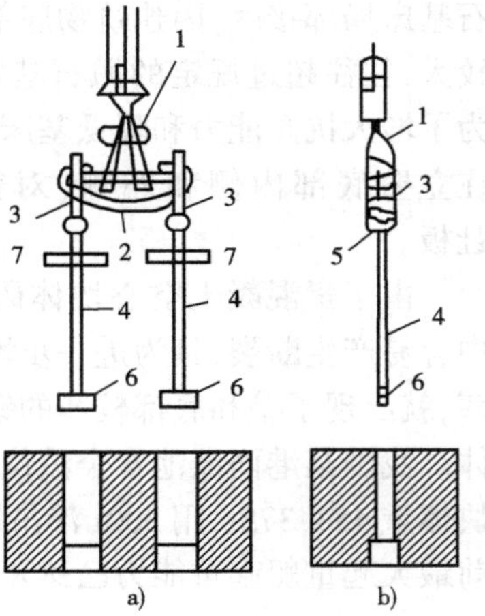

图 2-15 用丁字吊杆吊方块

a)正视图;b)侧视图

1-吊钩;2-横钢架;3-鞍形夹板;4-丁字吊杆;5-套筒;6-丁头;7-手柄

目,根据起吊时端头与混凝土接触面的挤压应力来确定。根据施工经验,每个吊孔可以承受500～600kN的吊力;当吊力超过500～600kN时,为防止吊孔混凝土局部挤压破坏,吊孔受压面应埋设钢垫板。

2. 空心块体

随着施工起重能力的增加,空心块体码头宜采用一次出水的单层形式。单层空心块体沿码头岸线长度应根据起重设备的起重量确定,并不宜小于高度的1/3,这有利于满足安装和临时存放时的侧向抗倾稳定性。空心块体横截面可采用Ⅰ、Ⅱ、口、T和日字形等形式,如图2-16所示。多层空心块体码头宜采用通缝砌筑。根据工程经验,卸荷板压两块方块易造成卸荷板纵向开裂,因此空心块体码头的卸荷板不宜压缝设置。

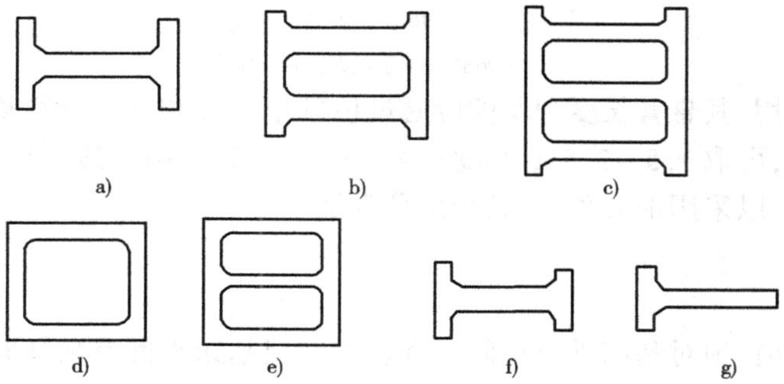

图2-16 空心块体的形式

a)单工字形;b)双工字形;c)多工字形;d)口字形;e)日字形;f)不对称字形;g)丁字形

考虑施工的可能性和使用的耐久性,素混凝土空心块体立壁厚度不应小于400mm;素混凝土空心块体断面的前趾应采用钢筋混凝土结构;无底素混凝土空心块体宜在顶部及底部配置钢筋混凝土圈梁;有底素混凝土空心块体底板宜采用钢筋混凝土结构。

一次出水的单层空心块体码头,其块体间垂直缝设计宽度不应大于块体高度的4‰,但不应小于40mm。空心块体背后无抛填棱体时,应在垂直缝处设置倒滤空腔。单层有底的空心块体在贴近底板的外壁或底板上应设置通水孔,可设4～6个,孔径100～150mm。

单层空心块体起吊吊孔应设置在靠近重心的上方。吊孔直径应根据块体重量确定,孔径可采用120～250mm。吊孔受力钢筋应按计算确定,吊孔应配置带吊筋的钢套筒,其套筒壁厚度不应小于5mm。对大型不配筋空心块体,宜在吊孔位置高度处加设圈梁。

3. 卸荷板

卸荷板应采用钢筋混凝土结构,其型式有悬臂式和简支式两种。

(1)悬臂式卸荷板又可分为平衡式和锚固式两种型式。

①平衡式卸荷板通常用于混凝土方块码头建筑物[图2-17a)]。一般是将预制的卸荷板安放在块体墙身顶面,利用卸荷板以上范围内的构件(卸荷板本身和胸墙)自重力和填料重力来平衡作用在悬臂部分上的作用力(包括卸荷板自重、填料重量和地面上的使用荷载)。显然,选种卸荷板的悬臂长度必须满足抗后倾稳定性,一般不宜超过墙身顶宽1/2。

②锚固式卸荷板[图2-17c)]是利用墙身构件伸出的钢筋将卸荷板的一端与墙身固接。所以不存在失稳问题,工作比较可靠,悬臂也可以长些。一般适用于钢筋混凝土结构的墙身。

(2)简支式卸荷板。简支式卸荷板[图2-17b)]是一端支在墙身上,另一端支在墙后方抛石棱体上或桩上。当采用抛填块石棱体为另一端支点时，其支承点应在填土主动破裂面以外，以消除或减小支承反力对卸荷板以下墙背产生的土压力。简支式卸荷板一般用在地面使用荷载很大的情况下。

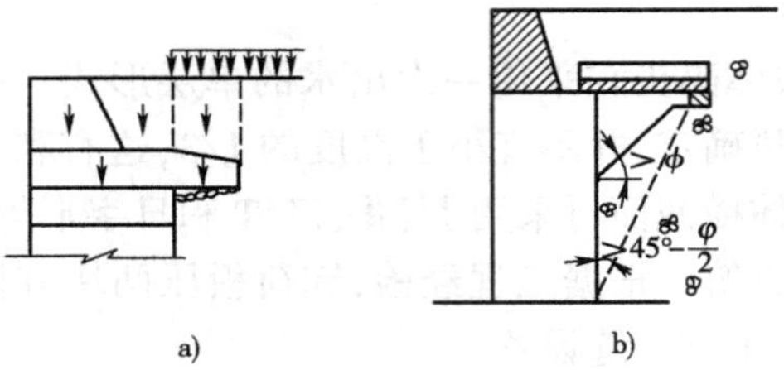

图 2-17　卸荷板的工作方式

a）平衡式；b）简支式；c）锚固式

悬臂式最为常用，其悬臂长度和厚度应通过后倾稳定性和强度计算确定。一般悬臂长应根据岸墙高度确定，可取 1.5 ~ 3.5m，厚度 0.8 ~ 1.5m。卸荷板一般采用预制安装，当起重设备能力不足时，也可以采用部分预制，其余部分现浇。

三、方块安装

在安装方块之前，须对基床进行全面检查。如发现基床平面有损坏时，须加以修整；基床表面有淤积物时，则应进行清除。同时，还须在基床上设置安装方块的水下基线。

1. 方块的安装方法

目前一般采用水上安装法。为保证安装质量和安全，应在风浪不大时进行。方块安装的施工方法，由地质条件、基床厚度以及建筑物的施工条件而定。在平面上，先安外侧、后安内侧；在立面上（图 2-18），大致可分为四种基本型式：即以单块为单元的阶梯式、以段（按变形缝划分）为单元的分层逐层式、以几段为单元的阶梯式和以整个码头为单元的分层逐层式。在这四种型式中，依次前者比后者传给地基的荷载较为集中，当地基土压缩变形比较大时，安装后的墙身易产生不均匀的沉降，但在安装时，起重船移动幅度小，移锚次数少，安装效率高。具体选用何种型式，与地基土性质、码头长度、分段长度和层数，以及后续工序安排和风浪条件等因素有关。选用的原则是：确保不均匀沉降小、受风浪破坏少、安装效率高和有利于后续工序的施工。

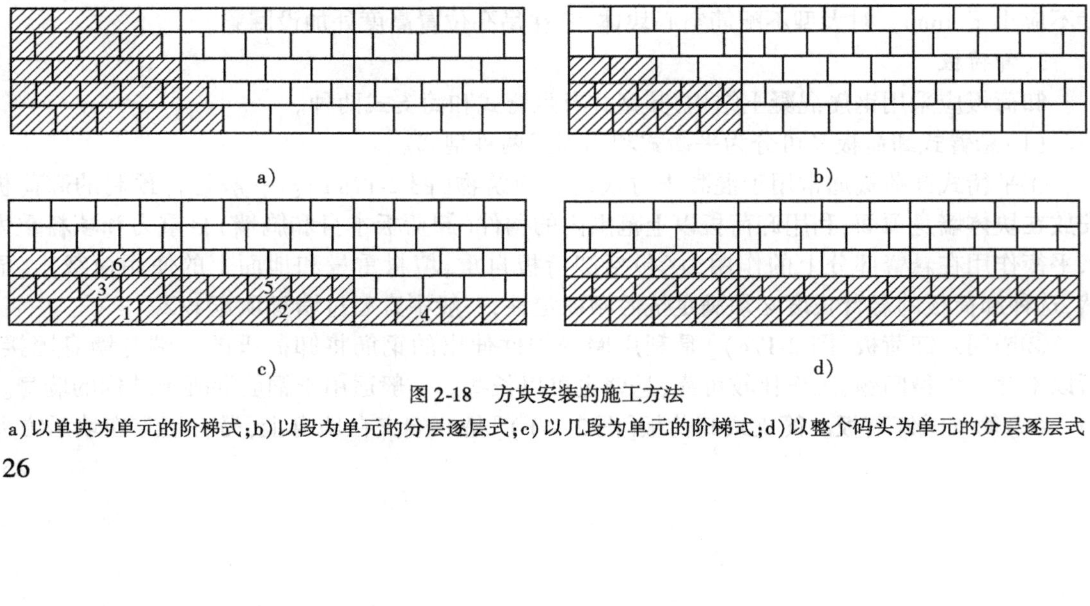

图 2-18　方块安装的施工方法

a）以单块为单元的阶梯式；b）以段为单元的分层逐层式；c）以几段为单元的阶梯式；d）以整个码头为单元的分层逐层式

2. 方块的安装顺序

开始安装方块时,先要确定起始的地点。对于与现有建筑物相连接的方块工程,可以从与旧建筑物相邻的一面开始;对于没有建筑物可依的,则可从任意一端开始;对于必须严格保持其中心位置的,则必须从中心开始,使误差均匀分布。安装第一层方块时,尤其是靠基线的一排和第一块方块,要特别注意其平面位置和高程的准确,因为上层方块都要以此作依据。在平面上安装方块的顺序应尽量使拟安装方块与已安装方块有两面相接。这种安装顺序可大大简化施工过程,并使安装接缝的交错排列达到最大准确度。

3. 临时压载措施

为了使方块建筑物下的地基土和基床加速密实,在方块墙安装过程中或安装到顶层以后,要进行临时压载。压载可利用其他段尚未安装的方块作为压重。压载时间以达到沉降量符合计算规定为止,一般约为 2 周。根据建筑物类型、土质条件、抛石基床的厚度和土的计算应力的情况,采用偏心压载或匀布压载。若基床夯实质量较好,一般可不需压载。

4. 安装控制

方块安装须主要控制码头的边线、变形缝和总长度。

(1)边线控制。边线控制按安装过程可分为以下三种情况:

第一种是安底层方块,在基床上于边线的外侧距边线一定距离(一般为 100 ~ 200mm)处设控制线。控制线由埋设的混凝土小方块(图 2-19 所示)和在其上拉的线形成。对顺岸式和突堤式码头,前沿控制线每段设 2 ~ 3 个混凝土小方块,起始端控制线设 2 ~ 3 个混凝土小方块,对墩式码头,两起始边控制线各设 2 ~ 3 个混凝土小方块。埋设混凝土小方块时,在陆上用经纬仪定位,在船上用垂球引点,先粗定位埋混凝土小方块,后细定位在方木上钉铁钉,为提高细定位的精度,宜选在平流时进行,所用垂球的重量一般不小于 5kg。定位时潜水员要暂不排气,并按垂球摆动的中心进行定位。铁钉间的拉线一般用 $16^{\#}$ ~ $18^{\#}$铁丝拉紧、系牢。

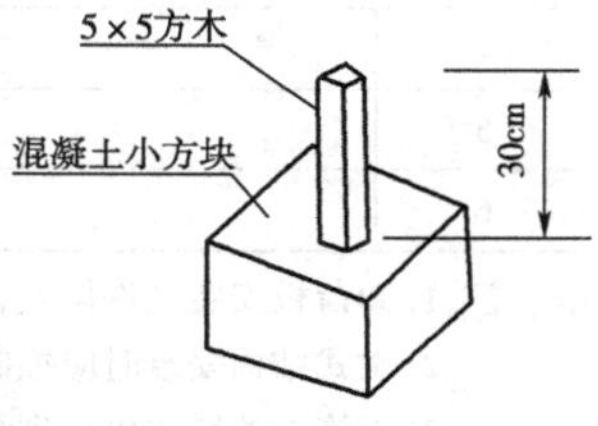

图 2-19 混凝土小方块

第二种是安底层方块以上的水下各层方块,如图 2-20 所示,按一定间距在已安方块的缝内楔入木板,用上述定位方法在木板上钉铁钉、拉线。

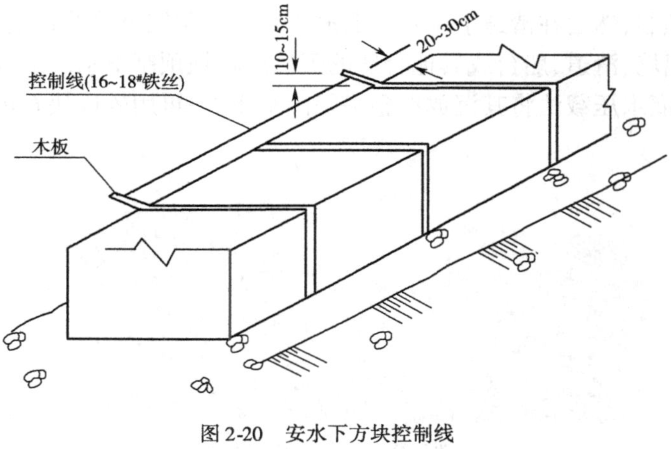

图 2-20 安水下方块控制线

第三种是安水上各层方块,可按下层方块的偏位情况和错牙允许值,进行控制,也可用全站仪进行控制。

当抛石基床有预留向后倾斜坡度,底层方块的前沿线即为设计线,以上各层方块的前沿线应按坡度依次向后移一定数值。

(2)变形缝和总长度控制。调查方块的预制尺寸偏差,选取缝宽的控制值。安装时以段为单元,每层的前多数方块的缝宽按选定控制值进行控制;末尾数块(一般为4~5块)按实测剩余长度算得的缝宽进行控制。这样既控制了码头每段长度和总的长度,又可使变形缝垂直、整齐。方块、空心块体安装允许偏差如表2-3所示。

方块、空心块体安装允许偏差 表2-3

序号	项目		允许偏差(mm)	
			岸壁式	墩式
1	砌缝平均宽度		20	—
2	砌缝最大宽度	第一层	50	70
		第二层以上	70	
3	临水面与施工准线		±50	±70
4	相邻方块临水面错牙		30	30
5	相邻方块顶面高差		30	30
6	轴线位置		—	±100

注:1. 卸荷板安装允许偏差,临水面与施工准线的允许偏差取30mm,其他按本表规定执行;

2. 墩式结构安装时应控制竖向倾斜度,允许偏差取4‰倍构件高度;

3. 无掩护的墩式码头砌缝宽度可适当放宽;

4. 砌缝平均宽度指码头长度方向所有砌缝宽度的平均值;

5. 砌缝平均宽度的偏差指与设计尺寸的偏差。

第三节　沉箱码头

沉箱是一种巨型的有底空箱,箱内用纵横隔墙隔成若干舱格,如图2-21所示。沉箱一般在专门的预制厂预制,然后在滑道上用台车溜放下水。当预制沉箱的数量不多时,也可利用当地的修造船厂的船坞、滑道、船台或其他合适的天然岸滩坝预制下水。下水后的沉箱用拖船拖至现场,定位后用灌水压载法将其沉放在整平好的基床上,再用砂或块石填充沉箱内部。

图2-21　干地预制好的沉箱

沉箱码头水下工作量小,结构整体件好、抗震性能强,施工速度快,但其耐久性不如方块码头,需要钢材多,需要专门的施工设备和合适的施工条件。一般在当地有可用于预制沉箱的设施或工程量大、工期短的大型码头选用沉箱结构。

一、结构型式

沉箱按平面形状分为矩形和圆形两种。岸壁式码头沉箱的平面形状宜采用矩形(图 2-22),墩式码头沉箱宜采用圆形。有特殊要求时,也可采用其他型式。对墩式码头,圆形沉箱和方形沉箱比较,前者承受水平力无方向性,受力状态好,节省材料。据实践统计,圆形墩比相应的方形墩节约造价 20% 左右。

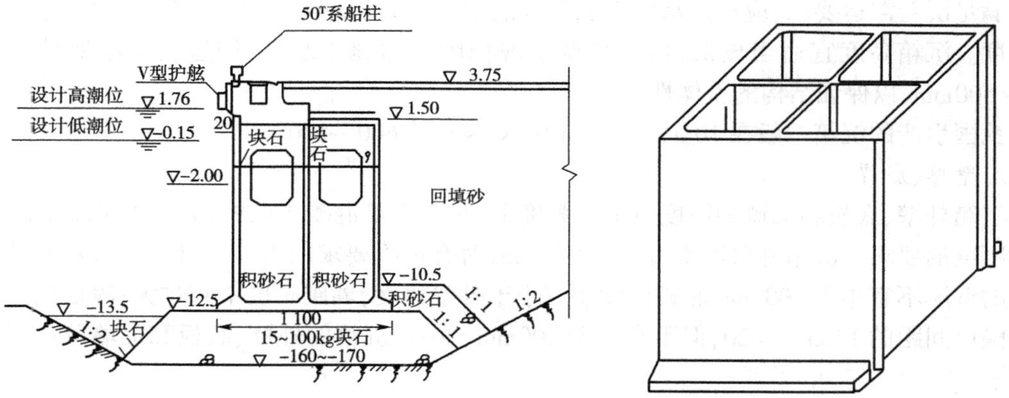

图 2-22　3.5 万吨级矩形沉箱码头(尺寸单位:m)

岸壁式码头的最大缺点是码头前波浪反射严重,影响船舶泊稳。因此对波浪掩护不好的沉箱码头,可在沉箱上采取开孔消浪措施。孔的形式宜采用圆形、椭圆形,也可采用矩形(图 2-23)。从结构受力的角度,圆形或椭圆形较佳;而从消浪效果看,按我国试验的结果则是认为矩形较好。开孔位置宜选在设计高水位以上及设计低水位以下 1 倍设计波高之间,因为该处波能集中。消能室的顶部宜设在不受波浪冲击处,消能室顶的上部结构或开孔外壁顶部宜设

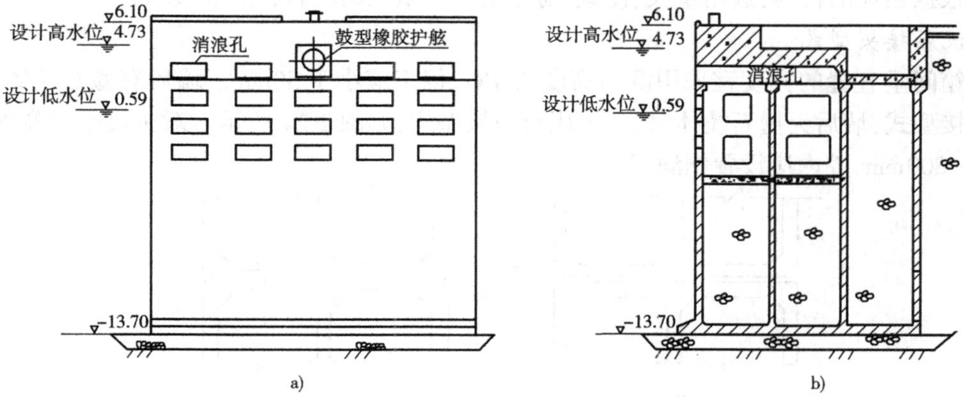

图 2-23　开孔矩形沉箱

a) 立面图;b) 断面图

减压孔。消浪室宽度与入射波波长之比宜采用0.125～0.250。对消能室舱格中的填料宜采取避免被波浪掏出的措施。我国从1975年开始在秦皇岛煤码头、大连新港新30万t原油码头、大连30万t矿石码头等一系列工程中都采用开孔消浪措施，取得了较好的经济效益。

二、构造

沉箱码头的墙身宜采用钢筋混凝土沉箱结构，沉箱由外壁、隔墙、底板和墙趾等构件组成。

1. 外形尺寸

沉箱的纵向尺度应根据施工能力、施工要求和码头变形缝间距确定。沉箱的底宽应根据建筑物的稳定性和地基承载力确定，同时也要满足浮运吃水、干舷高度和浮游稳定性的要求。若不满足沉箱浮运要求，应尽量从施工上采取措施，如用起重船或浮筒吊护，不得已才考虑增大宽度。沉箱高度宜适当放低，但不得低于现浇胸墙的施工水位，构造上沉箱要伸入胸墙300～500mm，以保证结构的整体性。

我国生产的沉箱一般在10m×12m～12m×14m，约600～800t。

2. 壁厚、底厚

沉箱外壁、底板和隔墙的厚度应由计算确定，并应满足混凝土结构耐久性和沉箱出运、安装对刚度的要求。沉箱外壁厚不宜小于250mm，对有抗冻要求的大、中型码头，沉箱潮差段临水面的壁厚不宜小于300mm；底板厚度不宜小于外壁厚度，墙趾长度不宜过大；隔墙的厚度可采用隔墙间距的1/25～1/20，但不宜小于200mm。小型沉箱的外壁、底板和隔墙厚度可适当减小。

3. 纵、横隔墙

隔墙作用是增大沉箱刚度，减小立板、底板的计算跨度。沉箱内的纵横隔板宜对称布置，间距可取3～5m，隔墙顶应比外壁低10～20cm，便于封舱板或搭设工作平台。隔墙上可以挖孔，以减小材料用量和沉箱重量。内隔墙上部开孔时，孔口下边缘至箱底的距离不宜小于隔墙间距的1.5倍。中小圆形沉箱内部一般不设隔板。

4. 填料

应根据当地的材料，选用量大、便宜、易密实和易填充的填料，如：砂、块石。

5. 沉箱接头型式

沉箱间垂直缝的宽度宜采用沉箱高度的4‰，但不应小于50mm。墙后有抛石棱体时，可采用平接型式，墙后无抛石棱体时，可采用对头接型式，如图2-24所示。对头接空腔宽度可采用300～800mm，腔内应设置倒滤层。

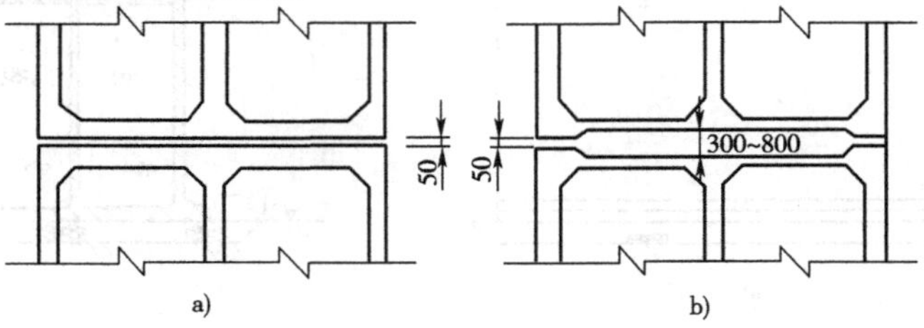

图2-24　沉箱接头型式(尺寸单位：mm)

a)平接；b)对头接

6. 其他构造

(1)为了压仓和沉放时向箱内灌水,每隔一箱格在前后壁下部对称设置一个灌水孔(以利进水均匀),并安设临时阀门。不设灌水孔的箱格,应在隔墙上设置通水孔。

(2)为了便于沉箱沉放时的定位,应在箱顶的四个角上埋置拉环。

(3)沉箱构件连接处是应力集中之处,折角处宜设置加强角,如图 2-25 所示,其尺寸可采用 150 ~ 200mm。

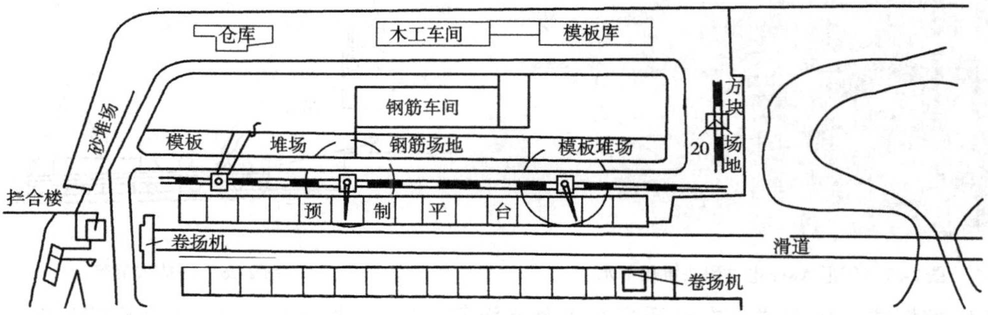

图 2-25　横、纵移式预制场地布置

三、沉箱施工

沉箱的施工程序是:沉箱的制造、下水、水上运输、沉放(分节预制的沉箱须接高)及箱内填充等。下面主要介绍沉箱预制、下水和水上运输方式:

1. 沉箱的移动与下水

沉箱的预制方式很多,根据其预制和移动下水情况的不同,大致可归纳为:

(1)滑道式。滑道式预制沉箱,有横、纵移式(图 2-25)和纵移式(图 2-26),不论是横、纵移式,还是纵移式,沉箱都是在平台上预制的,两者的主要区别是:横、纵移式的平台设在滑道的一侧或两侧,沉箱可预制一个出运一个,平台能及时周转;沉箱出运时,要先横移,而后纵移下水,除配纵移车外尚需配横移车,设备费用高。纵移式的平台设在滑道的纵轴线上,沉箱要成批预制和运出,平台不能及时周转,沉箱出运时不经横移直接下水,只需配纵移车,设备费用低。印尼 Awar 电站码头沉箱下水采取纵移式,如图 2-27 所示。

(2)船坞式。当沉箱的预制数量不多、预制期不长、工程附近没有固定的沉箱预制场或即使有但不经济、不安全时,如附近有船坞可租用,且其技术条件(承载力、尺度和水深等)能满足预

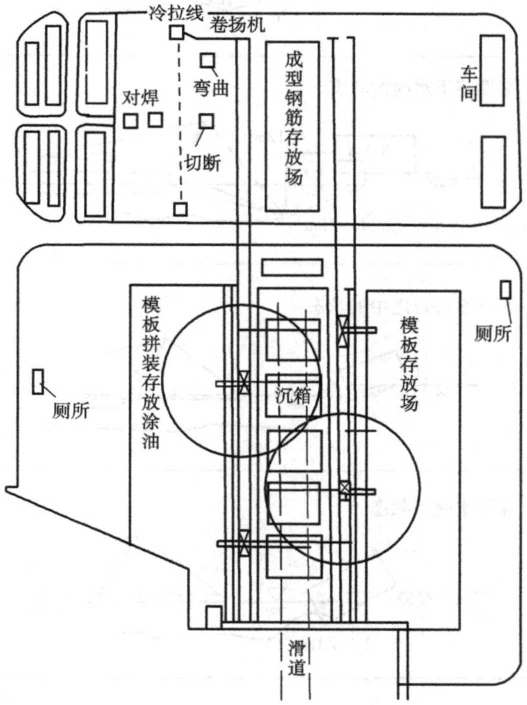

图 2-26　纵移式预制场地布置

制和出运沉箱的要求,为减少设备投资,可利用该船坞预制。

(3)吊放式。吊放式是在岸壁或码头承台上预制沉箱,然后用起重船吊沉箱下水,如图2-28所示。

图 2-27 印尼 Awar 电站码头沉箱下水

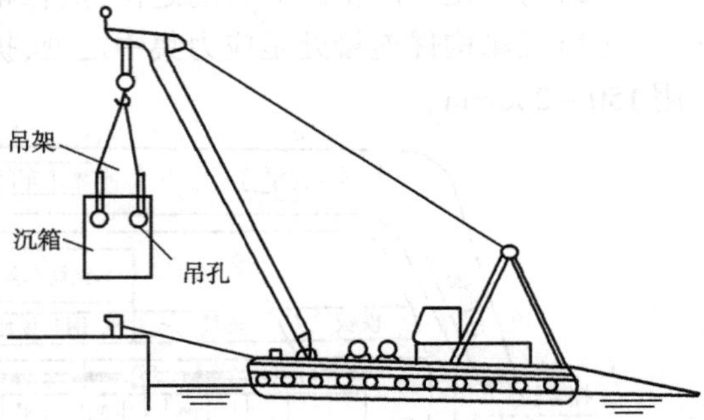

图 2-28 吊放式沉箱

(4)挖掘式。挖掘式是在砂质岸边上预制沉箱,然后用挖泥船挖泥,使沉箱按如图 2-29 所示的过程,滑移下水起浮。

①开始挖泥 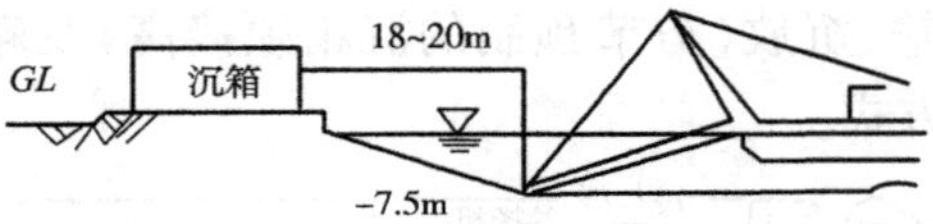	利用挖泥船,挖泥开始时的状态
②即将下水时的状态 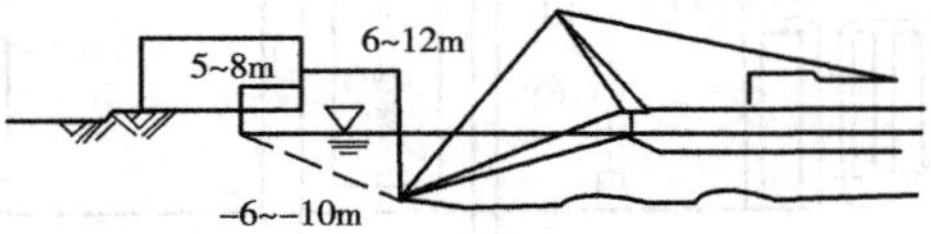	挖泥工作进行之中,沉箱下部的砂土剧烈地下坍,沉箱后部略向上抬,砂土地基的承载力达到极限状态
③下水进行之中的状态 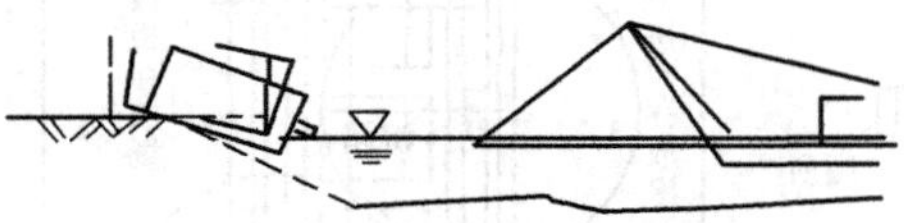	挖泥船退避,沉箱后墙进一步上抬,边向前倾斜,边产生滑动的状态
④下水完了状态 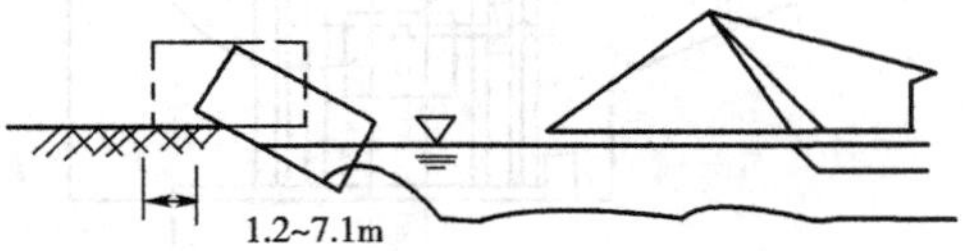	沉箱已停止滑动的状态

图 2-29

⑤重新挖泥 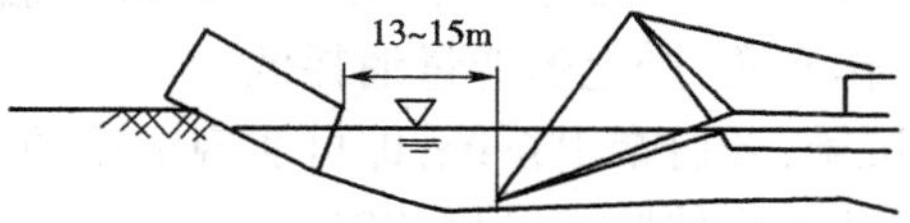 	利用挖泥船再次开始挖泥的状态
⑥即将滑动时的状态 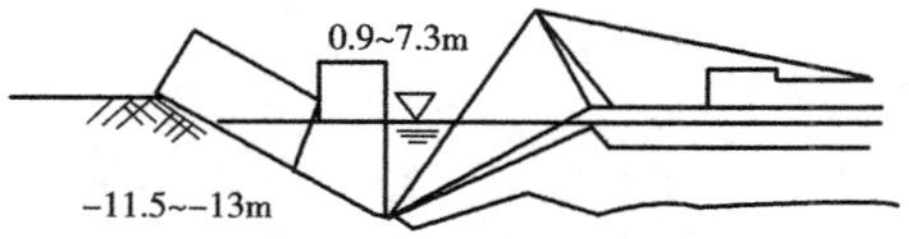 	继续挖泥，沉箱即将产生滑动的状态
⑦即将起浮的状态 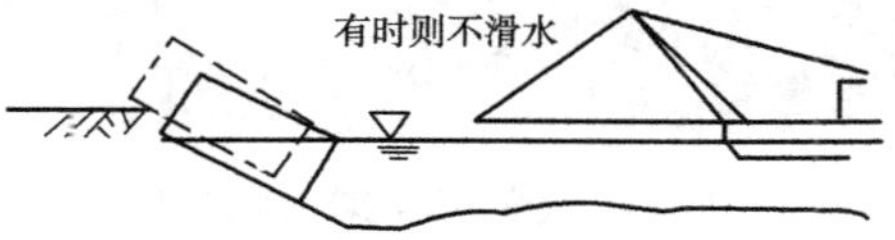 	沉箱以大致不变的倾斜度向前滑动，沉箱前部上面进入水中最深的状态，有的情况下，沉箱前部上面没入水中，有时则不漏水
⑧起浮完了状态 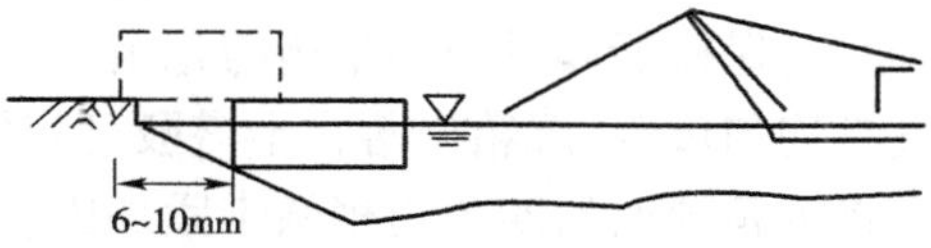 	沉箱起浮，摆动几乎已终止，可以进行拖运的状态

图 2-29　挖掘式沉箱下水过程

(5)气囊搬运。随着港口建设的规模越来越大，大型重力式码头的单个沉箱重量已高达 1 000t左右甚至达 3 000t。采用在已有的码头前沿预制、大型起重设备出运、安装的工艺已不适应工程施工的需要。气囊搬运重物原理类似于滚筒搬运重物的原理，不同的是滚筒是刚性的，工作时做圆周运动，而气囊是柔性的，工作时呈扁圆形，如坦克的履带一样运动。施工时，在需要搬动的构件下面，放置若干个无气的圆柱形胶囊，胶囊充气后将构件顶升，牵引构件或托盘气囊滚动使构件水平移动，如图 2-30 所示。气囊搬运具有以下优点：

图 2-30　气囊搬运沉箱

①无需大型专业预制厂和大型起重设备。利用现场的预制场及简易的起重设备即可解决大型沉箱的预制，工程成本低，工期得以保证。

②无需占用较长的码头岸线。

③对预制场地及运输通道的适应性强，场地处理和配套设施费用低。由于气囊是以其独特的整体缠绕工艺成型，囊壁无接缝，各向强度均衡，具有耐磨、抗冲击性，且气囊是柔软弹性体，适应性强。故采用该技术对预制场地及运

输通道的要求不高,产生的场地处理费用低,相应的配套设施费用也十分低廉。

④气囊的承载力大,耗能小。随着气囊原材料、囊体结构及制造工艺的不断改进,气囊的承载力也在不断提高,且气囊是利用压缩空气作为工作介质,产生的能量消耗低。

⑤易于操作,安全可靠。只需对气囊充气,顶升沉箱,开启牵引系统,即可实现沉箱的水平移动。气囊是柔软弹性体,其受力变形的缓冲作用保证了构件搬运过程的安全。

气囊搬运通常与浮船坞或半潜驳水上运输相结合。其上驳主要过程(图2-31)包括:

①半潜驳压载水。沉箱出运落驳前,半潜驳需压载水。半潜驳经压载水后,使其甲板面与出运码头面处在同一个水平面上。

②半潜驳与出运码头对接。半潜驳与出运码头对接要选择在合适水位,半潜驳通过绞紧钢缆绳,实现与出运码头的对接。当半潜驳与出运码头对接好后,在对接处的缝隙顶面铺上一块钢盖板衔接。

图2-31 气囊搬运沉箱上半潜驳

③沉箱移动上驳。沉箱在牵引机的带动下缓缓移上半潜驳甲板。沉箱移动上驳的过程中,半潜驳的抽水泵同时启动,将舱体内的压载水陆续排出,使半潜驳在沉箱上移就位过程中始终保持半潜驳舱面与出运码头面保持在同一水平面上,保持船体纵向的平衡与稳定。

④沉箱就位加固。沉箱移动到半潜驳中部时,气囊均匀放气,沉箱坐落在半潜驳已安好的垫木上。同时通过半潜驳塔楼上的卷扬机,用钢丝绳将沉箱顶面的四个角稍微带紧加固。

⑤半潜驳离开出运码头。装载沉箱的半潜驳脱离出运码头后,要继续将舱体内的压载水全部排出,以减少半潜驳拖运时的水流阻力。压载水全部排出后,半潜驳起锚由拖轮拖至下潜地点。

2.沉箱水上运输

沉箱水上运输可用浮运拖带法、半潜驳或浮船坞干运法。沉箱海上运输,我国曾习惯采用浮运拖带法,如图2-32所示。

采用浮运拖带法,沉箱下水起浮后,如不能及时运往沉放现场,可将沉箱停泊于避风水域,用锚缆固定。为增加沉箱的稳定性,可局部充水使它稍稍下沉,或临时存放在浅水处的松软平坦的海底上,为了避免浮起时因底部吸力大而造成的困难,沉箱最好放在卵石层上。

采用浮运拖带法水上运输沉箱时,拖带前应对沉箱进行吃水、压载和浮游等稳定验算。验算沉箱吃水时,应准确计入沉箱内实际的残余水和混凝土残屑的重量、施工操作平台和封舱盖的重量;验算吃水、干舷高度和稳定性时,应分别对空载和不同拖带工艺下不同稳定要求等情况进行计算。通常采用的浮运拖带法有跨拖法、曳拖法和混合拖运法。

跨拖法阻力大、行进速度慢、功率消耗大、易起浪花,在有风浪情况下易发生危险,但对沉箱的就位有利。该法一般在运距不远、水域面积较为狭窄的条件下采用。当运距较远、水域面积又较大时,可采用曳拖法。曳拖法有两种拖运方式:第一种方式如图2-32b)中的上图所示,其行进速度较跨拖法快,但阻力还是较大;第二种方法如图2-32b)中的下图所示,其阻力较小,行进速度快,但拖运过程中左右摆动较大,适用于水深较大和宽广水域中进行长距离拖运。

在运距短、水域面积又较狭窄的地点，通常采用跨、曳混合的拖运方法[图2-32c)]，易于控制沉箱的稳定。

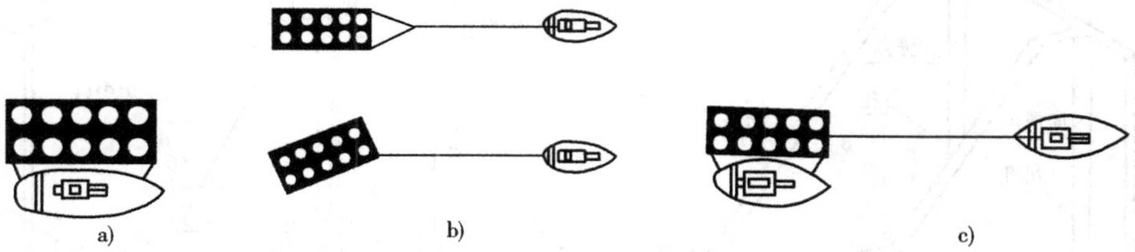

图2-32 拖船拖运方法

a)跨拖法;b)曳拖法;c)混合拖运法

拖运沉箱时，其曳引作用点在定倾中心以下10cm左右时最为稳定(正常航速条件下)。沉箱的浮游稳定性是一个很重要的问题，在设计时必须进行核算。但为了增加沉箱浮游过程中的稳定性，常常采取临时压载措施，以降低重心。压载物可以是水、砂石或混凝土方块等。

沉箱在浮运过程中，应注意防止承受侧面的外力，以减少摇摆。此外，还应注意缆索应具有一定的长度，不致使沉箱和拖船互相碰撞。

近十余年来，随着港口建设事业的发展，出现了半潜驳或浮船坞干运法。在下列情况下，采用半潜驳或浮船坞干运法具有明显的技术与经验优势：

(1)成批、长距离；

(2)大型、限于施工条件或自身浮游稳性不足的沉箱；

(3)航程中，海洋环境状态复杂，不宜采用浮运拖带法的沉箱。

采用半潜驳或浮船坞干运法在无类似条件下的运输经验时，应对下潜装载、航运和下潜卸载的各个作业阶段进行下列验算：

(1)半潜驳或浮船坞的吃水、稳性、总体强度、甲板强度和局部承载力；

(2)在风、浪、流作用下的船舶运动响应和沉箱自身的强度、稳性等。

第四节 其他型式重力式码头

重力式码头墙身结构除方块结构和沉箱结构外，还有扶壁、大直径圆筒、格型钢板桩结构、现浇混凝土和浆砌石结构等。

一、扶壁码头

扶壁是由立板、底板和肋板互相整连接而成的钢筋混凝土结构(图2-33)。底板可分为趾板、内底板和尾板等三部分，也可不设尾板。码头建筑物一般采用预制安装的扶壁；在有干地施工条件时，也可采用现浇的连续结构。扶壁结构还可按肋板数分为单肋、双肋和多肋三种。

预制安装扶壁结构的优缺点介于方块结构和沉箱结构两者之间。混凝土和钢材的用量比钢筋混凝土沉箱少，施工速度比混凝土方块结构快。主要缺点是结构整体性差，对地基不均匀沉降适应性差。图2-34为黄埔新港集装箱码头为扶壁结构。

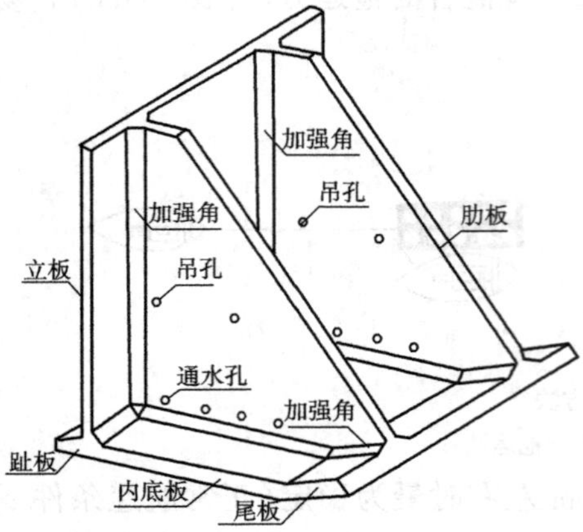

图 2-33　扶壁结构

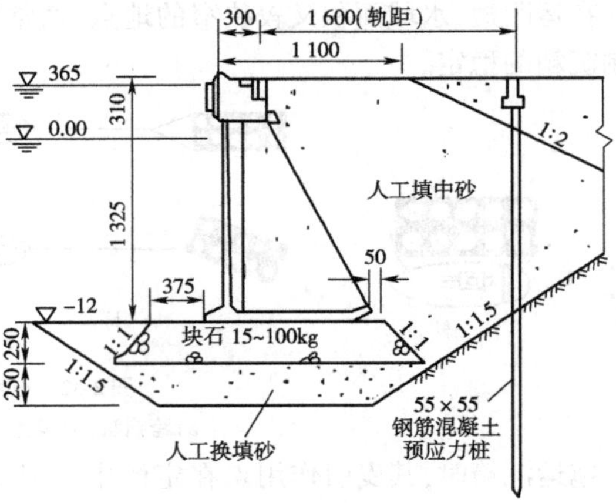

图 2-34　黄埔新港集装箱码头断面图

二、坐床式圆筒码头

坐床式圆筒码头主要由预制的大直径薄壁钢筋混凝土无底圆筒组成,它们一个挨一个地安放,圆筒内用天然级配较好的砂、石料填充。这种结构主要是靠圆筒与其中填料整体形成的重力来抵抗作用在码头上的水平力(图 2-35)。

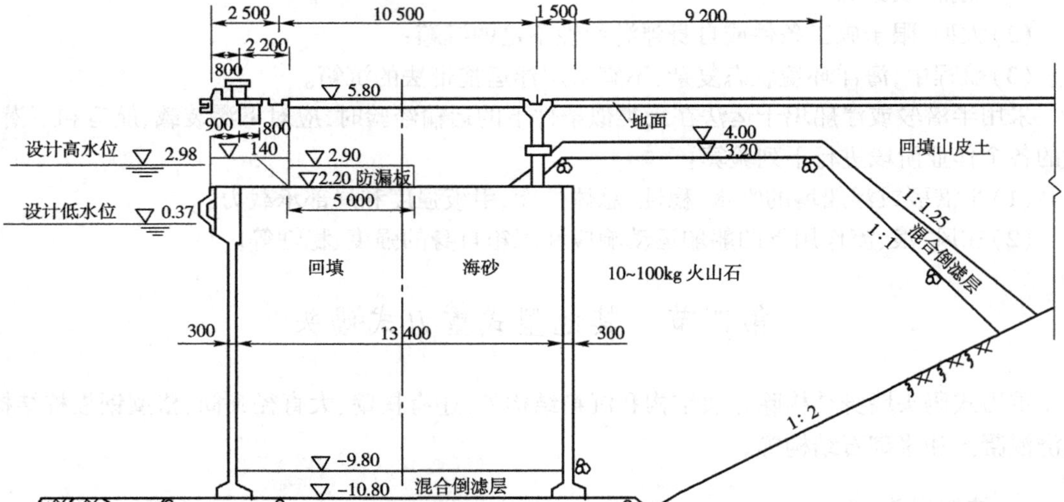

图 2-35　海南裕环水泥厂码头断面图

圆筒结构系曲壳结构,受力条件好,可以做得很薄,根据计算经验,圆筒壁弯矩很小,基本上属于构造配筋。圆筒的壁厚应由计算确定,宜取 300 ~ 400mm。

圆筒底部宜根据码头稳定和减小基床应力的需要设内趾和外趾,如图 2-36 所示,内趾宜采用圆环形,外趾可采用折线形。内趾和外趾的长度可取 0.5 ~ 1.5m,并且两者不宜相差过大。

圆筒结构的一个重要特点是每延米码头混凝土主体结构(水下部分)的材料用量与圆筒直径基本无关,所以为了建筑物的稳定性和工艺需要,可以做得大一些,宜取5~20m。圆筒直径过大,也会带来一定的问题:一是增大抛石基床的宽度,特别是当基床较厚时,基础部分的造价将增大很多;二是增大构件的重量,目前我国采用的起重船,起重量大多为200~500t,圆筒直径过大,必然要分节,它不仅给安装带来不便,并且要采取防止筒内细颗粒填料沿接缝流失的措施,增加了工序。目前我国采用圆筒结构的最大直径已达20m,世界上亦曾采用过21.5m直径。一般对轨距10.5m的门机,后轨道梁就可以放置在圆筒上,解决了一般重力式码头较难解决的门机前后轨差异沉降问题,如图2-35所示。

分节圆筒码头水平缝的防漏措施一般有两种:一是在圆筒内水平缝处设混合倒滤层,但施工比较麻烦;二是在下节圆筒壁的顶面用强力胶贴一条橡胶管,它施工简单,使用可靠。

为了不使墙后填土流失,圆筒之间采取堵缝措施。国内外常见的圆筒间的防漏设施一般有如图2-37所示的几种类型。

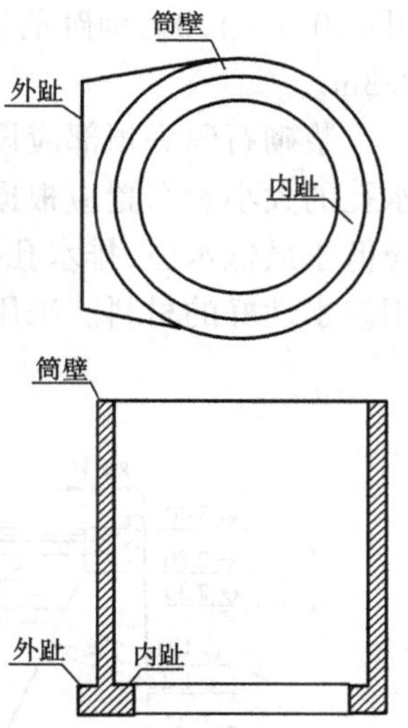

图2-36 内趾和外趾平面、剖面

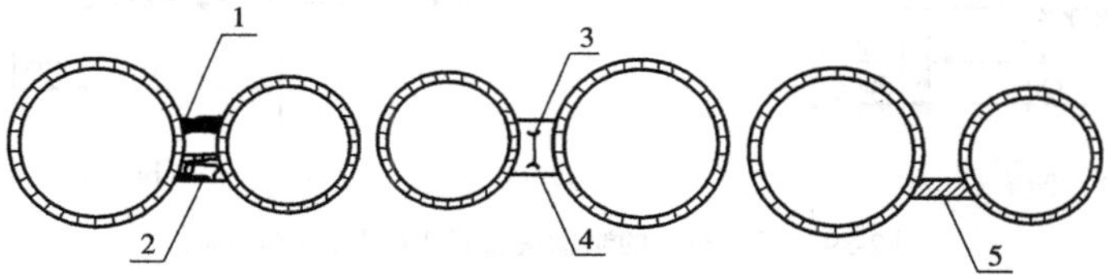

图2-37 常见圆筒间防漏设施示意图

1-齿槽;2-水下混凝土;3-X形钢筋;4-模袋混凝土;5-堵缝梁

三、现浇混凝土结构和浆砌石结构

现浇混凝土或浆砌石码头断面可采用梯形式、衡重式和卸荷板式,如图2-38所示。在有干地施工条件的内河港常采用此种结构,其优点是可就地取材,不需要钢材,不需要大型和复杂的施工设备,施工简单,整体性好,造价低。图2-39为干地施工的浆砌块石码头。

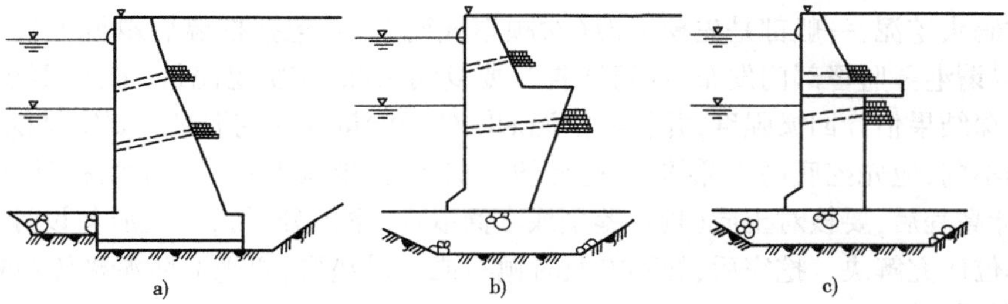

图2-38 码头断面型式

a)梯形式;b)衡重式;c)卸荷板式

码头的前趾或后踵的悬臂长度与趾高或踵高之比,砌石结构可取0.3~0.5;混凝土结构可取0.7～1.0。前趾前端或后踵末端的高度，砌石结构不宜小于0.5m，混凝土结构不宜小于0.3m。

浆砌石码头顶部应设置高度不小于0.3m的现浇混凝土压顶。码头墙身应设排水孔。排水孔的大小和布置应根据水位变化情况、填料透水性能和码头断面形状确定，最下一层排水孔应低于最低水位，排水孔孔径不宜小于80mm，排水孔后应设置倒滤设施。码头墙后填料宜选用渗水性好的材料。采用黏土时，应采取排水措施，并提出填料密实度要求。

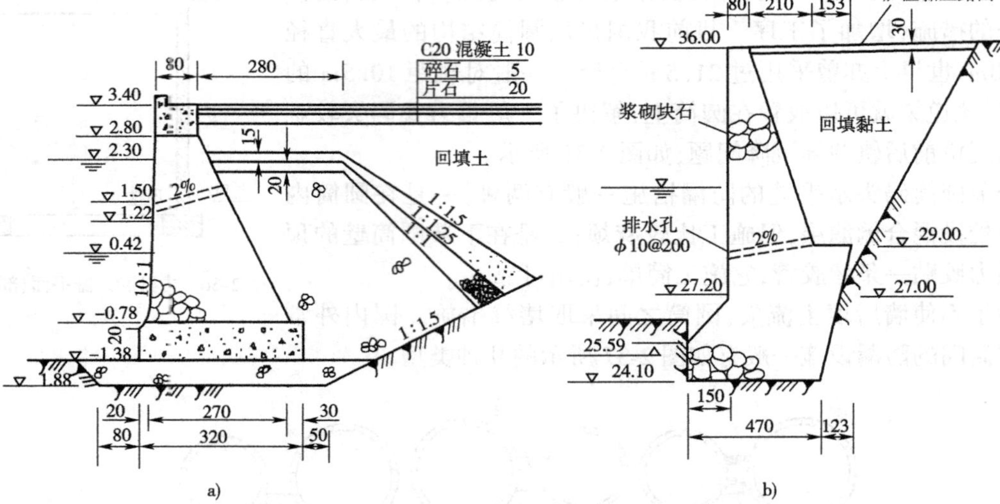

图2-39 干地施工的浆砌块石码头(尺寸单位:cm)

a)梯形断面;b)衡重式断面

第五节 抛石基床施工

在重力式码头施工中，基槽挖泥与基床抛石是关键工序，如施工不当或控制不严，易使码头出现较大的沉降和位移。因此，要特别予以重视。

一、基槽开挖

重力式码头挖泥，一般都是先挖港池(对顺岸式码头，还包括挖墙后斜坡土)，后挖基槽。挖泥前，要申请港务监督部门发布“航行通告”；要复测水深，核实挖泥量，如遇回淤情况，还要根据复测水深结果估计回淤强度，并将在挖泥期间的回淤量计入挖泥量。要安排挖泥顺序，如基槽底高程不同，应先挖底高程低的、后挖高的。挖泥时，要勤对标、勤测水深，防止超挖或欠挖；挖至设计高程后，要核对土质(现场鉴别或套筒取样、室内分析)，如地质与设计要求不符，应与设计单位研究解决。挖完后，如不能及时抛石或铺设垫层，要采取防淤措施(或在将来抛石前，用吸泥泵清淤)。

干地施工时，必须做好基坑的防水、排水和基土保护。干地施工排水能力不足时宜分段设围堰；对黏性土地基，在槽底设计高程上应保留0.15～0.30m的土层，并应在下一工序开始前挖除。

二、基床抛石

1. 基床抛石的顺序

基床抛石既要考虑与上一工序基槽挖泥紧密衔接，又要为夯实以及下一工序安装上部结构创造条件，以达到确保工程质量和加速工程进度的目的。当基床设计底高程相差不大时，可从一端开始向另一端分段抛；对于顺岸码头，从任一端开始；对于突堤码头一般从近岸端开始。当基床设计底高程相差较大时，应从底高程低处向高处分段抛，示例如图 2-40 所示。抛石基床的厚度应为设计厚度加预留沉降量，对于夯实的基床，只考虑地基的沉降量；对于不夯实的基床，还要考虑基床本身的沉降量。

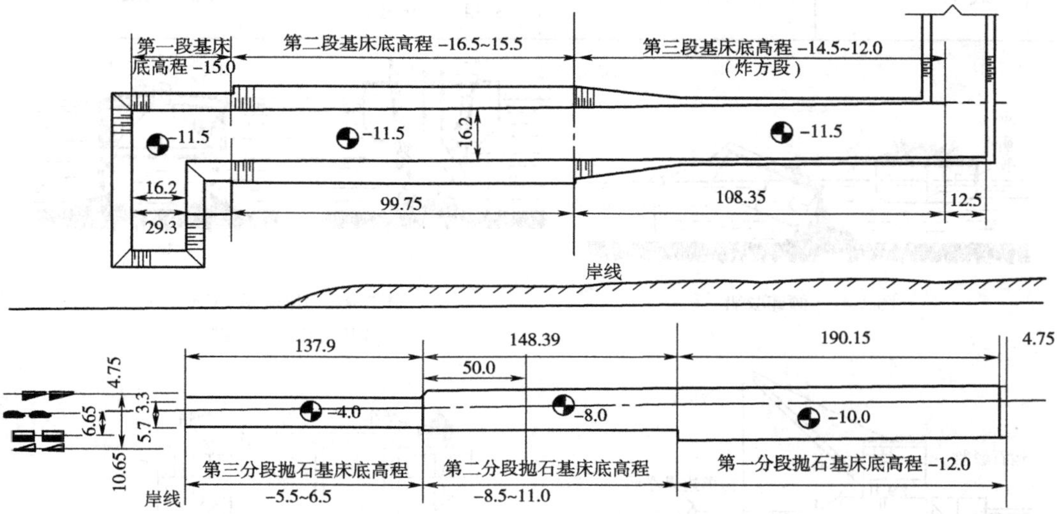

图 2-40　基床抛石顺序示例(尺寸单位:m)

2. 抛石方法

抛石方式有压茬抛和定位、定量抛两种。这两种抛石方式的优缺点和适用范围如表 2-4 及图 2-41 ~ 图 2-45 所示。

两种抛石方式的优缺点和适用范围　　表 2-4

抛石方法		主要优缺点		
		优点	缺点	适用范围
压茬抛	人力{民船、方驳}	1. 抛填位置较准确； 2. 抛填灵活，量易控制； 3. 不易漏抛，顶面平整度较好； 4. 方驳驻位较稳	1. 抛填效率低； 2. 劳力用量大； 3. 劳动强度大	1. 风浪较小时的抛填； 2. 基床顶部的细抛； 3. 人工费用较低的地区
压茬抛	推土机、装载机}方驳	1. 抛填效率较高； 2. 劳力用量少； 3. 方驳驻位较稳	1. 抛填量不易控制； 2. 顶面平整度较差； 3. 需用推土机或装载机	1. 风浪较大时，基床顶部细抛，其余部位粗抛填； 2. 人工费用较高的地区

续上表

抛石方法		主要优缺点		
		优点	缺点	适用范围
定位定量抛	人力{民船 方驳	1. 抛填位置较准确； 2. 抛填效率较高； 3. 抛填控制较为简单	1. 定位标志设置量大； 2. 顶面平整度较差； 3. 劳力用量大； 4. 劳动强度大	1. 风浪较大时，基床顶部细抛，其余部位粗抛填； 2. 人工费用较低的地区
	侧倾式 底开式}抛石船	1. 定位较准确 2. 抛填效率高	1. 定位控制工作量大； 2. 顶面平整度差； 3. 粗平工作量大	风浪大时，基床顶部细抛，其余部位粗抛填

图 2-41 倾卸驳船

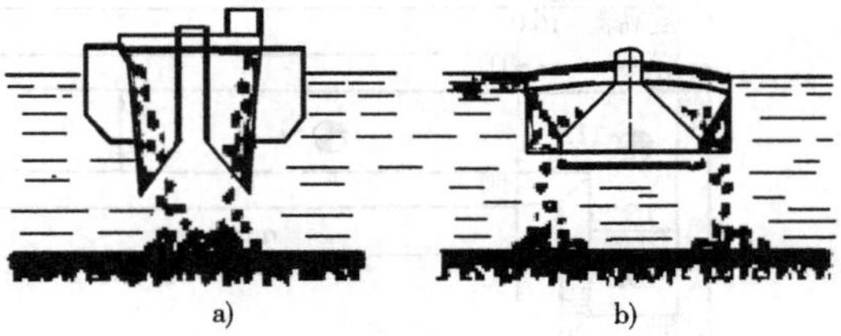

图 2-42 开底(舱)驳船

a)开底驳；b)开舱驳

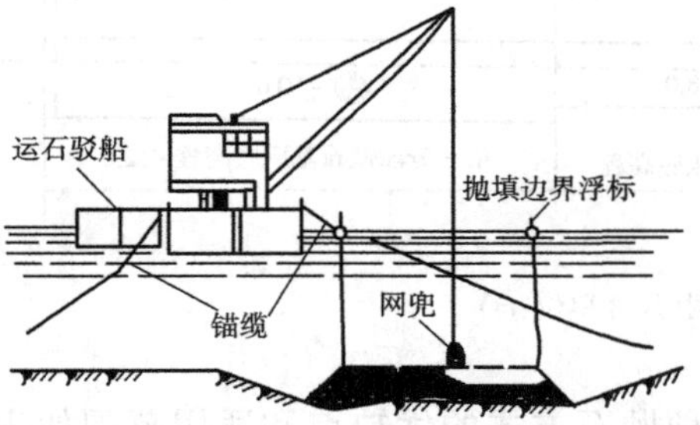

图 2-43 起重船抛石

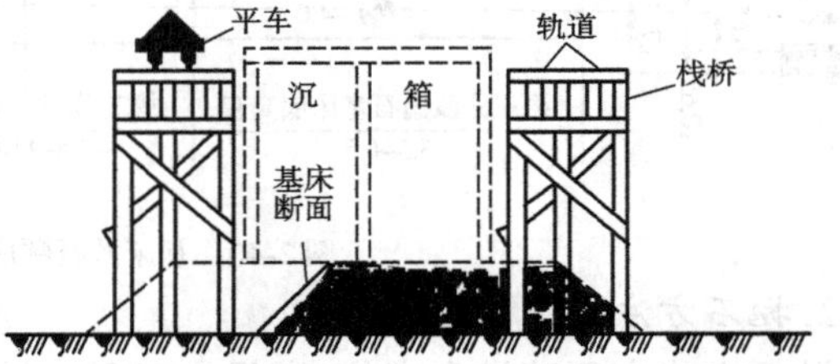

图 2-44 陆上抛石法(从栈桥抛石)

3. *抛石要点*

(1)导标标位要正确，勤对标，对准标，以确保基床平面的位置和尺度，特别是基床顶宽不得小于设计宽度。

(2)粗抛和细抛相结合，顶层顶面以下 0.5～0.8m 范围内应细抛；顶层其余和以下各层可粗抛。抛填控制高差：粗抛一般为 ±30cm；细抛一般为 0～30cm。(抛石应趁风、浪、流较小时进行)。

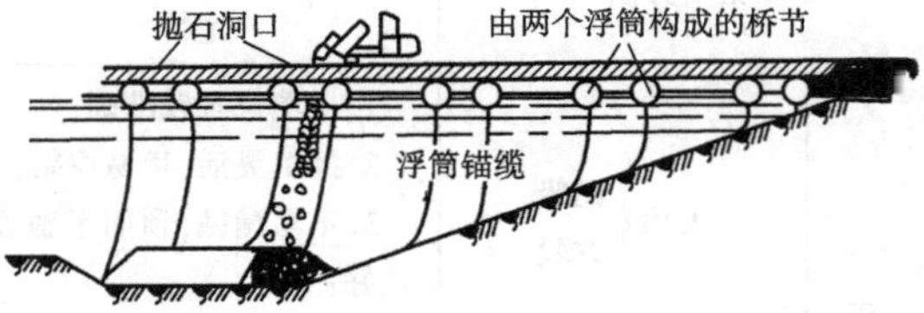

图 2-45 陆上抛石法(从浮桥抛石)

(3)抛石前应进行试抛。通过试抛，当用人力抛时，掌握块石漂流与水深、流速的关系；当用推土机，装载机、开底式和侧倾式抛石船抛时，掌握块石堆扩散情况，以选定起始点位置和移船距离。

(4)勤测水深,防止漏抛或抛填过多。在接茬处,应在邻近接茬2~3m的已抛部位开始测水深,并采取先测水深,后抛石,再测水深的方法进行抛填,以免漏抛或抛填过多。测水深时,测点间距不宜超过1m,测锤的底部直径不小于30cm。

(5)当有流速又用人力抛填时,要顺流有序进行抛填,且抛石和移船的方向应与水流方向一致,以免块石漂落在已抛部位而超高。

(6)当用开底式和侧倾式抛石船抛石时,除掌握石堆扩散情况外,一般应控制在30~90s内抛下,使抛下的石堆厚度比较均匀。

(7)基床抛石的富余高度应适当,若过大,夯实后基床超高,水下扒除非常困难;若过小,夯实后欠高,尚需补抛、补夯,这些都会影响工程的进展。根据实践经验,应掌握宁低勿高的原则,每一层抛石的富余高度常控制在抛石层厚度的10%~15%左右。

三、基床夯实

在有夯实要求的抛石基床中,每层抛石后须进行夯实,以消除或减少其压缩沉降。夯实的方法,一般是用起重设备吊重锤,按一定的规则和指标要求进行夯实。或采用爆夯法,爆夯法密实基床的工程实践经验表明,与重锤夯实法比,它具有施工简单、工期短和节省投资等优点,在条件许可的情况下,采用爆夯法密实基床是有质量保证的。已有工程实例表明采用爆夯的码头比采用重锤夯实的码头段在使用期的沉降量要小。

1.重锤夯实主要技术要求

(1)基床锤夯范围可按坡身底面各边加宽1m确定,对施工定位和作业困难的水域,锤夯范围可适当加宽。分层夯实时,锤夯范围可根据分层处的应力扩散线各边加宽1m确定,如图2-46所示。

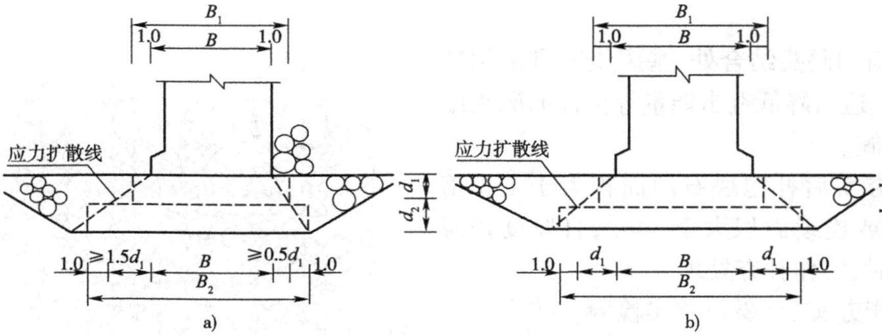

图2-46 基床夯实范围示意(尺寸单位:m)

a)墙后有填土;b)墙后无填土

B_1-d_1 层夯实范围;B_2-d_2 层夯实范围;B-墙底宽;d_1、d_2-抛石基床夯实分层厚度

(2)夯实前应对抛石面层作适当整平,其局部高差不宜大于300mm。

(3)基床锤夯时应分层、分段夯实,每层厚度宜基本相等,每层夯实后的厚度不宜大于2m。夯击能量较大时,分层厚度可适当加大。分段夯实的搭接长度不应小于2m。

(4)夯锤底面积不宜小于$0.8m^2$,底面静压强宜采用40~60kPa,落距可取2.0~3.5m。不计浮力、阻力等影响时,每夯的冲击能不宜小于$120kJ/m^2$;对无掩护水域的深水码头,冲击能宜采用$150 \sim 200kJ/m^2$。夯锤宜具有竖向泄水通道,如图2-47所示。

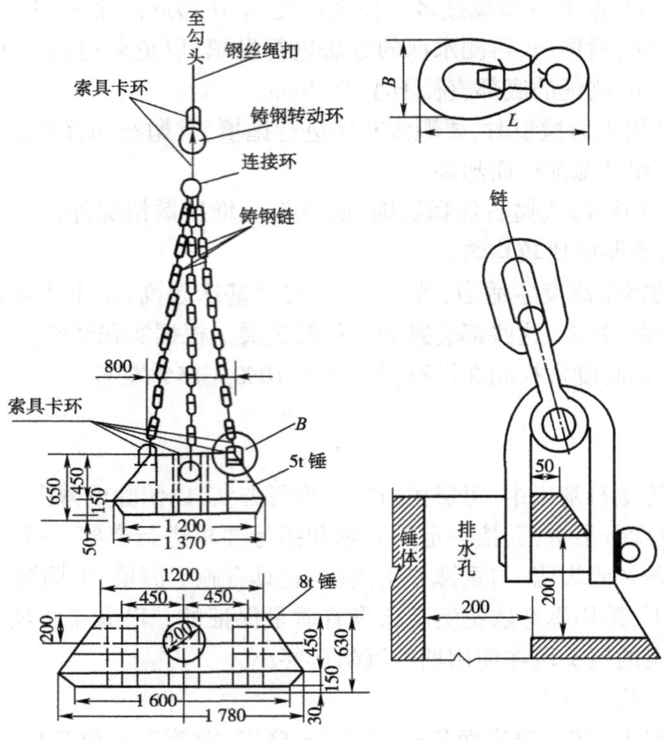

图 2-47　夯锤的形式与构造(尺寸单位:mm)

(5)基床锤夯宜采用纵横向相邻接压半夯,每点1锤,并分初、复夯各1遍,或多遍夯实的方法,如图2-48所示。夯击遍数应根据试夯确定。不进行试夯时,夯数不宜少于8夯,并应分2遍夯打。

(6)在新旧码头结合处,基床施工宜采用减小分层厚度、适当降低夯击能量等保证旧码头结构安全的措施。

(7)当夯实后补抛块石的面积大于1/3倍构件底面积或连续面积大于30m²,且厚度普遍大于0.5m时,宜作补夯处理。

(8)基床夯实后,要作夯实检验。按水运工程质量检验标准的规定,每一施工段抽查不小于5m的一段,当采用原锤、原夯击能复打一次验收时,其沉降量的平均值,码头基床不应大于30mm。孤立墩基础不应大于50mmm。对于离岸式码头,当采用定点复夯验收,选点数量不应少于20点,并应均匀分布在基床上,其平均沉降量不应大于50mmm。

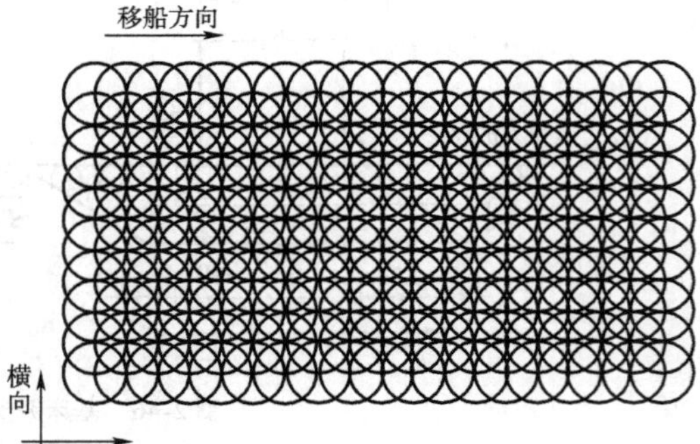

图 2-48　夯锤落点平面示意图

2. 夯实要点

(1)夯明基床时,为防止倒锤和夯坍边坡,每遍的夯实要先中间后周边。

(2)当基床顶面高程不同时。要先夯顶面高程较低的基床,并于其上安装预制构件后,才夯顶面高程较高的基床。在夯顶面高程较高的基床时,对邻近已安装预制构件的夯点,要减小夯击的落距,增加夯击的遍数。

四、基床整平

抛石基床不论有、无夯实要求,为使基床顶高程符合设计要求,以及便于平稳安装上部预制构件,基床顶面均需按设计要求进行整平。抛石基床的整平可分为粗平、细平和极细平。大型构件底面尺寸大于等于 $30m^2$ 时,其基床可不进行极细平。基床整平时,对块石间不平整部分,宜用二片石填充,对二片石间不平整部分宜用碎石填充,其碎石层厚度不应大于 50mm。基床整平允许偏差应符合表 2-5 的规定。

基床整平允许偏差　　表 2-5

整平种类	高程允许偏差(mm)	适用部位	整平范围	整平用料
细平	±50	1. 基床肩部; 2. 压肩方块下的基床	1. 前肩部分; 2. 压肩方块底边外加宽 0.5m	二片石
极细平	±30	墙身下的基床	墙身底面各边加宽 0.5m	10~30mm 碎石

注:当需进行粗平时,其高程允许偏差为 ±150mm。

1. 基床初平

码头基床的边坡只进行粗平,有时每层夯实前也需进行粗平。粗平的方法有悬挂刮道法和埋桩拉线法。

(1)悬挂刮道法,如图 2-49 所示,整平船横向驻位,按整平高程用滑车控制刮道(铁轨,其长度大于基床整平宽度)下放深度,水位每变化 5cm 调整一次。潜水员以刮道底为准"去高填洼"进行整平,边整平边移船。

(2)埋桩拉线法,如图 2-50 所示,在基床纵向两侧,陆上用经纬仪定方向,船上用垂球引点,每隔 15~30m 埋设木桩,桩侧设置短护木(与基槽纵向平行)以增加木桩抗拉线拉力的能力,桩顶用测深杆测设整平高程,每侧木桩按整平杯高拉 8# ~22#铅丝线,两线之间用直径为 3mm 测缆作为滑动线,潜水员以滑动线为准"去高填洼"进行整平,边整平边移动滑动线。

2. 基床细平和极细平

施工时一般采用导轨刮道法,如图 2-51 所示,在基床的整平范围内,沿纵向的两侧每隔 5~11m安设混凝土小方块,方块上安装作为导轨用的钢轨,钢轨长一般有 6m、12m 两种(现有改用钢管的,钢轨台因倾倒等造成高程不准,而钢管则能在一个范围内始终保持高程不变)。方块和钢轨之间垫厚薄不一的钢板,严格控制轨顶为整平高程,且误差不超过 ±1cm;整平船横向驻位,填洼所用石料装在船上。通过浮鼓式漏斗向水下运送,潜水员于水下用刮杆(钢轨)沿埋设的钢轨顶将碎石刮平。

除以上常用整平方法外,现在全自动基床抛石整平船已研制成功。并通过利用 RTK 技术实时动态控制水下抛石基床的顶面高程、整平状况等,实现了全天候水下抛心基床的整平施工,克服了人工整平受水深、流速、潜水员的情绪、身体状况等因素的影响,大大提高了生产率。

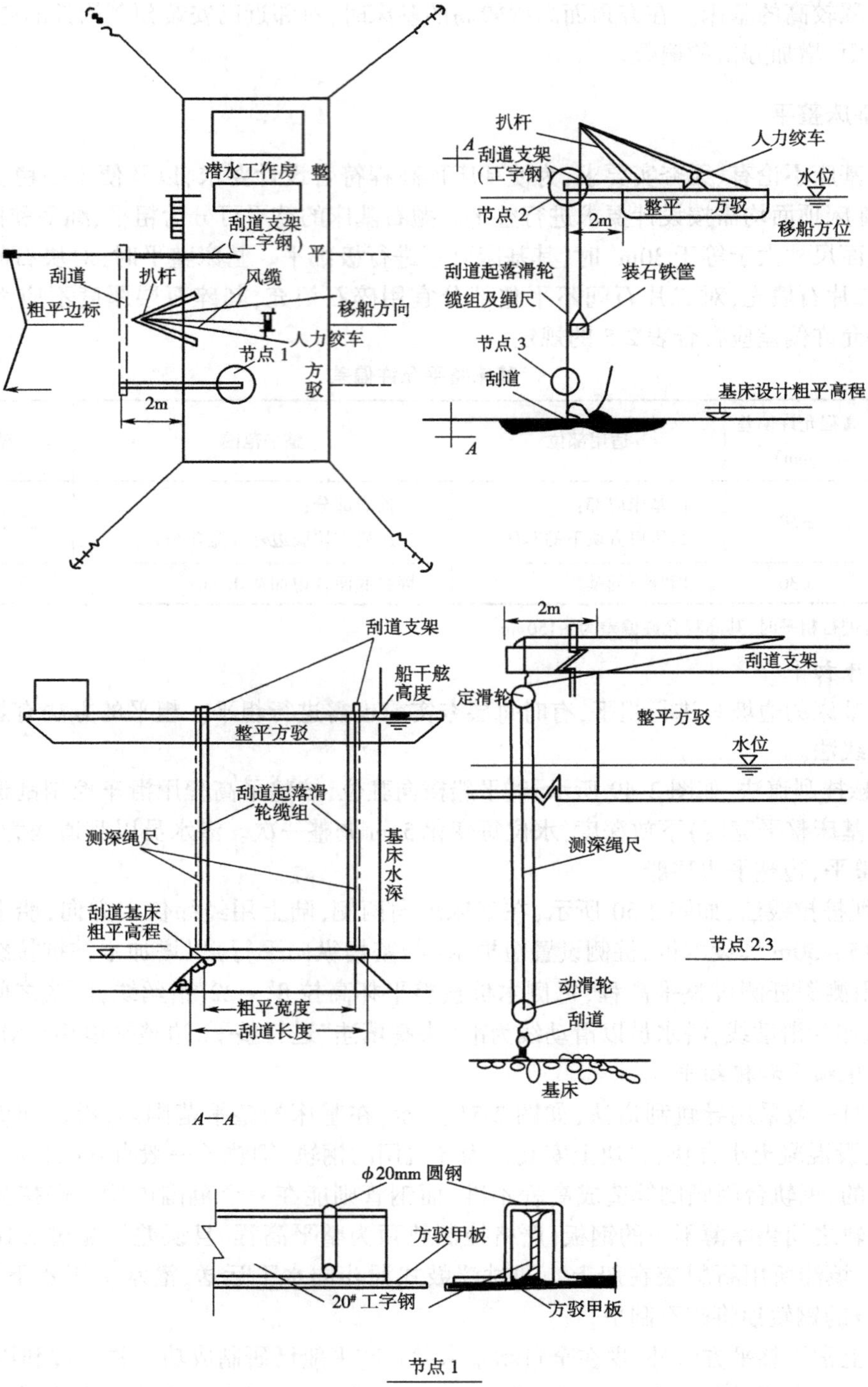

潜水工作房
整
平
方
驳
刮道支架
(工字钢)
刮道
扒杆
风缆
粗平边标
移船方向
人力绞车
节点 1
2m
扒杆
A
刮道支架
(工字钢)
人力绞车
水位
节点 2
整平
方驳
2m
移船方位
刮道起落滑轮
缆组及绳尺
装石铁筐
节点 3
刮道
基床设计粗平高程
A
刮道支架
船干舷
高度
整平方驳
刮道起落滑
轮缆组
测深绳尺
基
床
水
深
刮道基床
粗平高程
粗平宽度
刮道长度
A—A
2m
刮道支架
定滑轮
整平方驳
水位
测深绳尺
节点 2.3
动滑轮
刮道
基床
φ20mm 圆钢
方驳甲板
20# 工字钢
方驳甲板
节点 1

图 2-49　悬挂刮道法

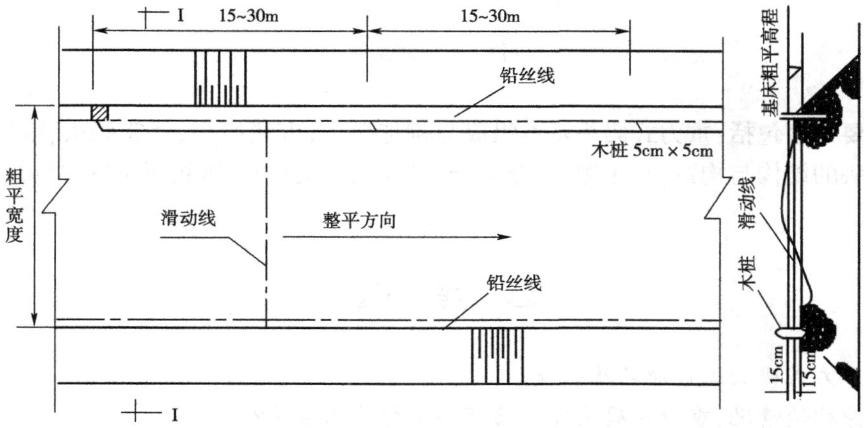

图 2-50　埋桩拉线法

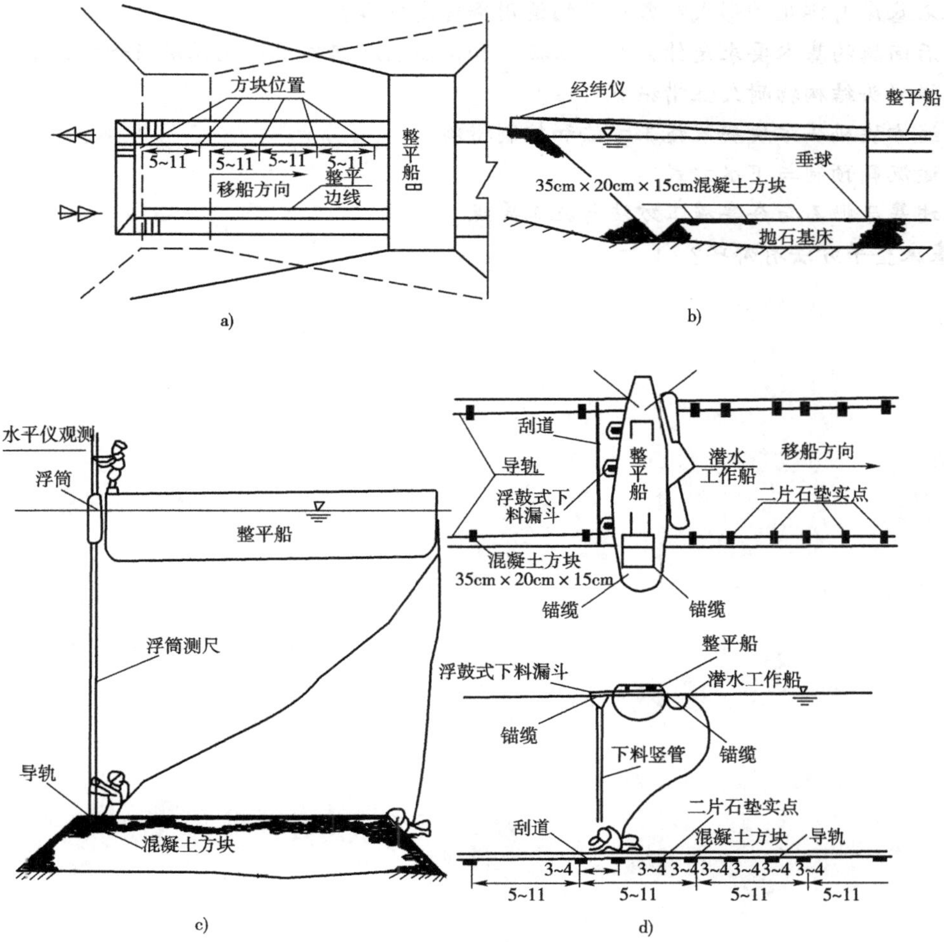

图 2-51　导轨刮道法

a)混凝土大小方块平面布置；b)测设混凝土小方块；c)测导轨顶高程；d)整平

小　　结

本章主要内容包括：重力式码头基本组成与构造要求；方块码头、沉箱码头、扶壁码头、大直径圆筒码头的结构与构造；基床抛石、夯实、整平以及方块码头、沉箱码头等主要结构的施工方法。

思 考 题

1. 简述重力式码头工作原理及组成。
2. 按墙身构造情况，重力式码头建筑物有哪几种结构型式？
3. 重力式码头胸墙的顶宽、底宽和底部高程的如何确定？
4. 抛石基床有哪几种形式？各形式的适用条件是什么？
5. 墙后回填的基本要求是什么？抛石棱体和倒滤层起何作用？倒滤层应如何设置？
6. 增强码头结构物耐久性措施有哪些？
7. 简述方块码头方块安装施工方法和控制措施。
8. 简述沉箱预制与下水方式。
9. 简述基床抛石与夯实施工方法与施工要点。
10. 基床整平方法有哪些？

第三章 板桩码头

本章学习提示：

通过本章学习，熟悉板桩码头工作原理、基本结构型式与构造要求；掌握板桩码头前墙、锚碇系统、帽梁、导梁和胸墙以及墙后回填等基本结构施工方法与要求。

第一节 板桩码头组成与结构型式

板桩码头主要依靠板桩入土段的土抗力及其上端的锚碇系统维持结构稳定，适用于土基条件。其结构简单，材料用量少；主要构件可在预制厂预制，施工方便，施工速度快；但结构耐久性不如重力式码头，施工过程中一般不能承受较大的波浪作用。

一、主要组成部分

板桩码头主要由前墙、拉杆、锚碇结构、帽梁、导梁及附属设备组成，图3-1。

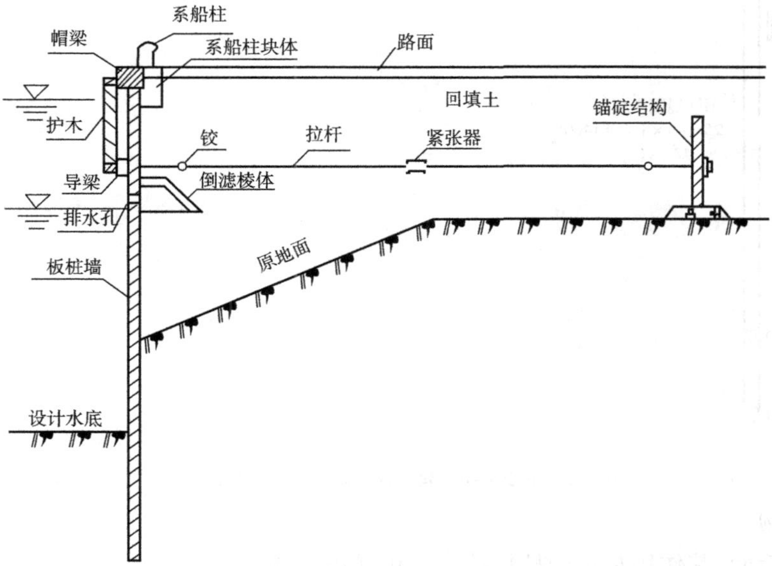

图3-1 板桩码头组成

1. 前墙

前墙是板桩码头最基本的组成部分，是下部打入或沉入地基中的板桩所构成的连续墙，其作用是挡土并形成码头直立岸壁。前墙可以是板桩，也可以是地下连续墙。

2. 拉杆

当码头较高时，墙后土压力较大，为了减小板桩的跨中弯矩（以减小板桩的厚度）和入土深度以及板桩墙顶端向水域方向的位移，应在适当位置设置拉杆，以传递水平荷载给锚碇结构。

3. 导梁

拉杆每隔一定距离设置一根，为使每根板桩均受到拉杆作用，可在板桩墙外侧设置水平导梁，拉杆穿过板桩固定在导梁上。

4. 帽梁

每根板桩入土后是参差不齐的，且各板桩相互独立。为了使各单根板桩能共同作用和使码头前沿线齐整，前沿平整，在板桩顶端应设置帽梁。帽梁作用相当于前面的胸墙，一般是现浇的。当水位差不大时，可将帽梁和导梁合二为一，成为胸墙（图 3-2）。

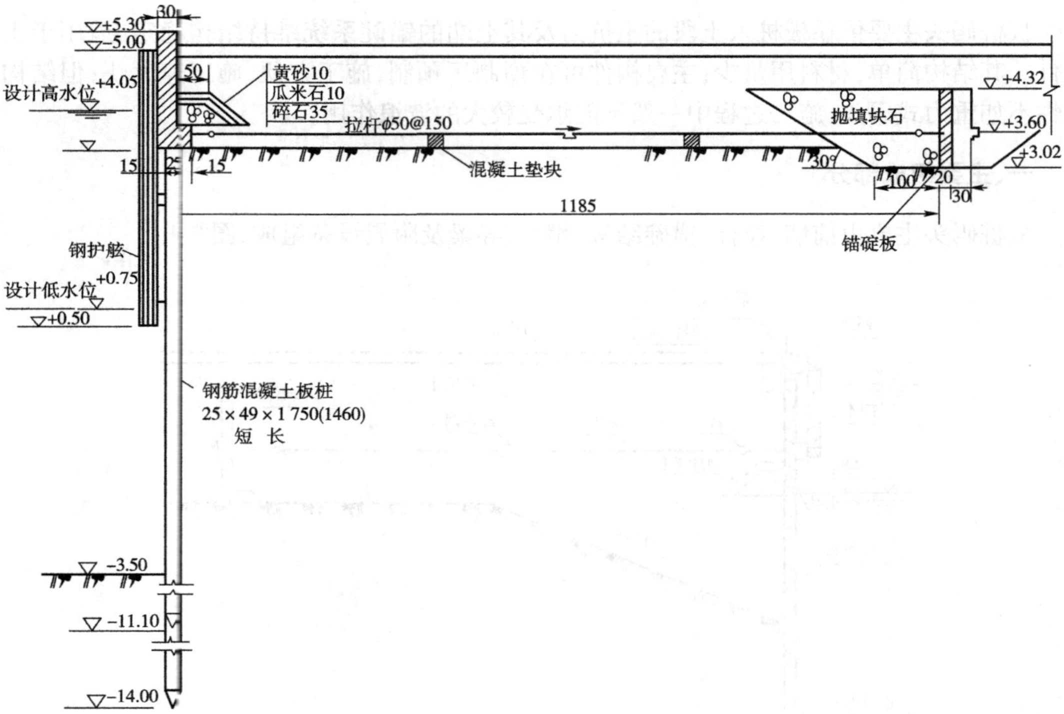

图 3-2 单锚钢筋混凝土板桩码头（尺寸单位：cm）

5. 锚碇结构

设在拉杆后面，其作用是承受拉杆拉力并传递给土体。

6. 倒滤棱体

为了消除或减小墙体后面的剩余水压力，在板桩墙上设有排水孔。为防止墙后填土从排水孔流失，在排水孔后面设有倒滤棱体。

二、结构型式

1. *按板桩材料分类*

板桩码头按其板桩墙所采用的材料可分为木板桩、钢板桩、钢筋混凝土板桩等。

木板桩的强度低,耐久性差,且耗用大量木材,现已很少应用。

钢筋混凝土板桩的耐久性好,用钢量少,造价低。在板桩码头中应用较多。但钢筋混凝土板桩的强度有限,一般只适用于水深不大的中小型码头。

钢板桩质量轻、强度高,锁口紧密,止水性好,沉桩容易,适用于水深较大的海港码头。但钢板桩造价较高,易锈蚀,需采取防锈措施。

2. *按锚碇系统分类*

板桩码头按锚碇系统可分为无锚板桩码头和有锚板桩码头,有锚板桩又可分为单锚板桩、双锚板桩和斜拉板桩。

(1)无锚板桩。无锚板桩墙如同埋入土中的悬臂梁(板),当其自由高度增大时,其固端弯矩亦将急剧增大。故多用于墙较矮、地面荷载不大和对位移要求不高的情况。

(2)有锚板桩。

①单锚板桩。板桩码头中最常用的种结构型式,以往多用于中小型码头,目前已建造了许多万吨级的单锚板桩码头(图 3-2)。

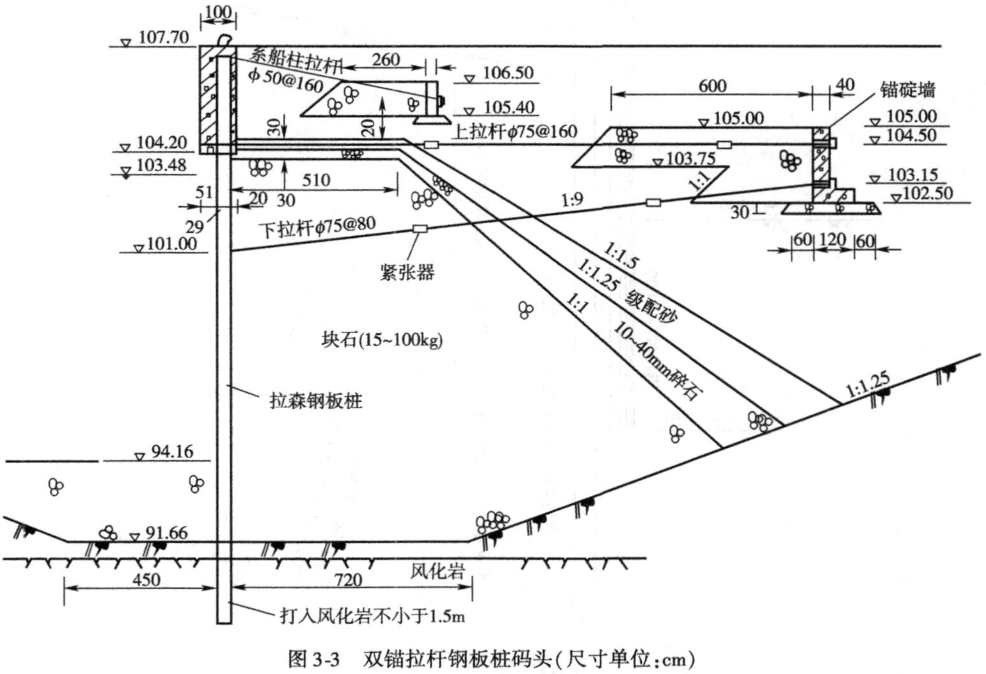

图 3-3 双锚拉杆钢板桩码头(尺寸单位:cm)

②双锚板桩。当码头水深较大时,为减小板桩弯矩,也可以采用双锚板桩岸壁的结构(图 3-3),这种结构型式的下拉杆高程较低。施工较困难;上下两根拉杆的位移也很难保证比较理想地协调工作,故常会使其中一根拉杆严重超载,计算结果与实际受力往往差别较大。所以一般情况下采用双拉杆板桩结构较少。

③斜拉板桩。如果施工场地狭小,不便埋设拉杆和锚碇结构,可采用这种结构型式(图3-4)。这种结构依靠板桩受压和斜桩受拉形成的抵抗力来承受外力距,承载能力有限,一般这类结构也多用于中小型码头。但这种结构在回填之前即可承受一定的波浪力。

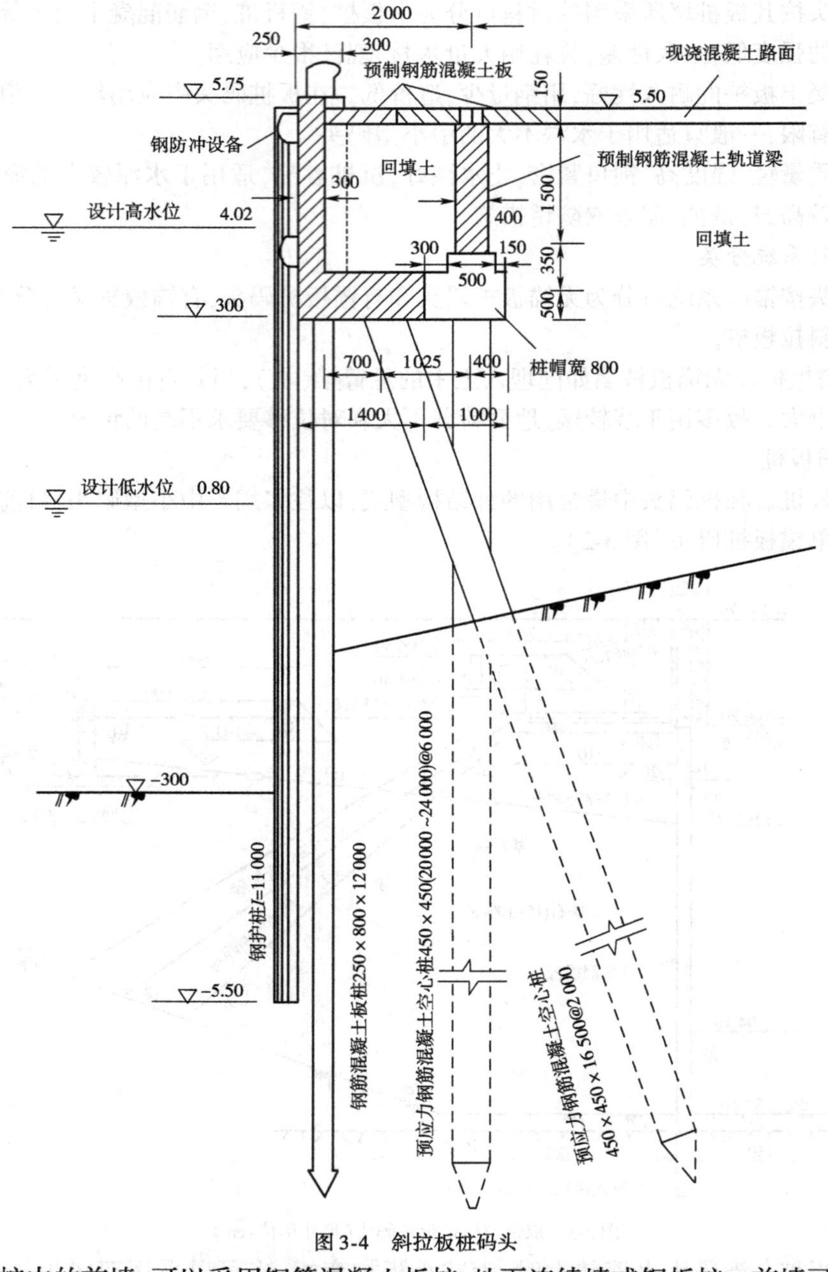

图 3-4　斜拉板桩码头

斜拉板桩中的前墙,可以采用钢筋混凝土板桩、地下连续墙或钢板桩。前墙可采用垂直或8:1~10:1的斜度,前墙外表面和设计水底的交点不宜超过码头前沿线。

斜拉桩与前墙可直接连接或采用现浇桩台连接,连接方式可采用铰接或刚性连接。斜拉桩的斜度不宜陡于3:1。

3. 按板桩墙结构分类

可分为普通板桩墙、长短板桩结合、地下连续墙和遮帘式板桩或卸荷板等结构型式。

普通板桩墙由断面和长度相同的板桩组成,其优点是板桩类型少,便于施工。

当地基土质较差时,为了保证岸壁的整体稳定性,需增大板桩的入土深度,为了降低造价,板桩可隔几根加长1根。构成长短板桩结合的型式(图3-5)。

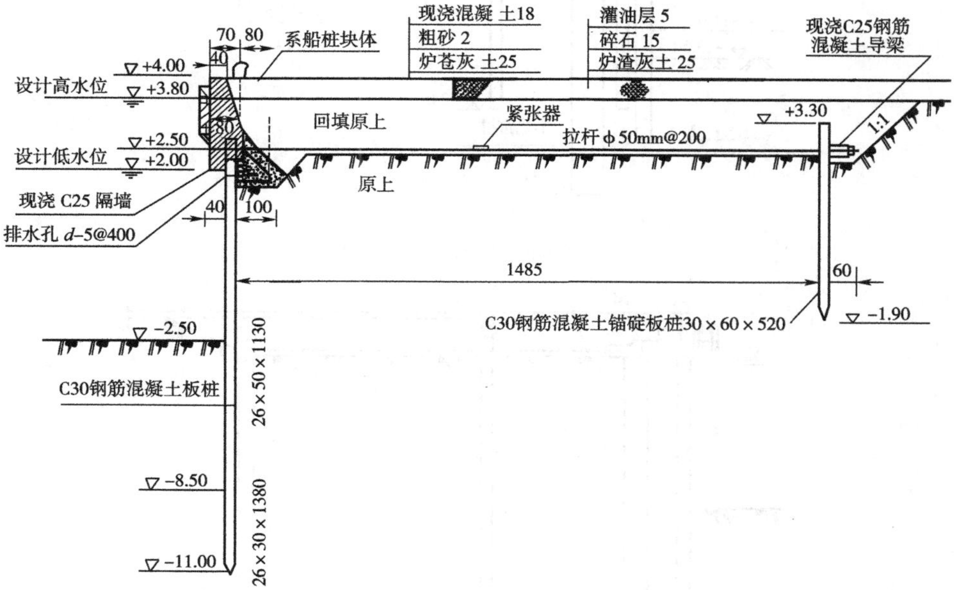

图3-5 长短板桩结合板桩码头(尺寸单位:cm)

地下连续墙是采用现浇或预制的钢筋混凝土结构。其优点是:整体性好;且可以做成各种形式断面;不需要大型施工机械,施工时无振动;可用于任何土质,施工速度快;工程造价低。缺点是:干地施工;混凝土质量不易保证;开挖后墙面不光滑,往往需要处理。现浇地下连续墙的截面宜采用矩形、T形和钻孔桩排等。T形截面成槽时,在拐角处极易发生塌孔,实际上规则的T形截面很难形成。这种形式的码头结构适用于不具备打桩设备和必须避免因打桩震动而影响临近建筑物的地点。

遮帘式板桩码头是近年来开发的新型结构,它是利用前墙后面的遮帘桩来减小作用于前墙上的土压力。遮帘桩采用较大的刚度可获得极好的遮帘式效果,通常采用灌注桩、钢桩或预制钢筋混凝土桩。前墙和遮帘式桩间土实际上也参与了抗弯工作,从而产生了较好的效应。遮帘式板桩结构分为全遮帘式图3-7,图3-8和半遮帘式(图3-6)两种。半遮帘式结构是板桩码头加深改造的最佳结构型式;全遮帘式结构则是广泛应用的新结构型式。

遮帘式板桩码头的遮帘桩和前墙的胸墙可整体连接或分离连接(图3-7,图3-8);当整体连接时,遮帘桩宜沉入良好持力层。

卸荷板板桩码头(图3-9)是利用在前墙的后面建造由桩基支承的卸荷平台,承受其上的土重及荷载,从而减小作用于前墙的土压力。

卸荷式板桩码头的前墙可采用钢筋混凝土板桩、地下连续墙或钢板桩;卸荷平台的桩基可采用灌注桩、钢桩或预制钢筋混凝土桩。

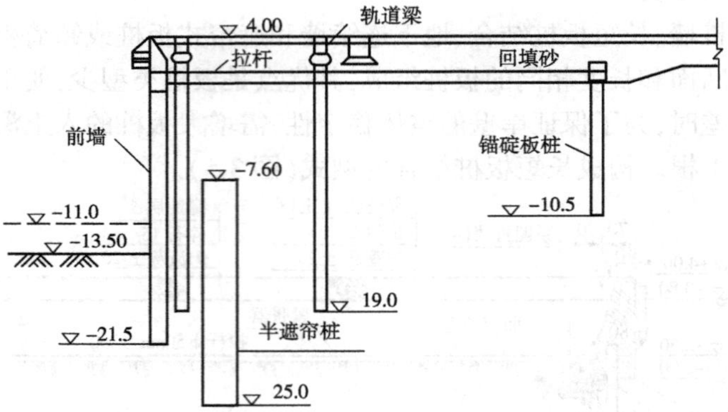

图 3-6　半遮帘式板桩码头

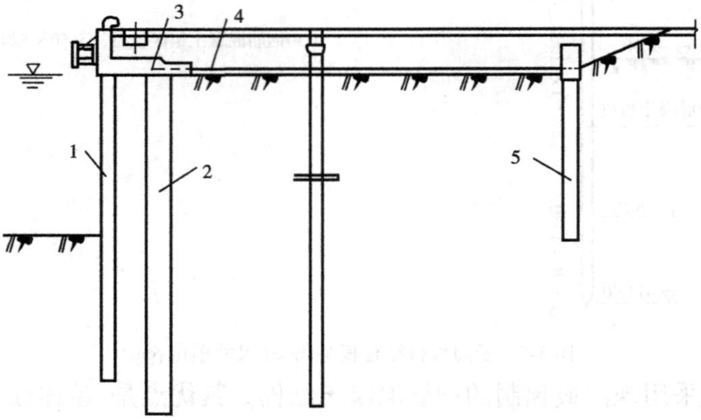

图 3-7　整体遮帘式码头结构断面
1-前墙;2-遮帘桩;3-胸墙;4-拉杆;5-锚碇

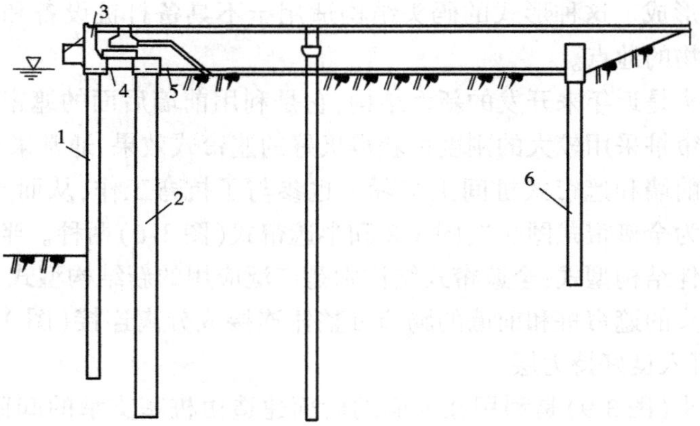

图 3-8　分离遮帘式码头结构断面
1-前墙;2-遮帘桩;3-胸墙;4-前拉杆;5-后拉杆;6-锚碇

卸荷式板桩码头的卸荷承台和前墙的胸墙可采用整体(图 3-9)或分离式(图 3-10)连接;当采用整体式连接时,卸荷承台下的基桩宜沉入良好持力层。

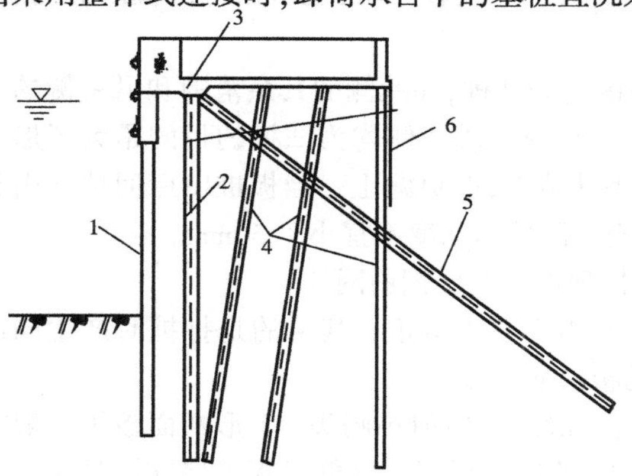

图 3-9 整体卸荷式码头结构断面

1-靠船桩;2-前墙;3-卸荷承台;4 -桩基;5-拉桩;6-挡墙

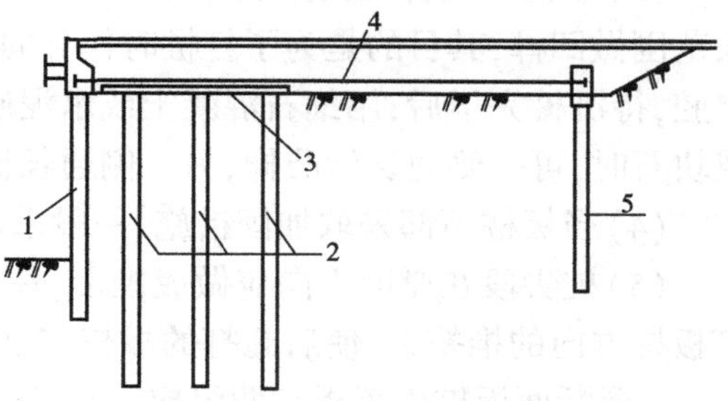

图 3-10 整体卸荷式码头结构断面

1-靠船桩;2-前墙;3-卸荷承台;4-拉杆;5-锚碇

第二节 板桩码头的构造

一、前墙

由板桩构成的板桩墙常采用钢筋混凝土板桩和钢板桩。

1. 钢筋混凝土板桩

钢筋混凝土板桩,可采用矩形、T 形截面,也可采用圆管形或组合形截面,如图 3-11 所示。

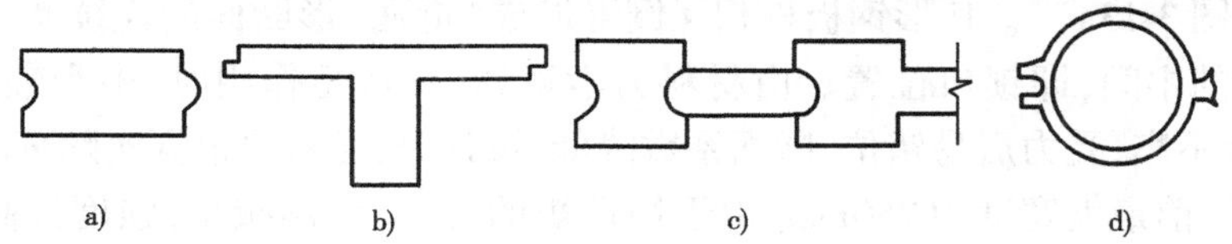

图 3-11 钢筋混凝土板桩断面型式

a)矩形;b)T 形截面;c)组合形截面;d)圆管形

矩形截面的钢筋混凝土板桩,其厚度应由计算确定,宜采用 200 ~ 600mm。当板桩厚度较大时,宜采用空心板桩。板桩宽度可采用 500 ~ 600mm,当施工条件允许时,宜增大板桩宽度,减少板桩和接缝的数量。矩形截面钢筋混凝土板桩构造应符合以下规定(图3-12):

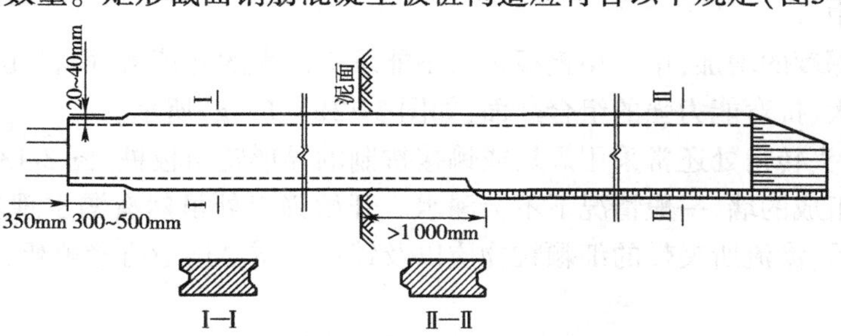

图 3-12 矩形截面钢筋混凝土板桩构造

(1)桩顶的宽度应根据替打尺寸各边缩窄20～40mm，缩窄段的长度取300～500mm。

(2)桩顶主筋外伸的长度不宜小于350mm；当板桩厚度较小时，也可留待沉桩后，凿除桩头混凝土，露出外伸钢筋。

(3)板桩一侧自桩尖至设计泥面以下1m范围内做凸榫，在此侧的其余范围和另一侧的全长范围做凹榫，其目的是为了打桩时作导向作用。桩身上段两侧均为凹槽的目的是为了形成空腔，待沉桩完毕后，用细石混凝土或水泥砂浆将其填充，以免漏土。当板桩墙后回填开山石或块石时，可一侧通长做凸榫，另一侧通长做凹槽。凹槽的深度不宜小于50mm。

(4)当板桩顶部采取加固措施，一般采取在桩顶设置三层钢筋网片。

(5)桩尖段在厚度方向应做成楔形，在凹槽一侧应削成斜角。其目的是打桩时产生向已打板桩方向的推挤力，使后施打的板桩与已打的板桩靠得紧密。

T形断面板桩由翼板和肋组成，施工速度快，一般用于内河小码头。T形断面板桩一般宽度较大，常采用1.2～1.6m。T形翼板主要是挡土，所以翼板底端宜低于板桩墙前设计泥面以下1m，并不小于冲刷深度。由于翼板较薄，无法做槽榫，故常做成企口，平接企口导向性差，易偏位，接缝不严密，故应在接缝后面采取防漏措施。

钢筋混凝土定位桩和转角桩的桩尖应做成对称形，桩长宜比一般桩长2m。转角桩应根据码头转角处的平面布置，设计成异形截面。

钢筋混凝土板桩间的缝宽宜采用20～30mm。墙后原土层或回填料为细颗粒土时，钢筋混凝土板桩之间的接缝应采取防漏土措施。对矩形截面的板桩，可在凹槽内填充细石混凝土或水泥砂浆。

2. 钢板桩

钢板桩常用断面形式有U形和Z形；圆管形、H形和组合形钢板桩的截面模量较大，适用于前墙弯矩较大的情况，可适用于较大的深水码头(图3-13)。

(1)U形[图3-13a)]。U形钢板桩相互倒置形成“折瓦”形断面的连续墙，其中和轴位于“折瓦”形断面的中间，即锁口位置。由材料力学可知，受弯矩作用时，中和轴处的剪应力最大，如锁口咬合不牢，受力后易错位，断面系数降低，设计时，通常要根据实际情况，对其断面系数进行折减。目前最大宽度为750mm，由于惯性矩的提高，变形减小，强度提高，单桩宽度增大，打桩数量减少，施工速度加快。

(2)Z形[图3-13d)]。抗弯能力好，受弯时，连接锁口处，剪应力为零。由于单根Z形钢板桩断面不对称，施工时易扭转，故施工时一般采用将两根板桩焊在一起施打。

(3)一字形[即平板型，图3-13c)]。抗弯能力差，但“锁骨”形锁口，横向受拉能力强，适用于格形结构中。

随着码头深度的增加，单一型钢板桩已不能承受巨大的外荷载，而将几种基本型钢桩组合成断面模量很大、抗弯能力强的组合断面，如图3-13b)、f)、g)所示。

另外，在码头转角处还常采用焊接或铆接拼制的异形转角板桩[图3-13e)]。

由钢板桩组成的墙，一般情况下不会漏水。开始锁口处虽然有漏水现象，但因其缝较窄，经过一段时间后，渗流所夹带的细颗粒物质以及锁口生锈会逐渐将缝填死，故一般不再做倒滤设施。

钢板桩在水中和空气中易锈蚀，因此必须采取防锈措施，目前常用的防锈措施有：

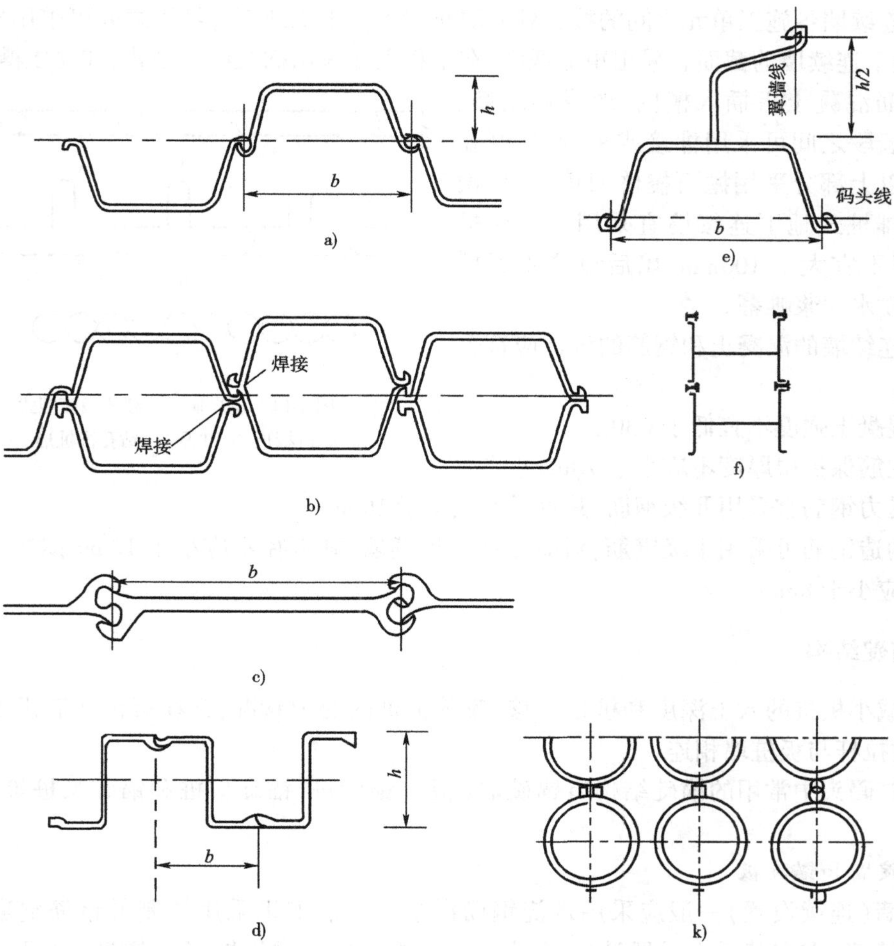

图 3-13　钢板桩的断面型式

(1)涂料保护,采用涂环氧煤沥青漆或聚乙烯和聚氨酯弹性体覆盖,一般使用 3～5 年,坏了铲掉再涂,这种方法常作为在水位变化处的钢板桩防锈措施。

(2)阴极保护,实践证明在水下部分采用阴极保护是有效的。

(3)改进钢材化学成分和采用防腐蚀钢种,如我国鞍钢生产的 10MnPNbRe 鞍Ⅳ型钢板桩,耐锈蚀性较好。

(4)尽量降低帽梁或胸墙的底高程,以减小板桩暴露长度。

(5)与钢板桩相接触的金属构件(如拉杆、导梁)应采用与钢板桩相同的材质,以免产生电位差,引起腐蚀作用。

3. 地下连续墙

地下连续墙可采用现浇或预制的钢筋混凝土结构。现浇地下连续墙的截面可采用矩形、T 形或钻孔排桩形等(图 3-14)。预制地下连续墙的截面宜采用矩形。

现浇地下连续墙的厚度宜采用 60～130mm;预制地下连续墙的厚度宜采用 400～800mm;钻孔桩的直径不宜小于 550mm。

地下连续墙各施工单元之间的接头处应防止漏土。现浇地下连续墙之间可采用接头管连接;预制地下连续墙的截面宜采用矩形截面,在工程上多采用插板结构型式,即先成槽,然后将预制的钢筋混凝土板插入槽内,形成连续墙。预制地下墙段之间可采用榫接或平接,最好在墙后泥面以上部分采用抛石棱体回填,其后设倒滤层。排桩式地下连续墙宜采用一字形排列,其缝宽不宜大于100mm,墙后设置水泥搅拌土或旋喷水泥浆帷幕。

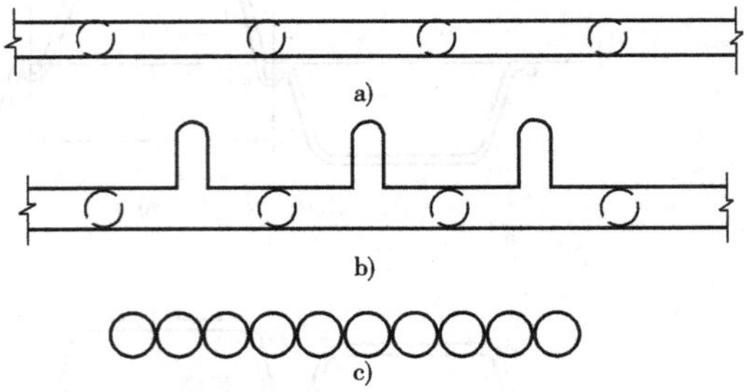

图3-14　现浇地下连续墙截面型式

a)板形;b) T形;c)钻孔排桩形

地下连续墙的混凝土和钢筋的设计应符合下列规定:

(1)混凝土强度不宜低于C30。

(2)主筋保护层厚度不应小于70mm。

(3)受力钢筋宜采用Ⅱ级钢筋,其直径不应小于16mm。

(4)构造钢筋可采用Ⅰ级钢筋,对矩形地下连续墙,其直径不应小于12mm;对钻孔排桩,其直径不应小于8mm。

二、锚碇结构

为了减小板桩的入土深度和桩顶位移,改善板桩的受力状况,常在板桩墙后设置锚碇结构,并通过拉杆与板桩墙相连。

在板桩码头中常用的锚碇结构有锚碇墙(板)、锚碇桩、锚碇板桩和锚碇叉桩等型式(图3-15)。

1. 锚碇墙和锚碇板

锚碇墙(连续设置)一般应采用现浇钢筋混凝土墙。如果采用预制的钢筋混凝土板安装而成连续墙,需在其后面设置连续导梁。锚碇墙的断面常用矩形或梯形,也可采用L形断面。

锚碇板(间断设置)一般为预制的钢筋混凝土板,有平板、双向梯形板和带肋的T形板等几种型式(图3-16),T形板可采用横肋或竖肋。

锚碇墙(板)高度由稳定计算确定,常用1.0~3.5m。锚碇墙(板)的厚度由计算确定,一般不宜小于0.15m,常采用0.2~0.4m。锚碇预留拉杆孔,其位置与作用在锚碇板(墙)上的土压力合力作用点重合(通常在墙高度中间偏下处),其斜度应与拉杆方向一致。

锚碇墙(板)结构简单,主要依靠其前面的被动土压力,不需打桩设备,但必须开挖基坑或基槽,增加了开挖工程量并破坏了原状土结构。为了充分利用墙前土抗力作用,墙前常换填力学性质好的材料,北方地区多采用灰土夯实,南方多采用块石回填。锚碇墙(板)的缺点是其水平位移较大。采用预制安装的锚碇板(墙),下面常用15~20cm厚的碎石铺垫。现浇锚碇墙,下面应浇注10~15cm的素混凝土垫层。

锚碇墙(板)的设置高程应尽量放低,以取得较好的经济效果(有利于增大锚碇结构前被动土压力和有利于降低拉杆位置,减小前墙板正弯矩)。锚碇墙(板)结构适用于码头后方场地宽敞且拉杆力不大时,并且采用该结构时施工简单。

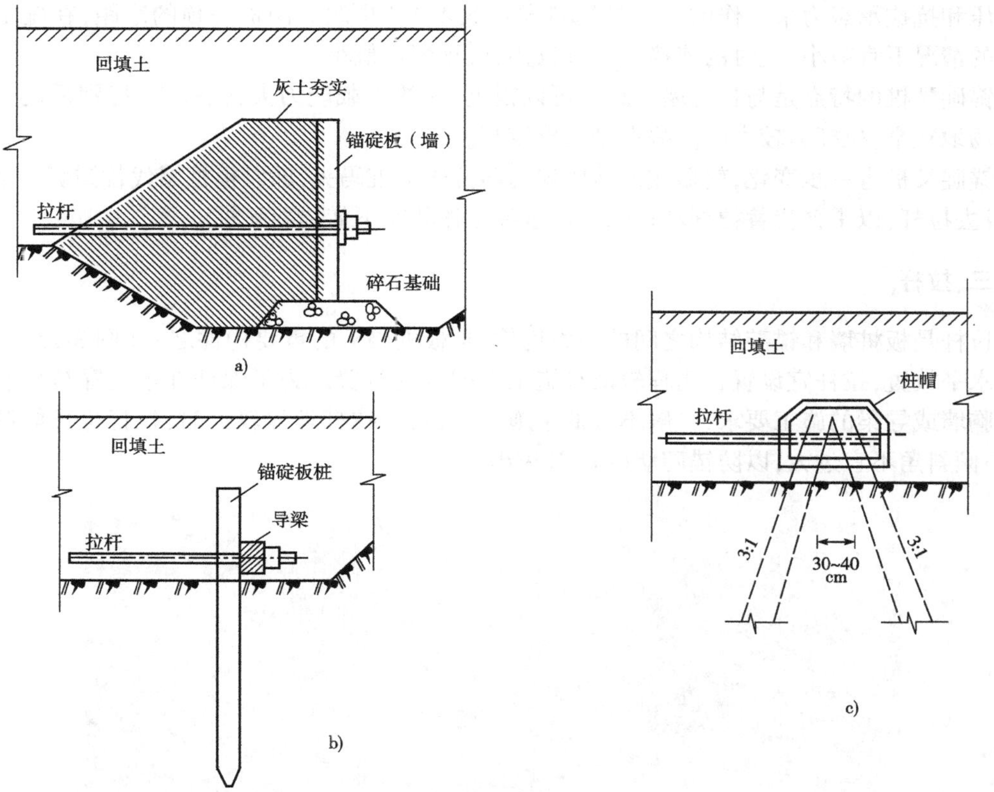

图 3-15　常用的锚碇结构型式

a)锚碇板(墙);b)锚碇桩(板桩);c)锚碇叉桩(或斜扭桩)

2. 锚碇桩(或板桩)

锚碇桩(或板桩)一般采用钢筋混凝土桩(或板桩)，如图 3-15b)所示。锚碇桩可用一组桩(通常用 2~3 根桩组成)，也可用单桩锚碇;锚碇板桩则为沿码头线连续的板桩墙。

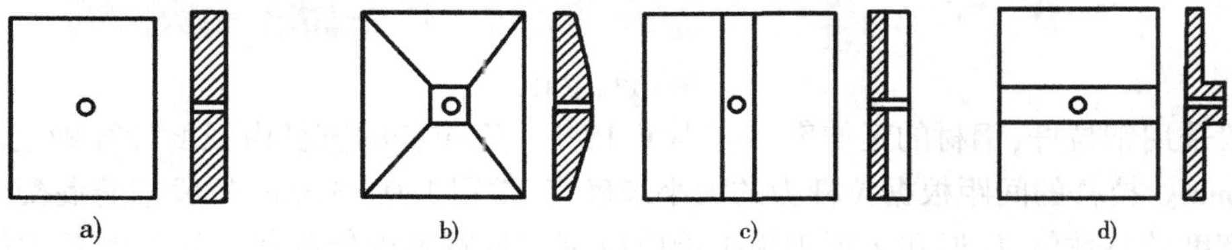

图 3-16　锚碇板型式

a)平板形;b)双向 T 形;c)竖肋 T 形;d)横肋 T 形

锚碇桩(或板桩)是依靠其在土中的嵌固工作的，相当于悬臂梁，因此水平承载力小，桩顶水平位移也较大。锚碇桩(或板桩)的特点是直接沉入土中填挖土方少，不破坏原状土，但需打桩设备。适用于码头后方场地宽敞，且地下水位较高或利用原土层时。

3. 锚碇叉桩

锚碇叉桩[图 3-15c)]由两根不同方向的斜桩和现浇桩帽组成。这种结构主要靠桩的轴向抗压和抗拔承载力来工作的。叉桩的斜度宜取4:1或更缓。两桩桩顶的净距,在施工条件允许的情况下宜减小,此时的连接接近于铰接,桩顶弯矩最小。

锚碇叉桩的特点是与板桩墙的距离可以很近,它的承载能力大、位移小,特别适用于码头后方场地狭窄,拉杆力较大时。缺点是造价较高。

锚碇叉桩进一步变化,就形成前面所述的斜拉式板桩码头,即以板桩墙代替锚碇叉桩的压杆,省去拉杆,以承台代替拉杆和桩帽。但这种工作状态不如锚碇叉桩。

三、拉杆

拉杆是板桩墙和锚碇结构之间的传力构件,是板桩码头的重要构件之一(图3-17)。拉杆一般水平放置,拉杆宜设置在高程较低且施工不困难的位置。为了保证在水上穿拉杆和水上浇注胸墙或导梁的施工要求,一般不宜低于施工水位,当拉杆埋深较大时,拉杆也可能倾斜放置,但倾斜角不宜过大,以防锚碇墙(板)被拔出。

图3-17　拉杆

一般采用钢拉杆,钢材的延伸率不应小于18%。钢拉杆的直径由强度计算确定,一般为40~100mm。拉杆的间距根据拉杆力的大小来确定,常用1.0~3.0m,一般钢筋混凝土板桩墙取板桩宽度的整数倍,U形和Z形钢板桩墙应取钢板桩宽度的偶数倍。拉杆的长度等于二板桩墙与锚碇结构的距离。当拉杆总长度大于12m时,宜采用紧张器连接,并在前墙和锚碇结构的两端各设1个竖向铰。当拉杆总长度小于12m时,可只在靠近前墙处设1个铰。紧张器两侧的拉杆长度大于12m时,宜分节制作,每节长度不宜大于12m,分节之间可采用螺纹连接或焊接。

当预计拉杆下填土沉降较大时,为了减小拉杆下沉,消除拉杆附加应力,宜在拉杆下设支承桩,或在拉杆上安设槽形防压罩,在防压罩与拉杆之间留15~20cm的预留空隙以适应沉降要求。支承桩间距可采用4~6m,桩尖宜打入较好的土层内。

四、帽梁、导梁和胸墙

为了使板桩能共同工作和码头前沿线整齐，通常在板桩顶端用现浇混凝土做成帽梁。为了使每根板桩都能被拉杆拉住，在拉杆和板桩墙的连接处设置导梁。无锚板桩墙只设帽梁。

钢筋混凝土板桩码头，一般采用钢筋混凝土导梁，导梁可以预制安装也可以现浇。采用预制导梁时，一般每隔 4 ~ 6 根桩打一根带有牛腿的板桩，用以支承导梁，由于打桩时桩顶高程不易控制，往往造成支腿高程参差不齐，导梁和板桩中的预留孔也不易对齐，安装较为困难。目前采用现浇导梁，不仅可以克服上述问题，而且技术也不存在什么困难，只是立模和混凝土浇筑稍麻烦。帽梁一般采用现浇钢筋混凝土梁。当水位差不大、拉杆距码头面距离较小时，一般将导梁和帽梁合二为一设计成胸墙。胸墙的断面形式可采用图 3-18 所示的四种形式。帽梁或胸墙的两侧均应比板桩宽 150mm 以上。

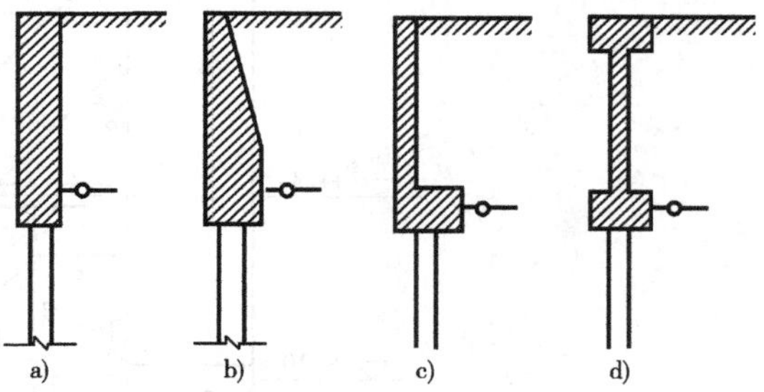

图 3-18 胸墙的断面型式

a）矩形；b）梯形；c）L 形；d）I 形

为了保证桩与胸墙连接可靠，钢筋混凝土板桩应伸入帽梁或胸墙 50 ~ 70mm，钢板桩伸入帽梁或胸墙深度可取 1 倍板桩截面高度或桩径。

钢板桩的导梁一般由一对背靠的槽钢组成（图 3-19）。钢导梁的分段长度不宜小于 4 倍的拉杆间距，并宜与帽梁或胸墙的分段长度一致。

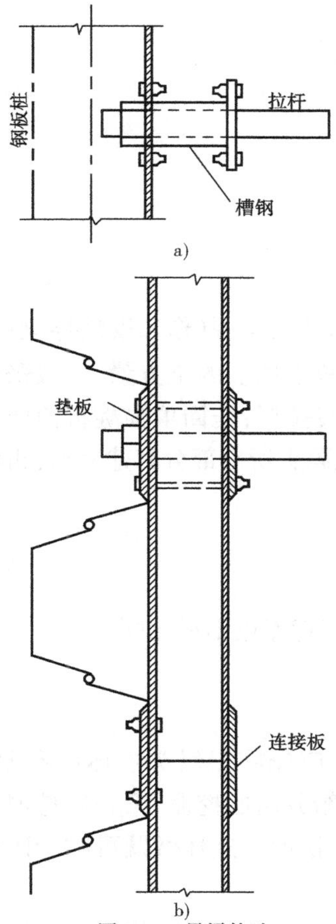

图 3-19 导梁构造

帽梁、导梁或胸墙沿码头长度方向应设置变形缝，变形缝间距一般可取 15 ~ 30m。在结构形式和水深变化处、地基土质差别较大处及新旧结构的衔接处，必须设置变形缝。变形缝宽 20 ~ 30mm，用弹性材料填充。

对于钢板桩码头，在施工可能的情况下应尽量把帽梁做低些。以减少钢板桩的锈蚀面积，并防止钢板桩锁口的互相错位，增加板桩的稳定。

一般情况下系船柱块体一般与帽梁或胸墙整体浇筑。通常系船柱块体上设两根拉杆锚碇，其锚碇结构可以独立设置，也可以与前墙锚碇结构结合起来。

五、排水设施

板桩码头是实体结构。为了减小或消除作用在板桩墙上的剩余水压力，前墙应设排水孔。排水孔的位置不宜高于设计低水位；在施工条件允许的情况下，宜设在极端低水位附近。排水孔的间距和孔径应根据墙前水位差、前墙透水情况和墙后土质确定。一般 3 ~ 5m 设置一个直径 5 ~

8cm 的排水扎。除墙后回填块石的情况外，排水孔均应设置倒滤设施，以防墙后填土流失。倒滤棱体构造实例如图 3-20 所示。

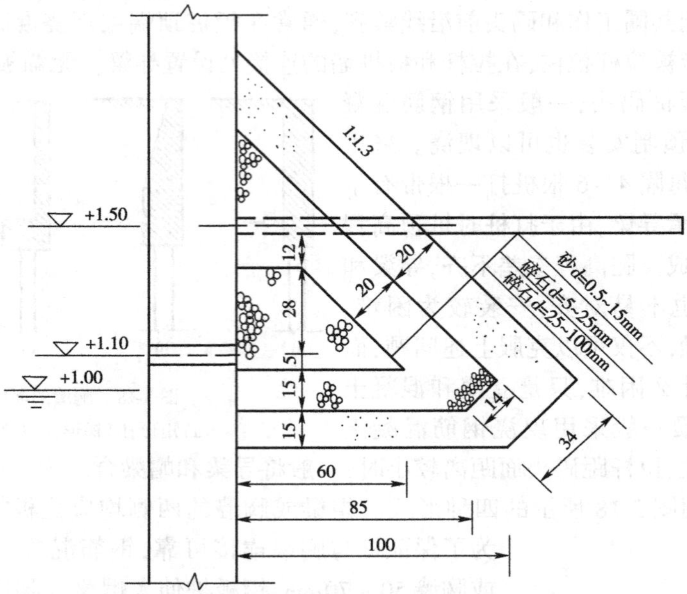

图 3-20　倒滤棱体实例(尺寸单位:cm)

第三节　板桩码头的施工

一、一般施工工序

板桩码头施工工序主要包括预制和施打板桩;预制和安装锚碇结构;制作和安装导梁;加工和安装拉杆;浇注帽梁;墙后回填土及墙前港池挖泥等。为了减小挖填的土方量，一般采月先打板桩后挖泥的工序;然后浇注胸墙，做好锚碇结构，之后安装拉杆;先回填锚碇板前面的土，待锚碇结构有了承载能力后，再回填板桩墙后面的土;一般在码头所有部分都建完后，再将码头前港池挖至设计深度。

二、板桩码头施工特点

板桩码头，因码头前沿线在水域中或在陆域内的不同，其施工特点也不尽相同。

1. 当码头前沿线在水域中时:

(1)板桩墙需用打桩船施打。

(2)根据水位情况，如果水深大且能满足打桩船吃水要求，应先施工码头主体(形成整体)、后挖泥;如果水深小而且挖泥厚度较大，宜选择适当的挖泥船分两次挖泥，第一次挖泥挖至水深能满足打桩船吃水要求为止，码头主体施工后进行第二次挖泥。这样做既可减少码头向前位移，又可少挖泥、少填墙后土。

(3)为使码头逐步形成整体，避免已打板桩墙因后续打桩震动和土坡蠕动的共同作用而产生过大的前倾，应及时进行锚碇系统和墙后填土的施工。

(4)为妥善安排板桩墙、锚碇系统和墙后填土这三个工序的施工，应了解拉杆式锚碇系统位置的确定原则。以锚碇板为例，如图3-21c)所示，板桩墙设计水底泥面以下第一反弯点以上土的主动破裂面与锚碇板前的被动破裂面，从有利于板桩墙的稳定出发，最好在码头地面处相交，而不允许碇板前的被动破裂面与板桩墙相交。

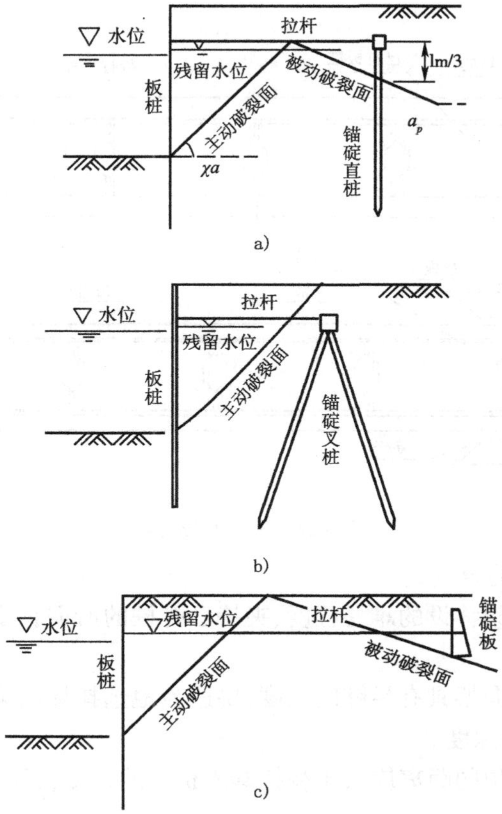

a)

b)

c)

图3-21 拉杆式锚碇系统的设置位置

2. 当码头前沿线在陆域内时：

(1)先于陆上施工码头主体，后挖泥。

(2)在陆上施工码头主体，施工简便，质量易保证，且挖泥前板桩墙不前倾。

(3)如挖泥厚度较大，亦宜分两次挖泥，且在两次挖泥之间要有适当的间歇时间，使板桩墙前倾缓慢发展，以减少前倾量。

3. 不论码头前沿线在水域中，还是在陆域内，都要特别注意：

(1)码头主体完工后的挖泥应沿纵向均匀地进行，且要防止碰坏墙壁和超深。若超深大于设计要求，应用适宜的材料(如砂)进行填补，以免降低墙前的被动土压力。

(2)帽梁(不与导梁合一时)的施工，应在墙前挖掘后，墙顶位移趋于稳定时进行，以便调整帽梁尺寸，使码头前沿线位置偏差符合质量标准，并可防止帽梁在垂直方向产生有害的裂缝。

(3)在挖泥过程中，应对板桩墙和锚碇的位移进行监测。

三、板桩打设

1. 导向梁、导向架

在施打板桩墙时，为了控制墙的轴线位置，保证桩的垂直度，减小桩的平面扭曲和提高打桩的效率，须设置如图 3-22 所示的导向梁或导向架，它们分别用于陆上、水上施打板桩墙。

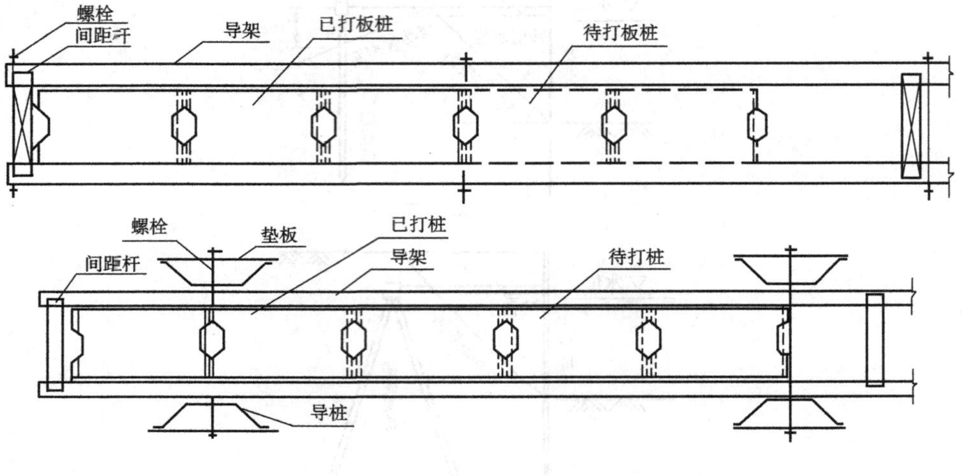

图 3-22　导向梁、导向架

设置导向梁、导向架的要点是：

(1) 按导向梁和导向架移设的难易程度、夹持已打桩的所需长度和打桩效率的高低，选择适宜的设置长度。

(2) 为使导向梁和导向架具有足够的刚度，要适当地选择导向梁的材料和断面，以及导桩的材料、断面、间距和入土深度。

(3) 导向梁距板桩墙顶的距离应大于替打套入桩头的长度，否则将无法施打到设计高程。

2. 施打方式

板桩墙的施打方式有成排打和单独打两种。在陆上施打时，导向梁设在地表面，桩插立不了，只能采用单独打方式。在水上施打时，导向梁距离泥面有一定的距离，能插立桩，可采用成排打或单独打方式，如质量要求较高，宜采用成排打方式。

(1) 成排打方式。成排打方式是 20 根桩左右板桩为一批，预先插立在导向架内，施打时先打两端头的 1 ~ 2 根桩，并一直打至设计高程(或其一半)，后打中间其余的板桩，一次(或分若干次)按顺序打至设计高程。这种施打方式的优点是：打成板桩墙的质量好，紧密而垂直，榫口、锁口不易脱开、拉坏，几乎可不用楔形桩；桩不易扭面；墙表面不易错牙。其缺点是；为插立桩须用高的打桩架；插立后的桩呈壁状，易受风、浪的影响，施工复杂。

(2) 单独打方式。单独打方式是每 1 ~ 2 根板桩一次打至设计高程。其优点、缺点恰与成排方式相反。钢筋混凝土板桩宜采用单根依次插入的方法。钢板桩，U 形可一次打 1 根或 3 根；Z 形因断面为非对称形，为避免偏心锤击和防止桩扭转，宜一次打两根，两根桩的拼装方法参见图 3-23。

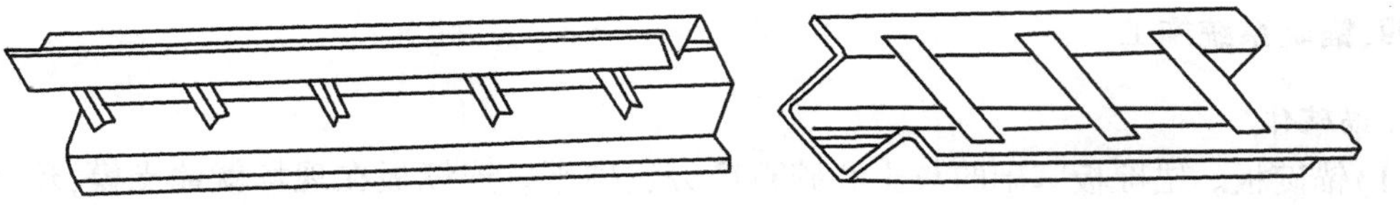

图 3-23　Z 形桩的拼装方法

(3)施打要点：

①不论采用单独打还是分段分组打的方式，一般用外龙口的打桩船(架)，且架高要满足插立板桩的要求，锤的外伸距离能够得着所打板桩的形心。

②打桩方法一般采用锤击法，如遇砂土地基可改用震动法。为了提高打桩效率和避免打坏桩头，宜采用大锤“重锤轻打”。

③打钢筋混凝土板桩用的替打，在构造上与打一般的钢筋混凝土桩的替打相同，亦用铸钢或钢板焊成。其内、外壁：外伸长度以 10～20cm 为宜；间隙量一般为钢板壁厚的 2 倍(过大，替打不易安稳，且易产生偏击；过小，替打不易插入，如桩顶被打坏，还不易拔出)。

④当钢板桩的锁口为环形、套形，或为阴阳形，而且阴榫朝着打桩前进方向时，为防止泥沙进入阴榫内口，宜在阴榫口下端堵以木塞。

⑤板桩墙开始的几根桩施打的质量很重要，施打时要特别谨慎，因为每根桩的正位情况对后续桩的正常施打均有很大影响。

⑥当土层变化较大，且需分区确定桩长时，为避免在现场接桩，影响施工进度，钢筋混凝土板桩“宜长勿短”，即“宁截勿接”。

⑦钢板桩的施工要特别注意榫口。若榫口不直，在板桩下沉时会发生卡桩，使板桩下沉困难，或把已打好的桩带下去。榫口在沉桩前通常要用不短于 2m 的钢板桩作通过检查。为减少锁口阻力和填塞锁口缝隙，可在锁口内涂以润滑油。

⑧钢板桩的施工还要注意转角桩的加工，转角桩一般均在现场根据需要拼制。为了避免焊接变形，最好采用铆接(图 3-24)。如采用焊接，则必须从结构到焊接工艺等方面采取措施，以减小和避免焊接变形。

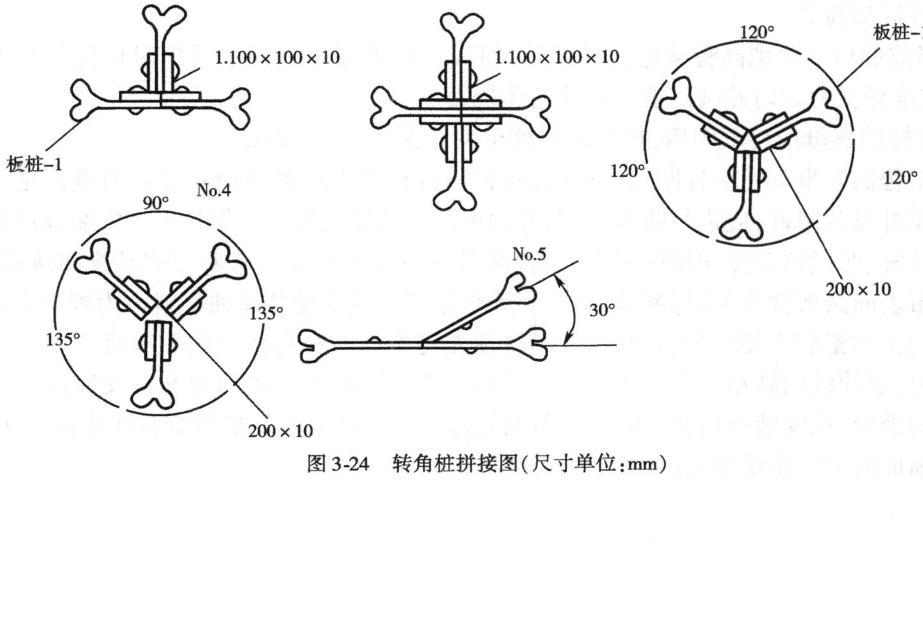

图 3-24　转角桩拼接图(尺寸单位：mm)

四、锚碇系统施工

1. 锚碇体

(1)锚碇板。锚碇板基础的灰土和碎石应夯实整平。连续板在现场就地支模,现浇混凝土;非连续板可预制埋入。板前构成被动土压力的灰土或块石棱体,以及板后的回填土,均应按相应的技术要求,切实保证其施工质量。

锚碇板及拉杆一般在板桩墙的顶部,位置较高。为了方便,锚碇施工往往要回填到接近拉杆的高度才进行。但是,若待回填到较高高度时方进行锚碇施工,没有锚碇板的锚定作用,板桩墙会因土压力的增大而可能发生稳定问题。因此,就要很好地考虑施工方法和顺序,既要考虑施工的方便,又要保证板桩结构的合理受力。

(2)板桩式锚碇。板桩式锚碇一般位于陆域内,其施工方法与板桩墙打设相同。锚碇板桩可利用板桩墙上截下来的短板桩等。

(3)叉桩式和斜拉桩式锚碇。斜拉桩式锚碇和叉桩式锚碇因距离板桩墙较近,如先打板桩再打锚碇叉桩(或斜拉桩),板桩会受到因打叉桩(或斜拉桩)引起的土的侧向挤压力而倾斜,因而为避免板桩墙因受土的侧向挤压力而倾斜,应先打叉桩和斜拉桩,然后打板桩墙。另外叉桩或斜拉桩如位于斜坡上,会因受后续打桩震动和土坡滑动的影响而易倾斜、位移,施打后应及时夹桩和临时固定。

2. 拉杆

同一批钢拉杆的同类组件应使用同一牌号的钢材制造。钢拉杆表面应光滑,不得有裂缝、折叠、分层、结疤和锈蚀等缺陷。钢拉杆安装应符合下列要求:

(1)钢拉杆应在前墙后的回填施工前进行安装。

(2)钢拉杆应顺直。陆地安装时,钢拉杆宜采用垫块支垫,垫块间距宜为3~5m。水上或陆上架空时,应按设计要求支垫。

(3)张紧拉杆应在锚碇板或锚碇墙前的回填完成,且应在前墙、胸墙、导梁和锚碇结构的混凝土强度达到设计要求后进行。

(4)拉杆宜采用旋紧螺母或张紧器初步调整拉杆长度后,再用扭力扳手施加设计预拉力,使全部拉杆局部拉紧。

(5)当前墙后的回填高程接近拉杆设计高程时,应采用扭力扳手再次对拉杆的拉力进行调整,使各拉杆受力均匀并满足设计要求的预拉力。

(6)拉杆的螺母最终紧固后,拉杆的螺纹至少外露2~3个丝扣。

很多工程的失事都是拉杆断裂造成的,防腐不善和产生过大的挠曲变形而裂开是其重要原因。钢拉杆及其附件,应进行防腐处理,并预留足够的锈蚀厚度。钢拉杆在安装前应除锈涂防锈漆。拉杆、张紧器和竖向铰应至少采用“两布三油”(即两层沥青麻布或纤维布缠裹,并在拉杆及2布表面涂沥青共3层)缠裹、垫板和螺母涂沥青或其他防腐蚀材料。为减少安装后的防腐处理的工作量和方便操作,宜在存放场内预先将拉杆的杆身作好防腐处理。安设两端有铰的拉杆时,要使铰的转动方向处于垂直平面内。未作防腐处理的部分和在安装过程中防腐受到损坏的部分,在安装好后要及时补作防腐处理。在拉杆上面严禁回填腐蚀性材料,同时在设计拉杆断面时应预留锈蚀量。

五、墙后回填

板桩墙后的回填应在拉杆安装之后进行，回填顺序和速率应满足设计要求。一般宜先回填锚碇结构前被动土压力区的土，再回填前墙后土体，最后进行上部大面积回填的顺序施工。

1. 填料选择

(1)前墙后的水下部分的填料宜用砂、砾石、开山石或块石等透水性好的材料；水上部分宜采用砂、石和无腐蚀性无膨胀性的黏性土分层夯实。前墙后的陆上回填不得采用具有腐蚀性的矿渣等，且不易采用易于粉碎的珊瑚礁。

(2)锚碇墙、锚碇板前宜采用强度较大的密实材料换填，换填材料可采用块石或灰土，也可采用其他夯实或震实的土料。块石应码砌或用碎石填充空隙，灰土应分层夯实。

(3)对地震基本烈度在6度及其以上的地区，前墙和锚碇结构之间不宜粉砂、细砂等易液化的材料，当原土层为宜液化的土时，应换填不液化土料或采取加固措施。

2. 回填与密实

码头前沿线如在原陆域范围内，应采用陆上回填。如在水域中用船运料，采用皮带机或吊机上方驳，在墙后进行抛填，也可以采用抽砂船从海底取砂，用砂泵及管道输送到填土区吹填；水上部分采用陆上填。前墙回填应符合下列规定：

(1)前墙回填应与拉杆的安装和张紧施工相协调。当需要在拉杆安装前回填部分棱体时，应采取措施防止前墙发生过大变形和位移的措施。

(2)水下回填前，应对回填区进行检查。回填区内的回淤沉积物超过设计要求时应进行清理。

(3)沿前墙轴线方向的回填应均匀，并按照从前墙纵轴线向后方呈扇形推进的原则进行，防止基槽坍塌和淤泥积聚在墙后，对码头结构受力不利。

(4)前墙后的抛石棱体应进行埋坡。

(5)墙后倒滤层的施工和抛石棱体以及后方回填施工协调安排，宜采取分段施工、平行推进的方法。倒滤层可采用级配碎石或土工织物。

(6)回填时不得损坏拉杆和外敷包裹层。

(7)在陆上大面积回填时，回填铺土(推土机或其他运土机械)和压实应沿与拉杆平行方向进行；采用碾压法密实拉杆上部回填土时，拉杆上部覆土厚度不小于500mm，以免使拉杆压弯和挠曲下沉。

另外，在夯实过程中，考虑土对板桩墙有一定的挤压力，应经常观察板桩墙和锚碇体的变形和位移情况。

六、其他施工

1. 板桩接缝处理

钢筋混凝土板桩上端两侧均为凹榫，在板桩打设完毕之后，应用高压水或压缩空气，清除凹槽内的泥沙，用塑料薄膜制成不透水的软管，其周长应适当大于空腔的周长，使管底适当配重，以沉入腔内，然后用漏斗从管口徐徐填入水泥砂浆，边填边捣实，以水泥砂浆充满空腔，并与腔壁有良好的黏合，防止墙后填土流失。还有一种方法，是用玻璃丝布制成长约50cm左右的小袋,内盛灌筑材料,逐个投入凹槽形成的空腔内并辅以捣实。

钢板桩的接缝处,由于有些锁口较紧,咬合较好,其缝隙在使用中会逐渐被砂、土所堵塞。有些锁口咬合不严的,有先用高压水喷射,把接缝部分的土、砂挖动,通过送入压缩空气的作用,把土、砂带出来,然后将帆布之类做成的细长布袋塞进去,灌以水泥砂浆以堵漏。钢筋混凝土板桩和钢板桩在打设过程中有时会严重脱锁,在水上部分脱锁能直接发现,在水下一般应由潜水员检查探摸。对少数严重脱锁、形成较大缝隙的,应在缝隙的墙后补打板桩以堵漏。

2. 胸墙、帽梁和导梁施工

(1)胸墙和帽梁的分段长度应满足设计要求。分缝的位置不宜留置在板桩锁口处。

(2)在受潮水影响条件施工时,混凝土应趁潮施工,并应始终保持混凝土的浇筑在混凝土初凝前不被潮水淹没。

(3)对必须在水下浇筑的导梁和胸墙下部,应根据结构特点、水位变化和施工条件等采取相应的措施。胸墙下部宜采用水密模板,且应在抽干水后浇筑混凝土。导梁宜使用水下不分散混凝土浇筑。

小　结

本章主要内容介绍:

1. 板桩码头工作原理以及适用条件。

2. 前墙、拉杆、锚碇结构、帽梁、导梁及附属设备等主要组成构造及要求。

3. 板桩码头施工特点以及板桩施打、锚碇系统施工、墙后回填等施工方法。

思　考　题

1. 板桩码头有哪几种结构型式?适用条件分别是什么?

2. 拉杆、帽梁、导梁的作用分别是什么?

3. 钢板桩常用断面型式及各自特点是什么?钢板桩如何施工?

4. 常用的锚碇结构型式有哪些?

5. 简述板桩码头的一般施工工序。

6. 板桩接缝如何处理?

第四章　高桩码头

本章学习提示：

1. 掌握高桩码头的组成与结构型式以及其适用条件；
2. 熟悉高桩码头各组成部分的构造要求；
3. 熟悉高桩码头的施工程序及主要部位的施工方案；
4. 了解高桩码头单位、分部、分项工程的划分。

第一节　高桩码头组成与结构型式

高桩码头用一系列长桩打入地基形成桩基础，以承受上部结构传来的荷载，是码头建筑物的主要结构型式之一。

高桩码头适宜作成透空结构，其优点是结构轻，减弱波浪的效果好，砂石用量省，对挖泥超深的适应性强；缺点是对地面超载和装卸工艺变化的适应性差，耐久性不如重力式码头和板桩码头，码头构件易损坏，且损坏后修理比较麻烦，抗震性能较差。

高桩码头宜用于黏性土、粉土、砂土、碎石土和风化岩等可以沉桩的地基，当采用灌注桩、嵌岩桩等时，也可适用于不易沉桩的情况。

一、高桩码头的主要组成

根据《水运工程质量检验标准》(JTS 257—2008)的高桩码头分部工程划分，高桩码头一般由基槽及岸坡开挖、桩基、上部结构、接岸结构与回填、轨道、停靠船与防护设施等组成(图4-1)。

1. 基槽及岸坡开挖

一般高桩码头不需要进行基槽开挖。当码头的施工高程低于天然边坡的高程时，才需要进行岸坡的开挖与回填。

2. 桩基

桩基的作用是支承上部结构；并将作用在上部结构上的荷载传递到地基中；同时也起稳固地基的作用。在可冲刷河床或海岸建造高桩码头时，可采取增加桩的入土深度、抛石或沉排等保护措施。

3. 上部结构

上部结构的作用是构成码头地面；将各桩基连成一个整体；直接承受作用在码头上的各种荷载，并将它们传递给桩基；供安设码头各种设备(如缓冲设备、系船柱、工艺管道、门机轨道等)。

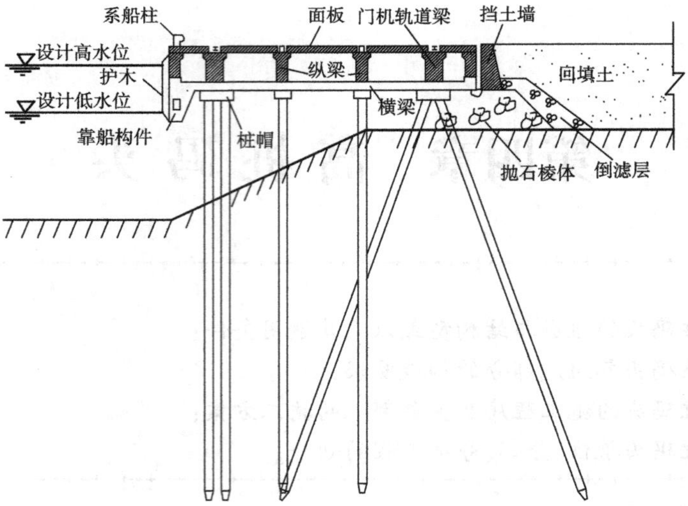

图 4-1　高桩码头组成部分示意图

上部结构的组成因其型式而不同，以梁板式高桩码头为例，它一般包括面板、纵梁（门机轨道梁也属于纵梁）、横梁、靠船构件、桩帽、面层、系船柱块体等，如图 4-1 所示。

4. 接岸结构与回填

码头与陆域之间常用的接岸结构有挡土墙或板桩等型式。接岸结构的作用是将桩台与港区陆域相连。当桩台很宽时，可直接与陆域衔接。如果桩台宽度窄，并与岸有段距离时，则需要填土才能与地面连接。一般是建矮挡土墙、板桩墙与岸相连接。当桩台与岸距离较远时，鉴于经济要求，一般建引桥与岸相连。引桥与陆域之间宜采用挡土墙作为接岸结构。接岸结构宜独立承受土压力，并宜采用简支结构，以减少不均匀沉降对结构的影响。

5. 轨道

当码头上有门机或火车荷载时，需要安设门机和火车轨道。

6. 停靠船与防护设施

为了减小船舶对码头的撞击和系靠船，需要在码头上设停靠船和防护设施，如护舷、系船柱等。为防止船舶撞击码头端部，可设置防冲簇桩。流冰地区也宜在码头端部设置防冲簇桩，并考虑桩基的防冰措施。

二、高桩码头的结构型式

高桩码头的结构型式可根据平面布置、上部结构型式、桩基材料与型式及其与岸衔接的方式进行分类。

1. 按平面布置分类

高桩码头的平面布置分类如下：

按平面布置分为
- 连片式（图 4-2）
  - 满堂式
    - 窄桩台高桩码头
    - 宽桩台高桩码头
  - 引桥式（图 4-3）
  - 无接岸结构高桩码头
- 墩式

1)连片式

连片式是指码头平台连成一片,当码头需要较大的作业平面时,需建成连片式。它可分为满堂式和引桥式两种。当码头离主航道较近,前沿水深足够,码头所需作业面比较大时,高桩码头宜建成满堂式。但若码头离主航道较远,前沿水深不够,或码头所需作业面不大时,为减少经济投入,高桩码头一般建成引桥式。目前引桥式码头应用比较广泛,尤其在长江中下游地区。

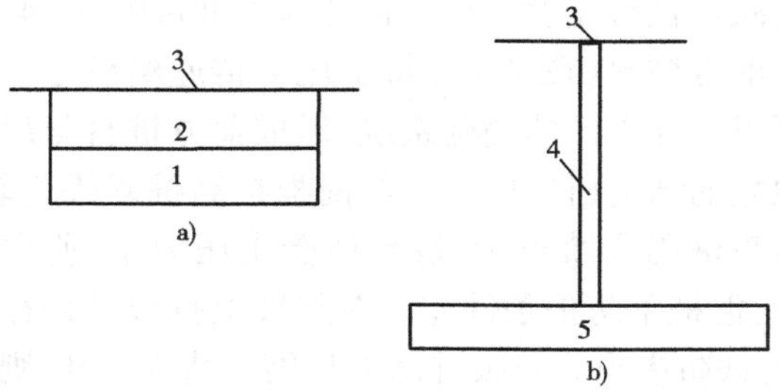

图4-2 连片式码头

a)满堂式;b)引桥式

1-前桩台;2-后桩台;3-接岸结构;4-引桥;5-桩台

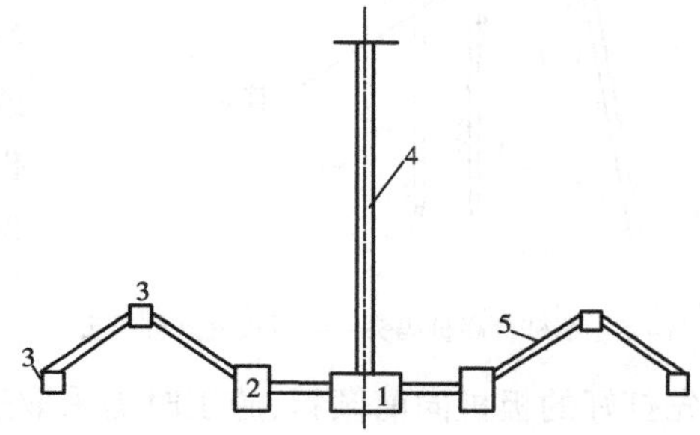

图4-3 墩式高桩码头

1-工作平台;2-靠船墩;3-系船墩;4-引桥;5-人行桥

(1)满堂式。满堂式高桩码头按桩台宽度又可分为宽桩台高桩码头和窄桩台高桩码头,具体选用哪种形式要经过技术经济比较确定。前者适用于码头岸坡自身稳定,码头结构基本上不承受侧向土压力的情况,一般无挡土结构或设较矮的挡土墙。后者适用于码头岸坡需设挡土结构来维持稳定的情况。

①窄桩台高桩码头。窄桩台高桩码头根据挡土结构的设置又可分为两类:一类是挡土结构设在码头内,与码头成为一个整体;另一类是挡土结构与码头分开设置,各自成为独立工作的结构。

前者的挡土结构可采用板桩,沿码头长度方向连续布置,形成板桩墙。板桩可设置在桩基前面,称为前板桩高桩码头(图4-4),也可以把板桩设置在桩基后面,称为后板桩高桩码头(图4-5)。

a.前板桩高桩码头。前板桩高桩码头桩台下的土体靠前沿的板桩保持稳定,桩基埋在板桩墙后方的土体内,不受冰凌的撞击、磨损和冻融影响,结构整体性和桩基防护条件好;上部结构的底部不暴露在外,免受波浪溅水和干湿交替的作用以及含盐蒸汽的影响,整个结构耐久

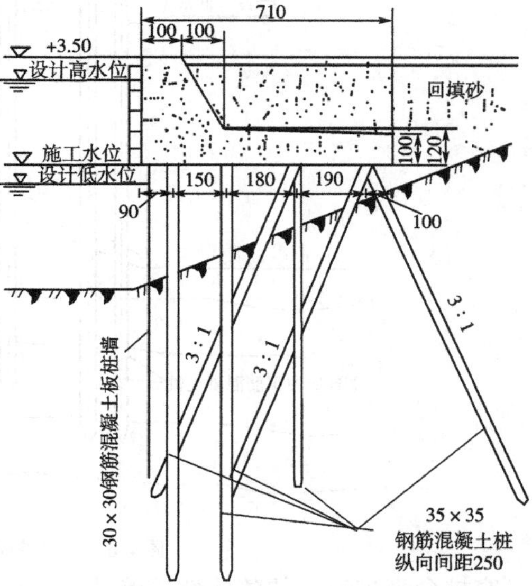

图4-4 前板桩高桩码头(尺寸单位:cm)

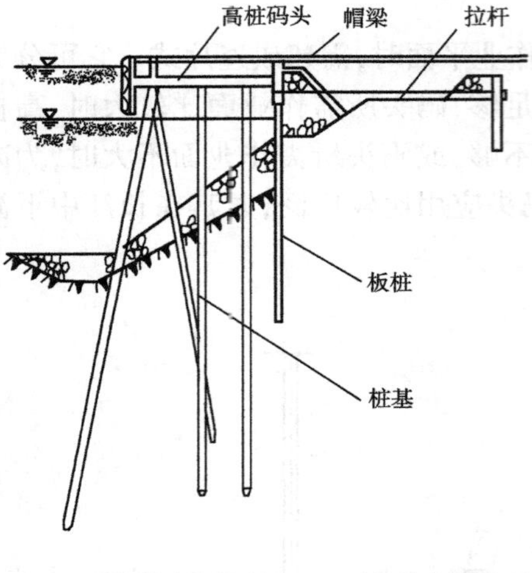

图 4-5　窄桩台高桩码头——后板桩高桩码头

性好。但由于桩台上一般均设有回填层,使结构自重增大,需要的桩基密而多,且需要较多的斜桩来承受水平土压力,结构施工复杂,造价高,且码头前沿波浪反射严重,泊稳条件差,整体滑动稳定性也不如后板桩高桩码头。

b. 后板桩高桩码头。后板桩高桩码头桩台可采用梁板式、无梁板式和承台式。后板桩的作用是用来挡土并减少桩台宽度。板桩顶部埋入桩台内(图 4-6)或靠着前方桩台(图 4-7),将土压力传递给桩台。板桩也可以设计自己的锚碇系统,做成前方桩台与后方彼此独立的结构(图 4-8)。与前板桩高桩码头比较,后板桩高桩码头填土少,桩台所受土压力小,所需斜桩减少,但桩基防护条件差。在斜坡上打板桩往往会使先打好的板桩向前倾斜,施工时需采取适当的预防措施。若板桩结构与码头结构分开,则受力明确,互不影响。这种结构经常在旧岸壁式码头前沿水深不够需加以改造的场合,例如利用原板桩墙结构,在原码头前新建高桩码头(图 4-7)。

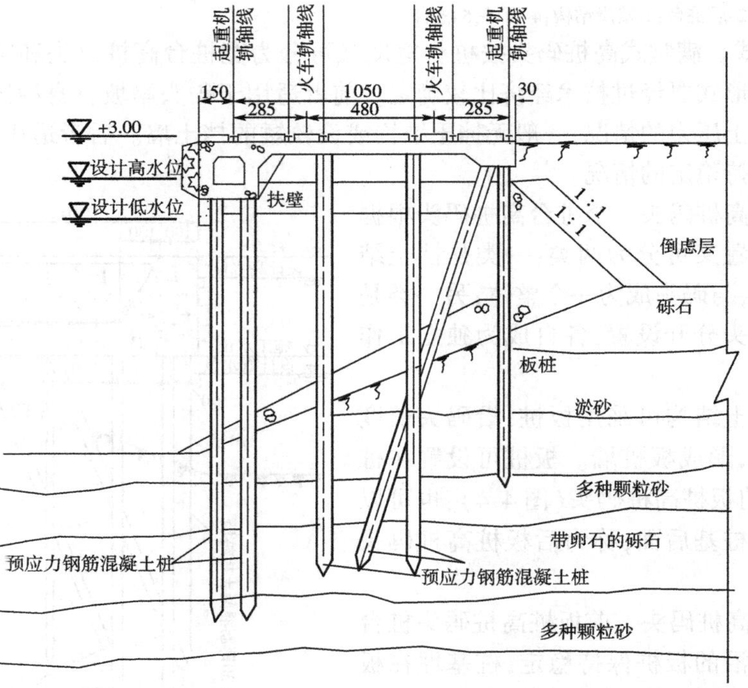

图 4-6　后板桩高桩码头(尺寸单位:cm)

窄桩台高桩码头的整体性较差,回填土工程量大,一般适用于地基土质较好和砂石料较便宜的地区,以及码头后方已有固定建筑物的情况。

②宽桩台高桩码头。宽桩台高桩码头(图 4-9)由于结构较宽,一般可将其分成各自独立

的结构，即前方、后方多个桩台，可设较矮的挡土墙或不设挡土墙。前方桩台主要承受船舶作用力，前方门机、铁路荷载，流动起重运输机械及前沿堆货荷载等，受力比较复杂，一般需设置叉桩或半叉桩，要求上部结构是连续整体的；后方桩台主要承受垂直荷载（堆货荷载和流动起重运输机械荷载），一般设直桩。上部结构可设计成简支结构。

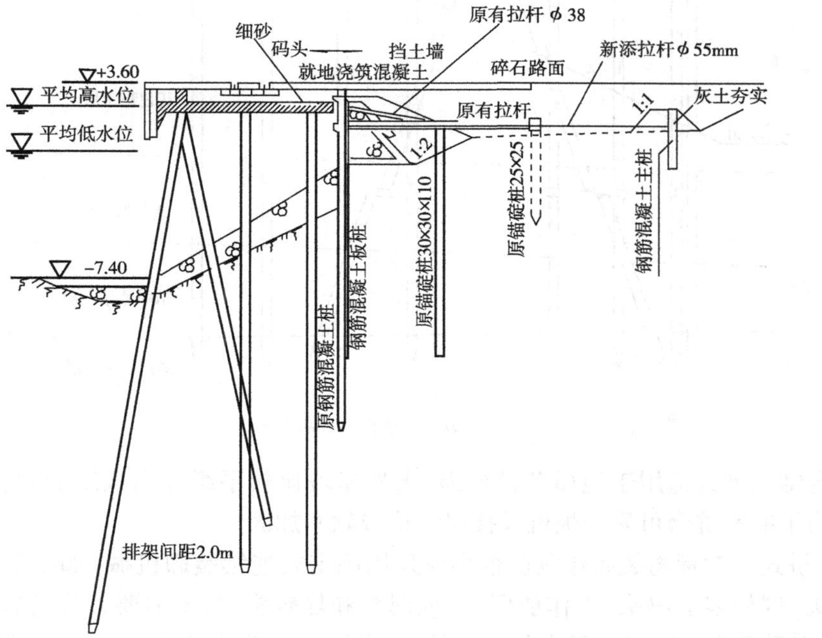

图 4-7　原板桩码头改造成高桩码头（高程：m）

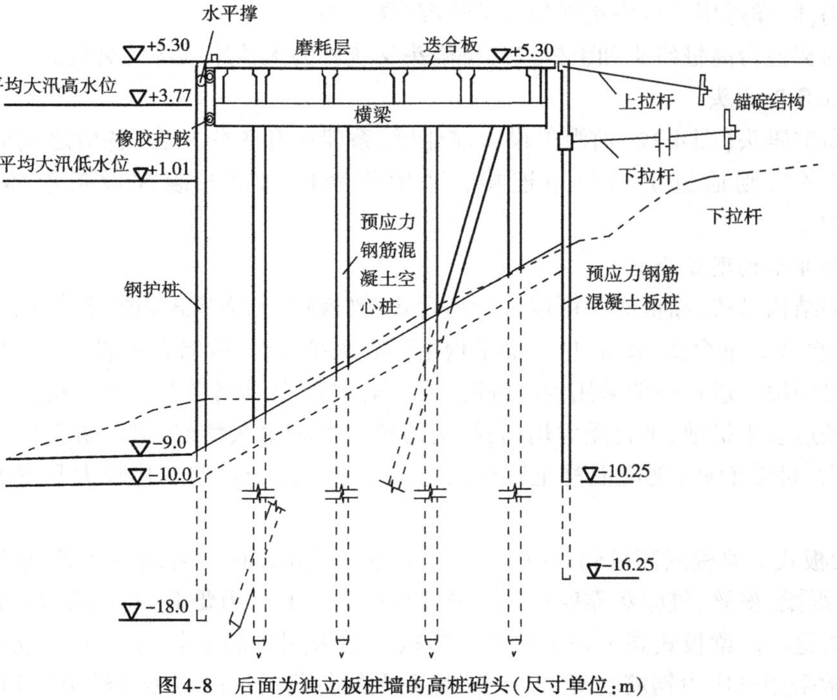

图 4-8　后面为独立板桩墙的高桩码头（尺寸单位：m）

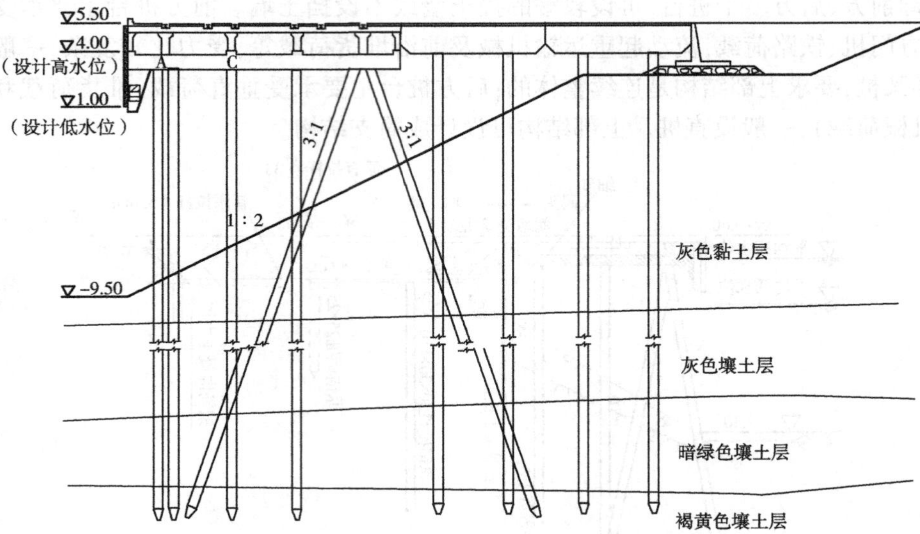

图 4-9　宽桩台高桩码头

宽桩台结构型式适用于地质条件较差，天然岸坡比较平缓和当地缺少砂、石回填料的情况。有时为了缩窄桩台可采用板桩式接岸结构或软基加固。

(2)引桥式。对货物装卸作业量很小或采用固定式连续装卸机械(如皮带机、输油管等)作业的码头，例如客运码头、工作船码头、油码头和煤码头等，不需要大片的后方平台与岸连接，可以采用引桥将顺岸高桩码头与岸连接，这种码头称为引桥式高桩码头(图 4-10)。这种形式的结构，同样适用于码头距岸较远的情况(图 4-11)。

上述的宽桩台高桩码头和引桥式高桩码头又统称为无接岸结构的高桩码头。

2)墩式高桩码头

墩式高桩码头(图 4-12)前沿仅设置靠船墩、系船墩和工作平台，各墩之间通过人行引桥连接，工作平台则通过引桥与岸连接。适用于采用固定式装卸设备液体或散货的码头(图 4-13)。

2. 按上部结构型式分类

按上部结构型式，高桩码头可以分为承台式、梁板式、无梁板式和桁架式四种。

(1)承台式。承台式(图 4-4)上部结构主要有水平承台、胸墙和靠船构件组成。承台上一般用砂石料回填。承台一般采用现浇混凝土、少筋混凝土或钢筋混凝土结构。其优点是码头地面荷载经过填土扩散，承台受力均匀；结构的整体性和耐久性好；对打桩偏位要求不高。缺点是自重大，桩多而密；现浇混凝土工作量大。一般适用于水位变化较大和岸坡土质较好的情况。

(2)梁板式。梁板式高桩码头(图 4-1)是目前使用最多的一种结构型式，它的上部结构主要由面板、纵梁、横梁、桩帽和靠船构件组成。根据码头的使用要求，上部结构还布置了工艺管沟和门机轨道等。梁板式高桩码头的上部结构一般采用预制安装的形式，部分构件(如轨道梁、板)还常采用预应力钢筋混凝土。码头地面上的荷载通过面板传递给纵梁和横梁；门机荷载直接由门机轨道梁承受;作用在靠船构件和系船柱上的船舶荷载通过横梁传递给桩基。

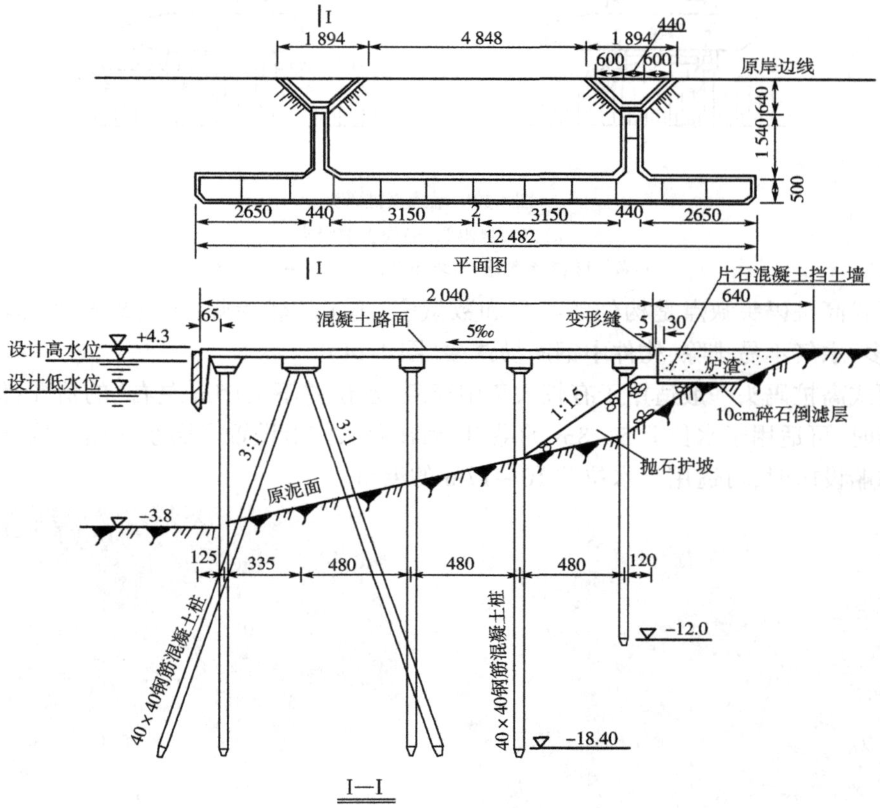

图 4-10　引桥式高桩码头(尺寸单位:cm)

图 4-11　太仓环保电厂一期煤码头

梁板式高桩码头的优点是各构件的受力明确合理;采用预应力构件,提高了构件的抗裂性能,减少了钢筋用量,且横向跨度大,能充分发挥桩的承载能力;采用预制构件,装配程度高,施工速度快;横梁位置较低,靠船构件的悬臂长度短。

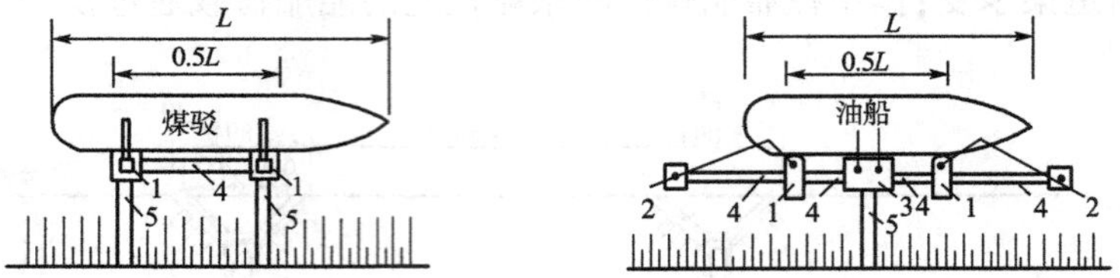

a) b)

图 4-12　墩式高桩码头

a) 内河煤码头；b) 海上油码头

1-靠船墩；2-系船墩；3-装卸平台；4-人行桥；5-引桥

梁板式高桩码头缺点是构件的类型和数量多，施工比较麻烦；上部结构底部轮廓形状复杂，死角多，水气不易排除，构件中钢筋易锈蚀(图 4-14)。

梁板式高桩码头一般适用于有较大集中荷载、水位差不大(5m 左右)的情况；但若设置双层系靠船时，可适用于水位差 5 ~ 8m 的港口；当在码头前沿设置多层系靠船结构，或单独设置浮式系靠船设施时，可适用于水位差 10 ~ 17m 的港口。

图 4-13　20 万吨级黄岛油码头

图 4-14　梁板式高桩码头上部结构底部形状图

(3)无梁板式。无梁板式高桩码头(图 4-15)上部结构主要由预制面板、预制靠船构件、现浇桩帽组成。面板直接搁置在桩帽上，两者为整体连接。其优点是结构及构造简单，预制构件种类及数量少，施工便捷快速。但面板为点支承，受力情况不明确，面板为双向受力构件，目前无法做成双向预应力，跨度不宜太大，无法发挥桩的承载能力，由于面板位置较高，靠船构件悬臂长度长，给靠船构件的设计带来困难。另外桩的自由长度增大，对结构的整体刚度和桩的耐久性不利。一般适用于水位差较小，码头的使用荷载以均布荷载为主，没有集中荷载以及施工水位较高，上部结构高度受到限制的中小型码头。

(4)桁架式(框架式)。把梁板式高桩码头中的横梁用桁架结构代替，即形成桁架式码头(图 4-16、图 4-17)，其上部结构主要由面板、纵梁、桁架、水平连杆等构件组成。优点是上部结构高度大，便于分层系缆；桁架横向刚度大，整体性好；桩的自由长度减小，桩的承载能力增大。缺点是造价高；施工水位低，工期紧；框架与其他构件的连接节点多，构造复杂，施工麻烦；框架处于水位变动区，易受到船舶撞击而破坏，维修困难；预制框架受起重能力限制，应考虑施工条件。一般适用于水位差较大(10m 左右)，需分层系缆的河港码头。但由于其缺点较多，且分层系缆还可以用其他结构型式解决，因此在水位差不大的海岸港、河口港中已逐渐被梁板式码头所代替。

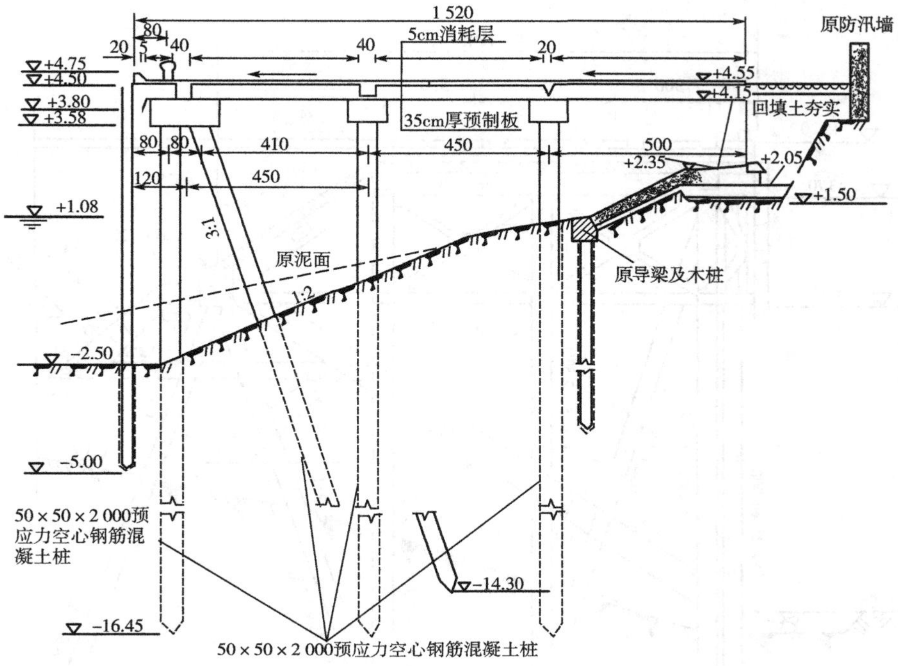

图 4-15 上海黄浦江沿岸的一座无梁板式高桩码头(尺寸单位:cm)

3. 按桩基材料与型式分类

按照桩基材料与型式,高桩码头主要有木桩码头、钢筋混凝土方桩码头、预应力钢筋混凝土桩码头、钢管桩码头、大直径管柱桩码头和钻孔桩码头(图 4-18)。

(1)木桩码头:桩基采用木桩,这种码头目前已停止使用。

(2)钢筋混凝土方桩码头:桩基采用钢筋混凝土方桩,因为打桩过程中桩易开裂,一般用于中小码头。

(3)预应力钢筋混凝土桩码头:桩基采用预应力钢筋混凝土方桩或管桩,是为克服打桩应力而发展起来的。

(4)钢管桩码头:桩基采用钢管桩,适应水位差较大且工期较短的情况,但造价较高。

(5)大直径管柱桩码头:桩基采用大直径管柱桩,是为降低工程造价而采用(与钢管桩相比)。由于大直径管柱桩轴向和侧向承载能力都较高,可省去叉桩,并加大排架间距,故使码头向粗桩、大跨度方向发展。

(6)钻孔灌注桩码头:桩基采用钻孔灌注桩,一般在内河大水位差码头中采用。

4. 按码头与岸衔接的方式分类

高桩码头按照与岸衔接的方式分为有接岸结构高桩码头和无接岸结构高桩码头,有接岸结构高桩码头,一般是桩台宽度比较窄,需要有接岸结构与岸连接,亦称窄桩台高桩码头。接岸结构主要是挡土结构,根据地基土质情况,常用板桩墙和重力式挡墙。无接岸结构高桩码头可分为前述引桥式高桩码头和宽桩台高桩码头。

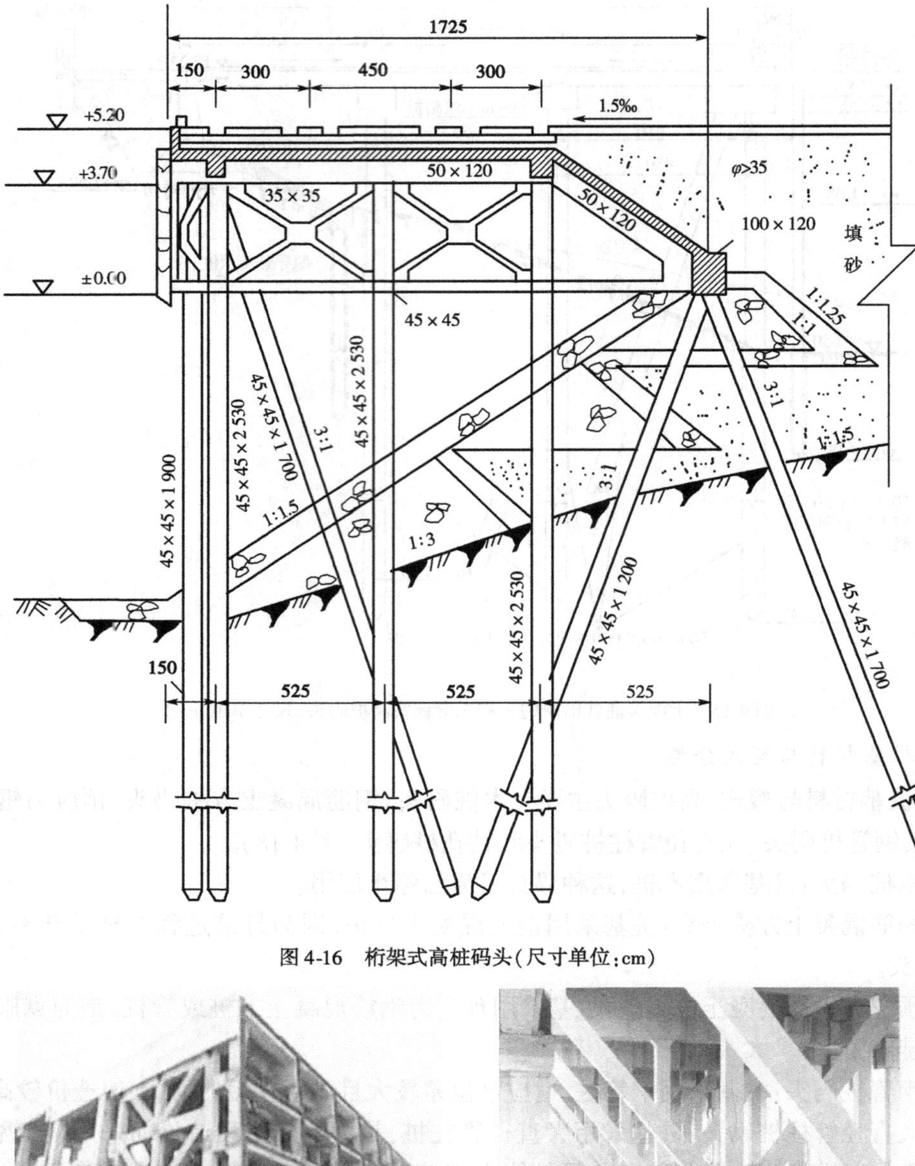

图 4-16　桁架式高桩码头(尺寸单位:cm)

a)

b)

图 4-17　桁架式高桩码头

a)泸州集装箱专用码头;b)桁架结构

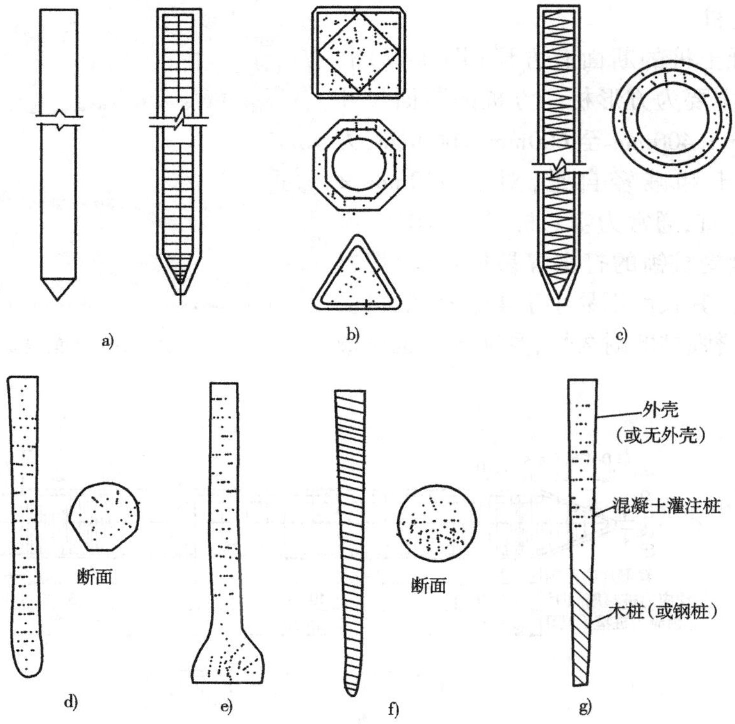

图 4-18　桩的类型

a)木桩;b)预制混凝土桩;c)预制混凝土管桩;d)混凝土灌注桩;e)混凝土扩底灌注桩;f)有钢壳的混凝土灌注桩;g)复合桩

第二节　高桩码头的构造与布置

一、高桩码头的构造

1. 桩

桩按材料分为木桩、钢筋混凝土桩、钢桩以及两种材料构成的组合桩。钢筋混凝土桩耐久性好,节省钢材,造价较低,在高桩码头中得到普遍采用。一般采用预应力混凝土方桩和预应力混凝土管桩,非预应力的钢筋混凝土桩可在内河中小型码头中采用。钢管桩也是常采用的桩型,特别是外海工程中,水深大,自然条件恶劣。采用钢桩制作方便,打入容易,能穿过硬土层,并能承受较大的水平荷载。木桩现在已很少采用。特殊情况下,根据需要也可采用组合桩、灌注桩和嵌岩桩。

1)钢筋混凝土方桩

钢筋混凝土桩有非预应力和预应力两种。非预应力钢筋混凝土桩在吊运和打桩过程中,桩身容易出现裂缝,影响桩的耐久性。预应力钢筋混凝土桩有效解决了裂桩问题,并可节约钢材。由于预应力钢筋混凝土桩的抗弯和抗裂性能高,给采用长桩和重锤打桩创造了有利条件,在有预应力加工条件的工程,应尽量采用预应力钢筋混凝土桩。

钢筋混凝土桩的断面有方形(图4-19)和圆形两种,但主要为方形桩。方桩的断面尺寸一般为400mm×400mm至600mm×600mm,为了节约混凝土和减轻自重,对于450mm×450mm以上的桩,通常为空心桩(图4-20)。因为桩顶段直接受桩锤的打击容易损坏,故把桩头段做成实心,其长度不易小于4倍桩宽,对受冻地区,为了增强桩的耐久性,受冻区段也应做成实心。

图4-19 钢筋混凝土方桩

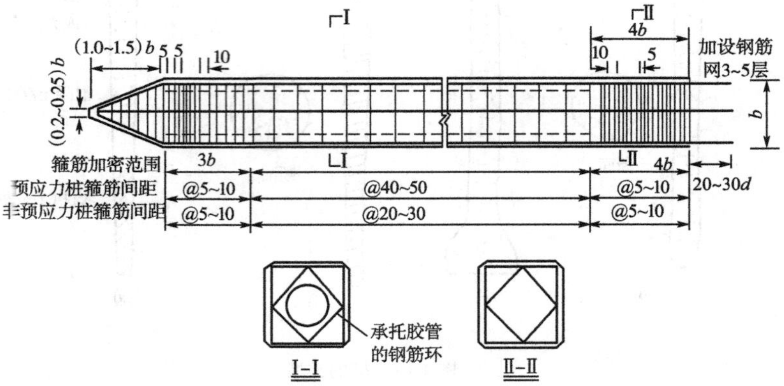

图4-20 预制钢筋混凝土方桩配筋图

预制钢筋混凝土桩沿长度分为三部分:桩头段、桩腰段和桩尖段。桩头段和桩尖段受打桩振动影响较大,箍筋应适当加密。为防止桩头被打碎,桩顶应加设3~5层钢筋网。为便于桩的打入,桩尖应做成楔形,桩尖长度一般采用1.0~1.5b(b为桩宽)。当桩需要穿过或进入硬土层时,桩尖长度取较大值。当桩需要打入风化岩层、砾石层或打穿柴排等障碍物而沉桩困难时,宜设置穿透能力强的桩靴。桩靴一般由铸铁或钢板制成。桩的受力钢筋数量根据强度和抗裂计算确定,主筋根数不宜少于8根,桩宽在450mm以下时,不得少于4根。主筋直径不应小于14mm。为了桩与桩帽或横梁整体连接,主筋应伸出桩顶,伸出长度应不小于钢筋的锚固长度。非预应力钢筋混凝土桩宜采用Ⅱ级和Ⅲ级钢筋作为主筋。预应力混凝土桩宜采用冷拉Ⅱ级、Ⅲ级或Ⅳ级钢筋作为主筋。配筋率均不得小于桩截面面积的1%。

2)预应力钢筋混凝土管桩

圆桩通常做成空心的,故称管桩。预应力钢筋混凝土管桩(图4-21)是在专门工厂制造。根据制造方法不同,预应力钢筋混凝土管桩有先张法和后张法两种。

(1)先张法预应力钢筋混凝土管桩:(简称PHC桩,Pretensioned High Concrete Piles):该种桩型是中交第三航务工程局在20世纪80年代末引进日本PHC生产线后生产的,经多年的发展,管桩桩径已经由ϕ600mm以下发展到ϕ800mm、ϕ1 000mm、ϕ1 200mm,单节长度也由原来的15m增加至30m,管壁厚一般为60~150mm。制好的管段运到工地后,根据需要的桩长,用

图4-21 预应力钢筋混凝土管桩

法兰盘拼接。PHC 桩强度等级为 C80,采用高速离心成型,并经常压和高压两次整齐养护,1d 即可获得自然养护 28d 龄期的强度,属高强度、高密实性、高耐久性桩种,而其造价比钢管桩约可节约一半。随着港口建设向深水发展,以及码头吨位要求的日益提高,PHC 管桩越来越受到工程设计、施工单位和业主的欢迎。

(2)后张法预应力钢筋混凝土管桩:后张法预应力钢筋混凝土管桩最先由美国雷蒙德公司生产,故亦称雷蒙德桩。

我国研制生产的后张法预应力钢筋混凝土管桩,是以标准长度的管节拼装而成。标准管节长度为 4m,管断面为空心圆形,外径为 1.0 ~ 1.4m,壁厚为 130 ~ 145mm。标准管节是以螺旋环向箍筋(直径不小于 6mm 的Ⅰ级钢筋)和纵向构造筋(直径 7mm 的Ⅰ级钢筋)为骨架,在由离心、振动、辊压三个系统组成的离心振动成型机上制造而成。在管壁上预留一定数量的孔道,用来穿设预应力钢绞线。这种管节的抗压强度为 65 ~ 75MPa,抗拉强度为 5.0 ~ 5.5MPa,密度大、吸水率低(平均值为 3.5%)。弹性模量为 3.81×10^4MPa。

制好的管节运到施工工地后,按需要的桩长进行拼接。管桩的拼接在接桩台车上进行,拼接的工序包括:用胶黏剂黏结管节;用自动穿丝机将高强钢丝束(或钢绞线)穿入预留孔;然后管桩两端同时张拉钢丝束,施加预应力;待张拉完毕,对预留孔道用压力灌入水泥浆予以填塞等。

拼接管节时,要在管节两端涂刷环氧树脂胶粘剂。为了增加接缝的强度,管节端面需用磨光机磨平,并把边缘削成 1cm 的倒角。为了使环氧树脂与混凝土能有效黏结,在处理好的管节端面还需要涂刷有机偶联剂。

常用的管桩构造和规格、力学性能如图 4-22 和表 4-1 所示。

后张法预应力钢筋混凝土管桩的型号及其力学性能 表 4-1

管桩型号	A 型	B 型	C 型	D 型
管桩外径 D(cm)	120	120	120	140
管桩内径 d(cm)	94	94	91	110
管桩壁厚 W(cm)	13	13	14.5	15
桩截面面积 S(cm^2)	4 369	4 369	4 805	5 890
桩截面惯性矩 I(cm^4)	6 346 267	6 346 267	6 812 594	11 670 525
预留孔数	20	20	16	18
预留孔直径(cm)	3.2	3.2	4.0	4.0
预应力筋直径(mm)	15.2	17.8	2×15.2	2×15.2
预应力筋数量	20	20	32	32
混凝土有效预应力(MPa)	5.97	8.2	8.55	8.08
开裂弯矩(kN·m)(不考虑混凝土拉应力)	592	882	987	1 372
开裂弯矩(kN·m)(考虑混凝土拉应力)	1 107	1 481	1 341	2 038

注:1. 管桩混凝土标号为 C60;

2. 预应力筋为钢绞线,标准强度≥1 570MPa。

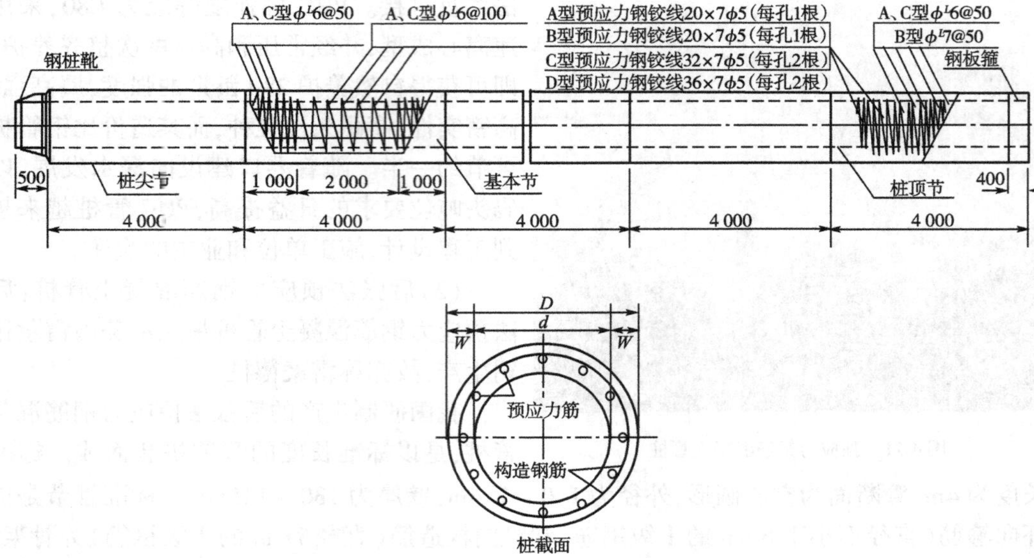

图 4-22　预应力钢筋混凝土管桩构造图

后张法预应力混凝土管桩的优点是：强度高，混凝土密度大，吸水率小，耐腐蚀，耐锤击，承载力大，与钢桩比，耐久性好，使用寿命长，不需经常维修，用钢量为钢管桩的 1/8 ~ 1/6，成本为钢桩的 1/3 ~ 1/2。其缺点是生产工艺和设备复杂。

3）钢管桩

钢管桩[图 4-23a）]一般是在工厂用钢板螺旋焊接而成。常用的钢管桩外径为 500 ~ 1 200mm，壁厚为 10 ~ 18mm。

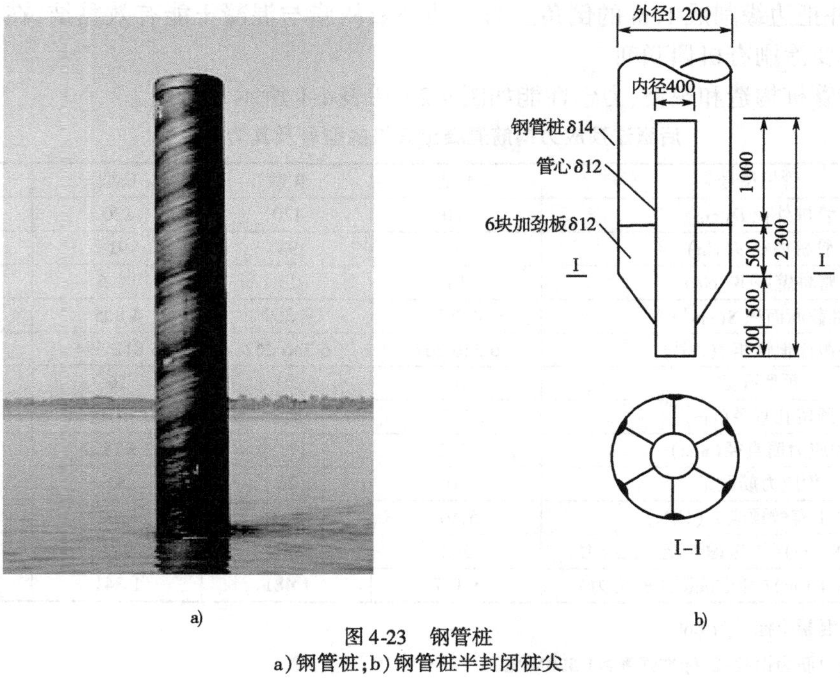

a)　　b)

图 4-23　钢管桩

a）钢管桩；b）钢管桩半封闭桩尖

钢管桩的优点是强度高,抗弯能力强,能承受较大的水平力;弹性好,能吸收较大的变形能,可减少船舶对码头建筑物的撞击力;制造和施工方便,可加快码头建筑物的施工进度。其缺点是:钢材用量大,约为钢筋混凝土桩的3~4倍;造价高,约为钢筋混凝土的2~3倍;容易锈蚀,耐久性差。

目前,钢管桩主要用在外海码头。由于外海水深大,而且波浪、海流以及船舶撞击力均较大,所以桩的工作条件差;另外,在外海施工,受气候和海洋水文的影响大,要求施工进度快。使用钢管桩能较好地解决上述问题。

使用钢管桩时,还需要解决以下两个问题:

(1)桩尖的形式:钢管桩的桩尖有开口、全封闭和半封闭三种形式。开口桩尖容易打入地基,但桩的承载力低;全封闭桩尖虽然可以提高桩的承载力,但打入土层比较困难。我国在20世纪70年代末建设浙江北仑港矿石中转码头的施工中,创造了半封闭桩尖的形式,它既提高了桩的承载力,又解决了难于打入地基的问题。

半封闭式[图4-23b)]桩尖的中间,装有空心管芯,其余部分全封闭起来。为使管芯和钢管桩成为整体,管芯与钢管桩之间用加筋钢板连接。这种钢管桩在吊桩入龙口时,海水可经管芯进入管内,消除了水浮力的影响;在桩尖打入土层时,土可经管芯进入桩内,减小了打入桩阻力;当桩尖进入硬土层后,硬土进入桩芯,桩芯发生闭塞现象,此时桩尖已全封闭,其承载力与全封闭桩尖相同。为了达到全封闭现象,管芯长度应不小于$5D$(D为管芯直径)。为便于桩的定位,将管芯伸出桩尖300mm,又可作为闭塞长度的富余量。

半封闭桩尖形式仅适用于一般硬土层。当管桩外径为1 000mm、管芯内径为400mm和采用MB—70桩锤时,对标准贯入击数$N>30$的土层,桩已不易打入。另外,当桩尖打到砂土层时,由于打桩振动使砂土液化,在桩外和桩内水头差的作用下,会产生“管涌”现象,使桩的承载力降低。解决的措施是在桩侧开孔,使海水进入桩内,消除桩外和桩内的水位差。

(2)钢管桩的防锈:钢管桩的造价比较昂贵,而且容易产生锈蚀,影响使用年限。常用防腐蚀的措施有。

①外壁加覆防腐涂层或其他覆盖层。

②增加管壁的预留腐蚀量。

③水下采用阴极保护(外加电流法或牺牲阳极法)。

④选用耐腐蚀钢种。

分别沿桩身划分不同腐蚀区综合采用防腐措施。表4-2是海港工程中的钢管桩可能选择的防腐蚀措施;对于河港,可参照海港工程选用。

海港工程钢管桩的防腐蚀措施 表4-2

腐蚀区	大气区	浪溅区	水位变动区	水下区	泥下区
所处范围	设计高水位加1.5m以上	设计高水位以上1.5m至以下1.0m	设计高水位以下1.0m至设计低水位以下1.0m	设计低水位以下1.0m至泥面	泥面以下
涂层	必须	必须	必须	可用	不需
包覆层	可用	可用	可用	不需	不需
预留腐蚀厚度	可用	必须	必须	可用	可用
阴极保护	无效	无效	可用	可用	可用

4）钻孔灌注桩

港口工程在下列情况下宜采用灌注桩：

（1）地质条件复杂、岩面起伏较大或地下障碍物较多，打入式桩难以下沉时；

（2）单桩荷载较大，采用打入式桩不经济时；

（3）岸坡稳定性不足或附近有重要建筑物，不宜锤击沉桩时；

（4）施工条件限制，桩数较少、水域狭窄或水深不足，不宜使用大型水上沉桩设备时。

在高桩码头同一排架中，可采用灌注桩与其他类型的桩组合。

灌注桩宜采用直桩，有条件时也可采用斜桩。施工时应严格控制混凝土质量，并采取可靠的检测手段对桩身混凝土完整性进行评价。

桩身截面配筋率应根据计算确定，最小配筋率不得小于0.4%。桩身配筋长度应符合下列规定：

（1）端承桩、抗拔桩和承受负摩擦力的桩应通长配筋。位于坡地或岸边的桩，当坡地或岸坡的地层存在软土层，或由于其他因素使岸坡稳定性不足时，宜通长配筋。

（2）端承摩擦桩宜通长配筋，桩长较大时，也可根据内力大小沿深度分段变截面配筋。

（3）受水平力作用的抗弯桩和偏心受压桩，地面以下的配筋长度不宜小于4倍桩的相对刚度系数。

桩的主筋应采用变形钢筋，数量不宜少于12根，直径不宜小于16mm。采用束筋时，每束不宜多于2根钢筋。纵向钢筋应沿桩身周边均匀布置，其净距不应小于80mm。钢筋笼底部主筋宜稍向内弯折，如图4-24所示。

箍筋直径不宜小于8mm，箍筋间距宜为200～300mm，应采用螺旋式箍筋；受水平力作用的桩，在承台底面以下3～5倍桩径范围内箍筋应加密。当钢筋笼长度超过5m时，应每隔2.0～2.5m设置一道加强箍筋；当钢筋笼长度超过10m时，应每隔5.0～8.0m在笼内设置一道焊接支撑架。

主筋的混凝土保护层厚度，河港不应小于50mm；海港不应小于70mm。

桩身混凝土强度等级不应低于C25。

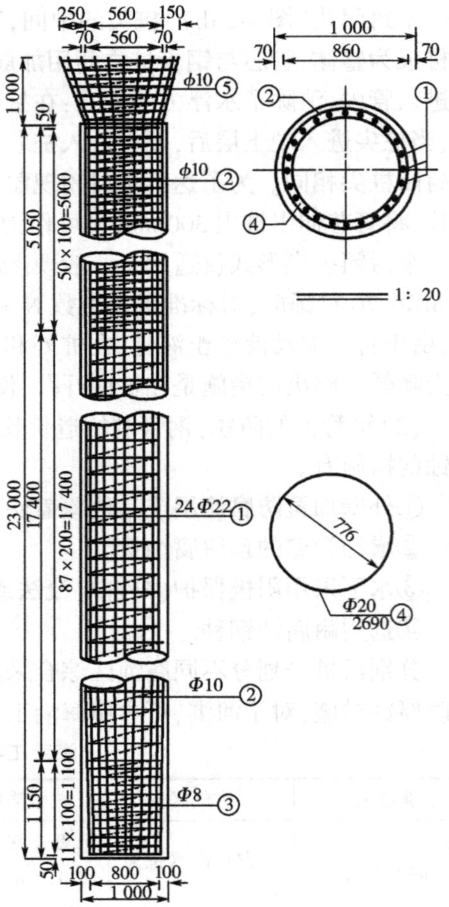

图4-24 钻孔灌注桩配筋图（尺寸单位：mm）

5）嵌岩桩

当需要在覆盖层相对较薄，甚至没有覆盖层的岩基上采用桩基础时，通常采用将桩端嵌入岩体的嵌岩桩。混凝土灌注桩、钢管桩、预应力混凝土大直径管桩等均可成为嵌岩桩，其桩身内部构造与一般的基桩相同，但嵌岩方式不同。

灌注桩的嵌岩方式主要有：

①灌注型嵌岩桩——灌注成形且将桩端嵌入基岩中锚固；

②灌注型锚杆嵌岩桩——用锚杆嵌入岩体使灌注桩与基岩锚固。

宝钢马迹山港采用了浇筑型嵌岩桩，其嵌岩直径达2 800mm，是目前我国港口工程中直径最大的嵌岩桩，并采用了钢筋混凝土套箱抛填砂的稳桩措施[图4-25a)]，每2根桩设一套箱，套箱尺寸为16m(长)×8.5m(宽)×7m(高)。深圳港盐田二期集装箱码头在国内首次采用浇筑型嵌岩斜桩，斜桩斜度为6:1。预制桩嵌固方式主要有：

①预制型芯柱嵌岩桩——在预制桩芯内对基岩钻孔，通过浇筑混凝土将预制桩与基岩锚固；

②预制型锚杆嵌岩桩——用锚杆嵌入岩体，使预制桩与基岩锚固；

③预制型植入嵌岩桩——在岩基上钻孔，将预制桩插入，然后浇筑混凝土使预制桩与基岩锚固。

[图4-25b)]是镇海液化码头采用的预制型锚杆嵌岩桩。此外也可采用组合式嵌岩桩——由预制型芯柱嵌岩或灌注型嵌岩方式与锚杆嵌岩方式相组合而形成的桩。

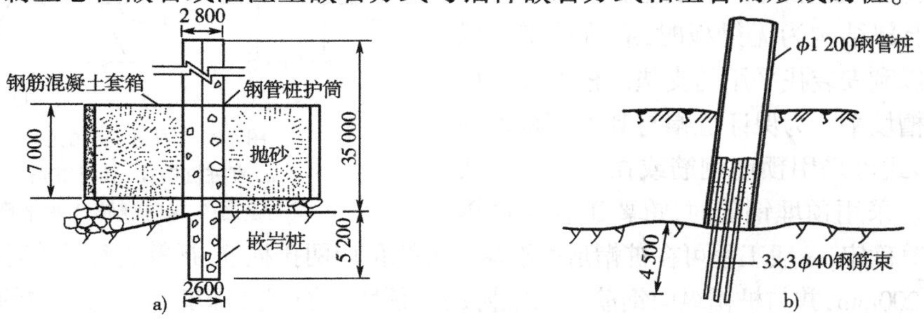

图4-25 嵌岩桩(尺寸单位：mm)

a)马迹山港浇筑型嵌岩桩；b)镇海液化码头锚杆嵌岩桩

2. 桩帽

当桩台为预制安装结构时，为了能安装预制的梁或板，在桩的顶端需设置桩帽。桩帽还能调整打桩时产生的桩顶高程和桩位的偏差。桩帽一般采用现浇钢筋混凝土。为了保证桩帽混凝土质量，不应采用水下浇筑混凝土。

桩帽的平面形状有矩形[图4-26a)]、圆形[图4-26b)]、多边形等形式。

a) b)

图4-26 桩帽

a)方形；b)圆形

桩帽的平面尺寸包括顶面尺寸和底面尺寸。顶面尺寸按预制梁的宽度、梁或板的搁置长度和预制构件安装时的允许偏差来确定。底面尺寸对直桩桩帽要考虑桩截面尺寸，打桩允许偏差以及外包桩身的最小厚度等因素；对叉桩桩帽要考虑斜桩与垂线的夹角和斜桩的水平扭转角，以及两斜桩轴线在桩帽底面交点的距离等因素。

桩帽外包桩身的最小厚度：对截面小于或等于600mm×600mm方桩，可取150mm，管桩与桩帽为铰接连接时取0.25倍桩径，与桩帽嵌固连接时取0.4倍桩径。

桩帽的高度应根据其受力情况（受剪、受弯和挤压）由计算确定，同时应考虑桩伸入桩帽的长度，以及桩顶钢筋长度、预应力混凝土管桩桩芯钢筋长度或钢管桩锚固铁件锚固长度等构造要求。桩帽高度不宜小于0.5倍桩帽宽度，且不得小于600mm，一般采用600～700mm。

不同形式的桩，桩帽与桩的连接是不同的：

1）方桩桩帽（图4-27）

为保证桩帽与桩之间的整体连接，桩的全部外伸钢筋应埋入桩帽内，桩头应嵌入桩帽50～100mm。当上部结构为无梁板时，应将桩帽做成凹槽形式。以利安装找平用的支垫。板安装好后用砂浆将凹槽填平。为保证桩帽与其上部构件的连接，连接形式可采用预埋钢筋或在桩帽顶面两侧设帽耳等。采用预埋钢筋时，重要工程预埋钢筋应根据计算确定，一般工程可在桩帽顶面沿横梁轴线预埋两排插筋，插筋直径不宜小于20mm，间距不宜大于200mm，并与桩帽纵向钢筋的间距协调。预埋钢筋埋置深度和伸入梁内的长度均应满足钢筋锚固要求。采用帽耳时，帽耳宽度不宜小于250mm，帽耳与横梁之间应用钢筋连接。

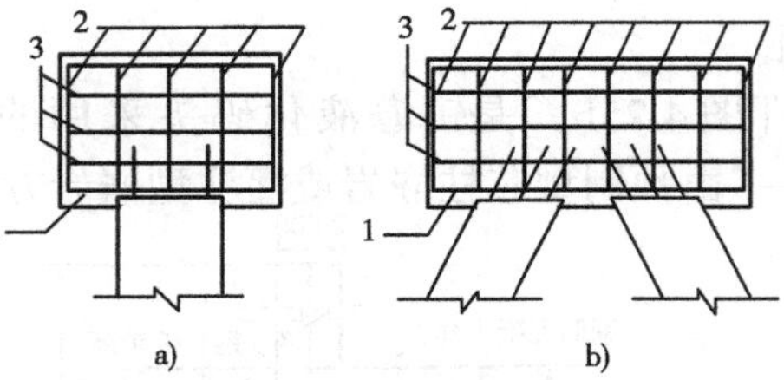

图4-27 方桩桩帽配筋

a）直桩桩帽；b）叉桩桩帽

1-横向箍筋；2-纵向箍筋；3-水平箍筋

当横梁现浇时，不需设桩帽，横梁应直接与桩浇在一起。

2）管桩桩帽

管桩与桩帽连接的方式有两种。当按固接的要求连接时[图4-28a）]，必须满足下列要求：

（1）桩伸入桩帽的长度L应由计算确定，并不小于0.75倍的外径。

（2）管桩顶内部浇筑桩芯混凝土，伸入桩帽底面以下1倍桩径，其混凝土强度等级不低于桩帽混凝土强度等级。

（3）桩芯纵向钢筋配筋率不应低于1%，钢筋宜采用II级钢筋；桩芯箍筋宜采用直径7～10mm的I级钢筋，箍筋间距为200～250mm。

（4）桩帽外包宽度不宜小于0.4倍直径，且应考虑打桩偏位的影响。桩帽顶面配筋率不宜小于最小配筋率（0.15%），且桩帽的钢筋应做成封闭式。

当按铰接假定设计时，可采用[图4-28b）]所示的连接形式，桩伸入桩帽（或横梁）的长度不应小于100mm。桩帽外包尺寸不宜小0.25倍桩外径，且应考虑打桩偏位的影响。其他桩芯混凝土及配筋可参照固接连接的情况执行。

3）钢管桩桩帽

桩与桩帽（或横梁）之间采用固接连接。连接方式有两种形式：

①桩顶直接伸入桩帽（或横梁）内[图4-29a）]。

②桩顶通过锚固铁件（或钢筋）伸入桩帽（或横梁）内[图4-29b）]。

前者结构简单,施工方便;后者对桩台下层的布筋较为有利。桩顶和桩端一般不采取加固措施,但当桩尖需穿越障碍物或打入坚硬土层时,可对桩顶或桩端进行加固,必要时可设置桩靴。当预计打桩有可能出现管涌现象时,可考虑在桩身的适当部位开设排水孔,孔径取 50mm。

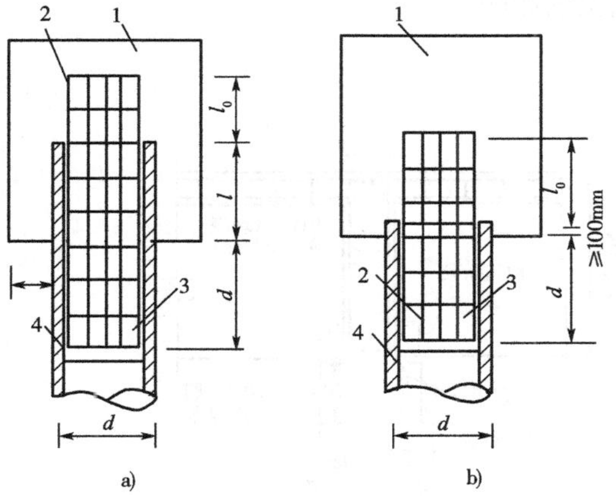

图 4-28　管桩与桩帽(或横梁)连接

1-桩帽或横梁;2-桩芯钢筋笼;3-桩芯混凝土;4-管桩

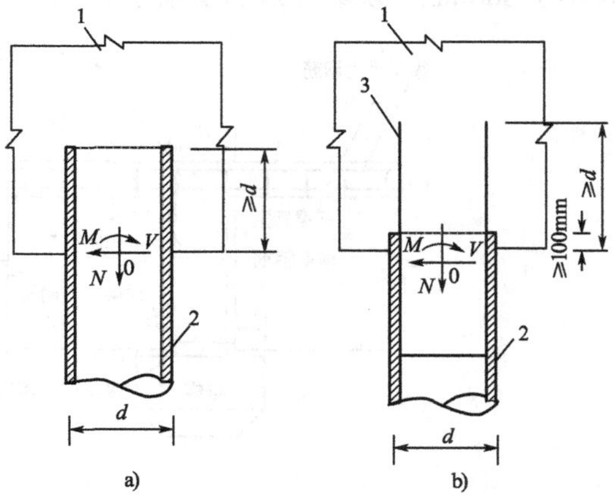

图 4-29　钢管桩与桩帽(或横梁)连接

1-桩帽或横梁;2-钢管桩;3-锚固铁件

3. 横梁

横梁(图 4-30)是梁板式高桩码头的主要受力构件,作用在码头上的几乎所有荷载都是通过它传给桩基,受力比较复杂。为了构成横向的整体结构—横向排架,要求横梁与下面的桩基整体连接,所以横梁应做成连续梁。对于宽承台高桩码头的后方桩台,因受力简单(不受水平力作用)且没有横向整体性的要求,后方桩台的横梁一般采用简支梁。

图 4-30　横梁

横梁的横断面形式一般有矩形、倒 T 形、花篮形和倒梯形四种(图 4-31)。其中前三种主要用于前方桩台的横梁。当横梁和纵梁的底面在同一高程时,横梁可采用矩形断面,其模板和配筋都比较简单。但为了保证预制板在横梁上的搁置长度,其宽度较大。为了减小横梁的宽度,又能保证板的搁置长度,可采用花篮形断面[图 4-31c)]。当纵梁高度比横梁矮时,纵梁需要搁置在横梁上,可采用倒 T 形断面[图 4-28b)]。倒 T 形横梁的下部一般采用预制安装,上部采用现浇,从而构成现浇叠合式结构。为使桩帽伸出的钢筋穿入预制的下横梁,在其端部预留安装孔。考虑到施工误差,安装孔通常采用椭圆形,其长轴(沿梁长方向)和短轴的长度一般分别小于 80mm 和 40mm。后方桩台一般不设纵梁,只由板和横梁组成,横断面形式比较简单。为了减小桩的宽度又要满足板的搁置长度的要求,一般采用倒梯形断面[图 4-31d)]。

根据受力情况,横梁的高度由计算确定,一般为 1 200 ~ 2 000mm,最高达 3 000mm。因横梁的断面和重量都较大,为了减轻预制构件的重量而便于吊装,提高预应力的效果以及考虑纵梁的接缝,一般采用叠合梁,即将横梁分为上下部两部分。下部为预制构件,一般采用预应力结构,其高度根据起重设备的起重能力、预制场可制造的高度和纵梁高度(对于倒T形断面)或面板厚度(对于花篮形断面)来确定;上部为现场浇筑。横梁的宽度按受力(主要是剪力)情况计算确定,同时应考虑纵梁或板的搁置长度和接缝宽度的要求,一般为400~800mm,但不宜小于300mm。现场浇筑的横梁还应考虑打桩偏位的影响。

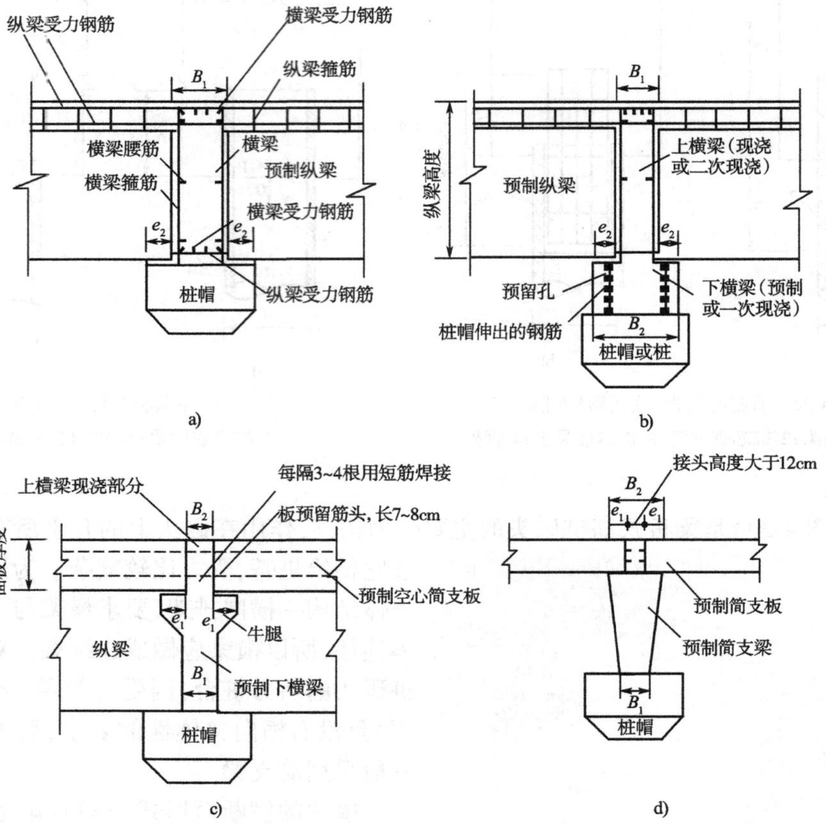

图4-31 横梁断面形式及接头构造

a)矩形;b)倒T形;c)花篮形;d)倒梯形

4. 纵梁

设有门座起重机或其他轨道式装卸机的码头,考虑到轨道轮压力较大,在轨道下面都设有纵梁,称为轨道梁。除此之外,是否设置其他纵梁,应根据码头地面荷载性质和大小并结合梁板布置的系统确定。在火车轨道下面一般都设置纵梁,每条铁路下面可布置一根纵梁,也可每根轨道布置一根纵梁。

考虑到码头的纵向整体性,纵梁一般采用连续梁。但为了受力明确和充分发挥预应力效应,也可采用简支梁。纵梁的横断面形式有工字形、矩形和花篮形等,如图4-32所示。门机轨道梁由于荷载较大,并且顶面需要装设钢轨,多采用工字形或空心矩形断面[图4-32a)、b)]。一般纵梁多采用实心矩形或半花篮形断面[图4-32c)、d)]。有些码头采用面板和两条纵梁一起预制的Π形构件[图4-32e)],火车的两条轨道分别设在两条纵梁上。Π形构件的优点是构件数量少,缺点是形状复杂且重量大。

纵梁的高度根据受力计算确定，一般为 900 ~ 1 200mm。轨道梁由于高度大，并且为了预埋固定轨道的螺栓，通常采用下部预制、上部现浇的叠合梁。预制部分一般采用预应力，其高度根据起重设备的起重能力和预制场可预制的高度确定。纵梁的宽度由受力计算确定，一般为 300 ~ 500mm。考虑到面板的搁置长度和接缝宽度的构造要求，可将顶面加宽，形成 T 形、工字形、花篮形和半花篮形断面（图 4-32）。门机轨道梁在支座处剪力很大，可在支座处局部加宽，形成沿长度为变断面的纵梁。纵梁目前多采用预制安装的连续纵梁。为保证在支座处的连续和整个上部结构的整体性，在支座处必须与横梁或桩帽进行整体连接。

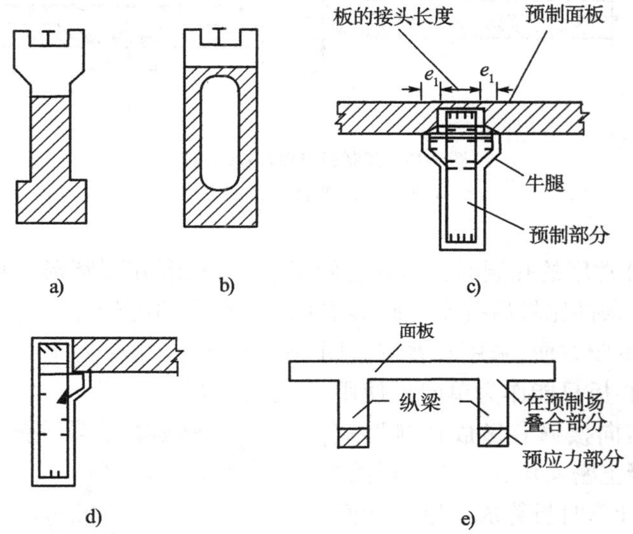

图 4-32 纵梁的断面型式

a）工字形；b）空心矩形；c）T 形；d）半花篮形；e）Π 形

5. *面板与面层*

钢筋混凝土面板有实心板、空心板和异形板。

1）实心板

实心板按其施工方法分为现浇板、预制板和叠合板三种。

现浇板只能是非预应力，其抗弯和抗裂能力小，现浇工作量大，施工进度慢，但整体性好，目前在大中型码头中已不采用，可用于没有预制条件和适合起重设备的地方小型码头。

预制板通常采用分块预制，在现场安装拼接。根据横向接缝形式预制板可分为横向铰接板和整体连接的板。当拼板按与整体板相同的方法计算内力时，板与板之间用预留的环形钢筋整体连接[图 4-33a）]或其他可靠形式，即横向整体连接板。预留环形钢筋的搭接长度不得小于 5 ~7 倍受力钢筋直径。铰接板的横向接缝构造同空心板。当板厚较大时，一般采用叠合板的形式。

叠合板也是一种预制装配的整体板。叠合板的下半部为预制，上半部为现浇。在码头施工时，预制部分还起模板的作用。预制部分可采用预应力结构。现浇层应保证有一定的厚度，并在现浇层和预制件的结合面采用凹凸形结构[图 4-33b）]，使现浇混凝土与预制部分结合良好。考虑到钢筋保护层厚度和凹凸结构的高度以及施工等因素，预制部分的厚度不宜小于 80mm，现浇部分的厚度不宜小于 70mm。当叠合板采用整体拼接时，其接缝构造宜采用

图4-33c)所示形式。叠合板的优点是:除能部分发挥预应力效应外,面层不会出现脱皮现象,板的整体性好。其主要缺点是施工现场的工作量较大。

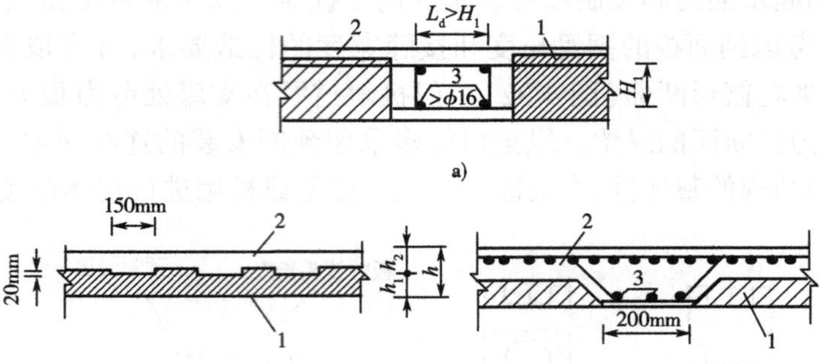

图4-33　预制板与叠合板的构造

1-预制板;2-现浇层;3-插筋

2)空心板

空心板(图4-34)常用的孔洞断面形式有圆形、近似矩形和腰圆形三种(图4-35),选型时可依技术经济和施工条件比较后确定。圆形空心板的受力情况较好,无应力集中现象;采用橡胶管抽芯工艺,施工也较方便,采用较普遍。因为是单向空心,故空心板只能作为单向板使用。预制空心板之间的横向接缝宜做成铰接形式,缝内用C30细石混凝土密实填充。空心板的断面尺寸由计算确定,计算时折算成工字型断面,厚度一般为400~600mm。为了便于混凝土振捣和保证钢筋保护层的厚度,空心圆的净距(肋宽)和空心板的底部厚度不宜小于80mm,空心板顶部厚度不宜小于70mm。孔洞较大时,应验算孔顶强度。武汉红钢城港区多用途码头工程曾采用过高强粗钢筋预应力混凝土空心板,板的尺寸较大,其空心率较常规圆形空心板提高15%左右,节省了混凝土,且减轻了单位体积自重。

图4-34　圆形空心板

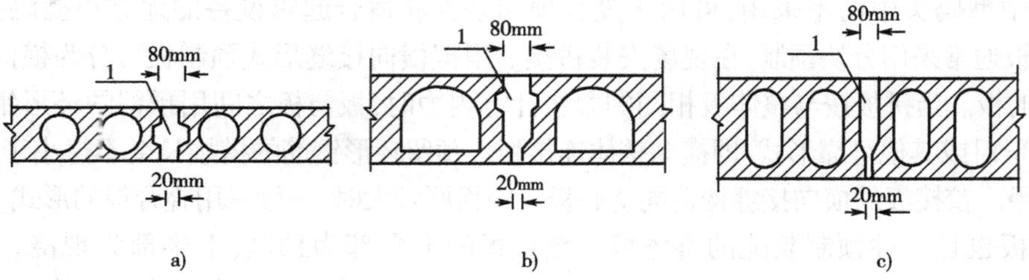

图4-35　空心板的断面和结构型式

a)圆形空心板;b)近似矩形空心板;c)腰圆形空心板

1-细石混凝土

空心板的优点是:抗弯和抗裂能力强,钢筋和混凝土的用量少,重量轻,可增大预制的尺寸。铰接空心板一般适用于码头的后方桩台、引桥和中小型码头。

3)异形板

异形板主要有板梁组合型和不规则断面型。板梁组合型主要有 π 型和 T 型。不规则断面有微折板,改种板型曾应用于武汉红钢城港区多用途码头。

混凝土面层的作用是找平码头地面和作为磨耗层。磨耗层厚度应根据流动机械的类型和使用情况确定。磨耗层与面板分开浇筑时,其厚度不应小于 50mm。当采用叠合板和现浇板时,因面层与面板一起浇筑,面层厚度可小一些,但不小于 20mm。磨耗层混凝土的强度等级不应低于 C25。对于不铺设火车轨道的码头,面层厚度不宜小于 50mm。对于铺设火车轨道的码头,面层的厚度决定于钢轨的高度。面板顶层宜设纵、横向构造钢筋,构造钢筋面积可取受力钢筋截面面积的 15%。为了减少现浇面层在横梁顶部出现裂缝,宜在横梁顶面垂直于梁的长度方向增设断筋(图 4-36)。

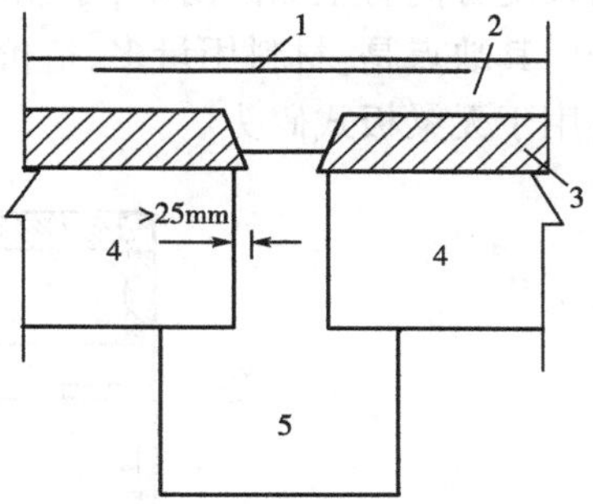

图 4-36　横梁顶部构造图

1-梁顶加固筋;2-现浇板;3-预制板;4-纵梁;5-下横梁

现浇码头面层应加强养护。当采用大面积现浇面层时,为防止面层混凝土在气温变化时引起膨胀或收缩而产生裂缝,面层宜采取纤维混凝土、锯假缝(竖向不贯通的伸缩缝)等减少混凝土面层不规则裂缝的措施。锯缝间距和位置应根据结构、材料、气温等特点确定,一般为 3 ~ 5m。假缝的深度不应超过磨耗层的厚度,一般为 10 ~ 15mm,缝宽 10mm,缝内应用沥青等材料填充。对于简支板和横向铰接板,在板的支座和接缝处亦须设置这种假缝。近年来,有些码头采用聚丙烯纤维混凝土浇筑面层,取得了较好的抗龟裂效果。

面层应做排水坡,坡度一般采用 0.5% ~ 1.0%。当码头面较宽或因有障碍物不能向码头前沿和后面排水沟排水时,应在面板中隔一定距离设置排水孔,其间距和直径根据当地降雨确定。工程调查表明:梁板式码头中面板钢筋锈蚀和下面保护层脱落,主要原因之一是在梁格的空间内长时间存在高温海水蒸汽。为了排除蒸汽,在面板内宜设置排气孔,其直径为 50mm,间距 2 ~ 3m。

6. 靠船构件

高桩码头的靠船构件是为了固定防冲设备设置的,一般有悬臂梁式和悬臂板式两种。

码头的靠船构件一般采用悬臂梁式(图 4-37)。其主要构件是悬挂在横梁前端的悬臂梁。悬臂梁在预制场预制,再到现场安装并与横梁整体连接,这种情况适合于现浇下横梁[图 4-37a)]。当下横梁为预制且起重设备足够时,靠船构件可以与一部分横梁在预制厂整体预制,然后在桩帽上将它们与其余部分的预制横梁进行整体连接[图 4-37b)]。悬臂梁式靠船构件之间一般宜设纵向水平撑,以加强悬臂梁的纵向刚度。纵向水平撑本身也需要具有一定刚度,故断面不小于 35cm × 30cm。水平撑与靠船构件外边线段距离不小于 10cm,以防止船舶与水平撑相撞。靠船构件的悬臂较长时,可采用局部降低横梁底高程或增设横向支撑等措施,以改善结构受力情况。

悬臂板式靠船构件(图 4-38)由悬臂板、胸墙板和水平纵梁三部分组成。每两个横向排架之间设一块。悬臂板在预制场整体预制,运到现场安装,并与横梁整体连接。两靠船构件之间在施工水位以上的接缝在现场浇筑,使其在码头长度方向连成整体。悬臂板和胸墙板的厚度由计算确定,但不宜小于150mm。水平纵梁的断面尺寸除由计算确定外,尚应考虑使用和施工的构造要求,使用时,作为管构底板;施工时,它在桩帽或下横梁上应有足够的搁置长度。为了便于检修码头结构构件的小舢板能进入码头下面,故应在沿码头长度方向的合适位置,设1~2个没有悬臂板的靠船构件,即留出进出码头下面的缺口。板式靠船构件的优点是:沿码头长度方向有全面的防护,小船不致误入码头下面,并可保护桩免受冰凌及其他漂浮物的撞击。其缺点是:材料用量多,造价高,码头下面的水汽不易排除。在天津地区应用较广,它特别适用于无梁板式码头。

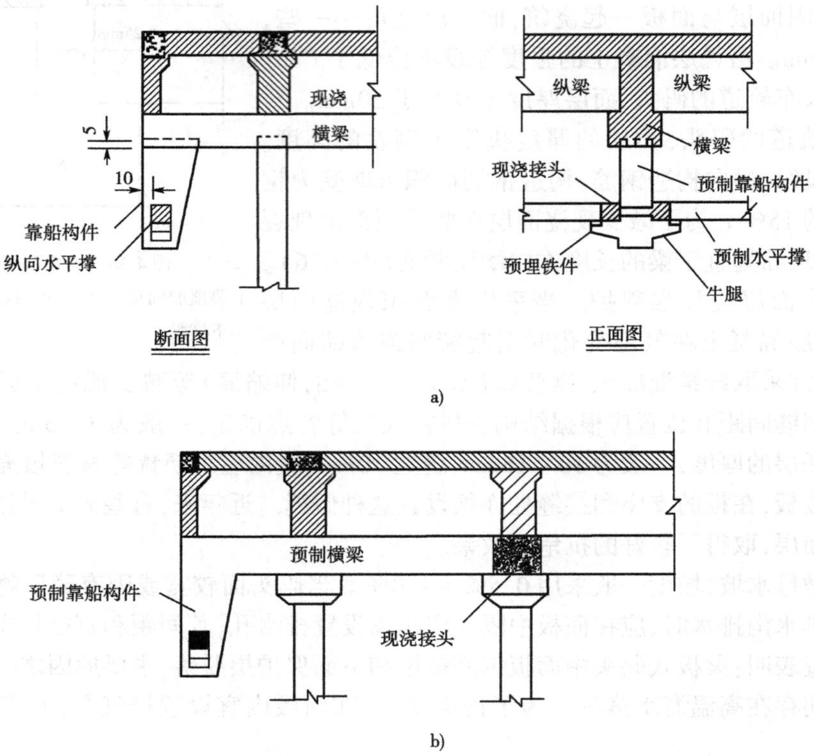

图4-37 悬臂梁式靠船构件

a)现浇横梁时;b)预制横梁时

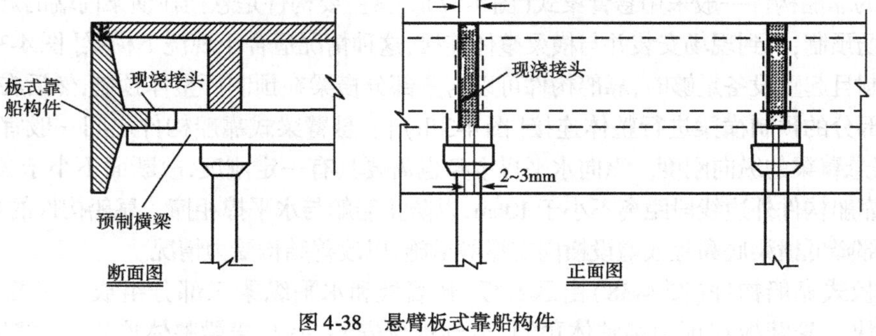

图4-38 悬臂板式靠船构件

随着水位差的增大,码头系靠船的范围也增大,上述两种型式的靠船构件已经不再适用,可分别采用下列几种型式的系靠船构件:①当水位差为 5~8m 时,在码头前沿设置双层系靠船平台;②水位差为 10~17m 时,在码头前沿设置多层系靠船平台或单独设置浮式系靠船设施(图 4-39)。

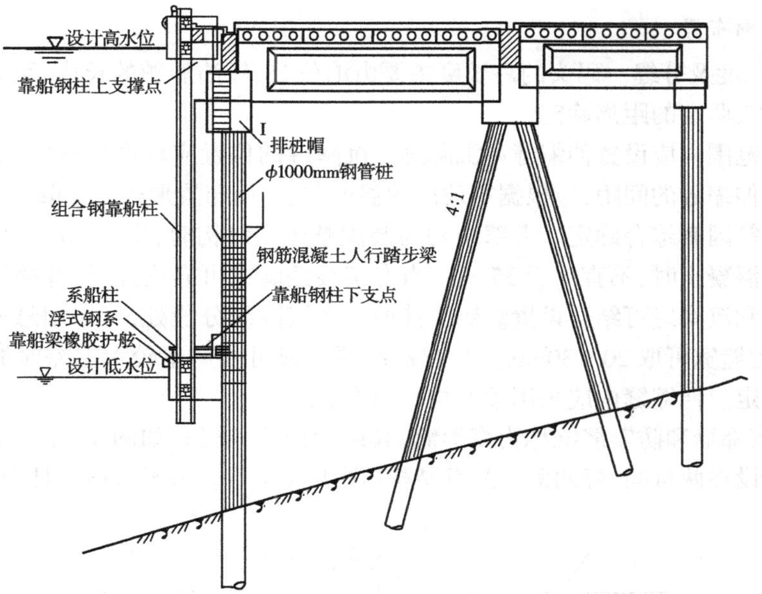

图 4-39 浮式系靠船构件

7. 构件的连接与搁置

在预制装配的高桩码头结构中,大部分构件是预制的,然后在现场安装并连接。构件的构造和质量,直接影响构件的工作状况和耐久性。构件的连接包括同类型预制构件的拼接和连接以及不同类型预制构件的连接,后者如桩帽与桩、纵梁与横梁、面板与纵梁和横梁、靠船构件与横梁等。连接形式有铰接和固接两种,根据受力情况确定在构件之间不需要传递力(剪力和弯矩)的情况下,其相互之间便不需要任何连接,仅在构件之间预留安装缝即可。考虑到构件预制尺寸和安装的精度,安装缝的宽度一般采用 20~30mm。

铰接用于构件之间需要传递剪力或轴力,但不传弯矩的情况,例如空心板的横向拼缝(只传剪力)和连续梁或板与支座的连接(只传支座反力)。板的铰接一般采用图 4-35 的形式,连续梁或板与支座的连接一般是将支座伸出的钢筋埋入连续梁或板的现浇接头混凝土内,钢筋的埋入长度应满足锚固长度要求。

固接用于要求构件之间传递弯矩的情况,例如,整体板的连接、连续梁或连续板中的预制梁或板在支座处的连接。前者一般采用环形钢筋连接,后者的上部钢筋按受力筋连接,下部钢筋按构造筋连接,如为弹性支承连续梁,支座弯矩可能为正值,下部的钢筋也需按受力筋连接。

构件之间除按受力需要进行连接外,有时为了构件的稳定性和结构的整体性也需要连接,如放在横梁上的简支板,按受力不需要连接,但考虑板的稳定性和码头结构的纵向整体性,将构件两端下面伸出的钢筋头每隔 3~4 根用短筋焊接起来,但上面伸出的钢筋头不要焊接,如图 4-31 所示。

二、高桩码头的布置

高桩码头的设计，首先要拟定轮廓尺寸、选择上部结构型式及传力系统的结构布置，即总体布置、基桩布置和上部结构布置。

1. 总体轮廓布置

(1)码头长度及分缝。码头的总长度主要由泊位数、停泊船舶的长度、系缆要求的船舶之间和船舶到码头两端的距离确定。

码头桩台范围内应设置伸缩缝和沉降缝。沉降缝的位置应根据荷载情况、结构型式和地质条件确定。伸缩缝的间距，应根据本地区的温度差、平面布置形式、上部结构的特性、桩的自由长度和刚度等因素综合确定。上部结构为装配整体式结构时，宜取 60 ~ 70cm；上部结构为现场整体浇筑混凝土时，不宜大于 35cm。当有实践经验或可靠论证时，伸缩缝的间距可适当增减。伸缩缝和沉降缝可结合设置。码头伸缩缝和沉降缝分段处，可采用悬臂式结构或简支结构，分段处的缝宽可取 20 ~ 30mm。当有抗震要求或可能产生较大温差时缝宽应根据计算或当地经验确定。伸缩缝内应采用柔性材料填充。

伸缩缝、沉降缝和防震缝统称为变形缝，其结构型式一般有如图 4-40 所示的三种。第一种型式是将缝设在两桩间，缝两侧为悬臂结构[图 4-40 a)]。由于纵梁的悬臂不宜过长(一般

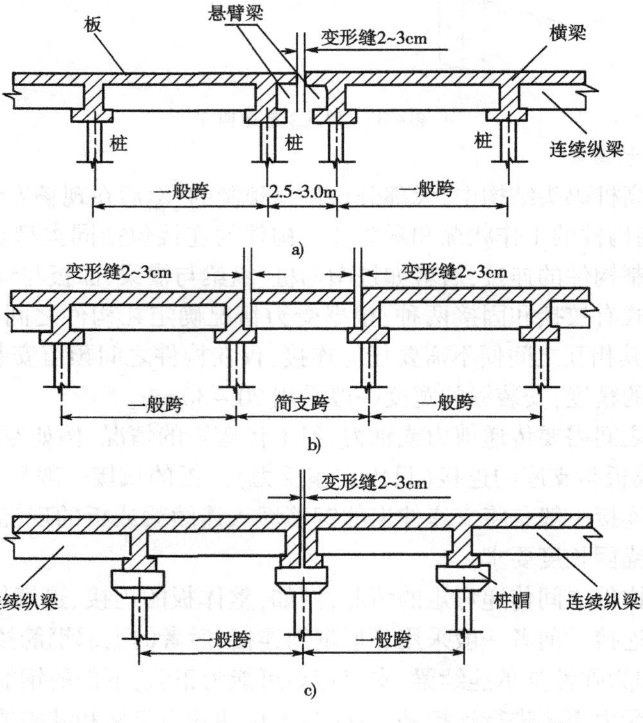

图 4-40　变形缝的设置

为 1.25 ~ 1.5m)，致使横向排架的数量增加；此外，为防止缝两侧产生错位而造成轨道错牙，变形缝在平面上常做成凹凸形，给施工造成不便。第二种型式是设简支梁跨，梁两端设变形缝

[图 4-40b)]。这种布置结构简单,施工方便,横向排架数基本不增加,但简支结构的支座构造较复杂,抗横向作用力的能力差。第三种型式是将变形缝设在支座上[图 4-40 c)]。这种布置结构最简单,施工方便,不增加横向排架的数量;缺点也是支座构造较复杂。

当码头采用有轨装卸设备时,应防止码头相邻两段水平位移差异影响有轨装卸机械行驶,分段处可采用悬臂结构,悬臂分缝处宜做成凹凸缝。

梁板式码头分段缝也宜采用凹凸缝,如图 4-41。凹凸缝的构造要求:齿高可取 200 ~ 400mm,齿宽不宜过短;分段处凹凸缝的缝宽可取 20 ~ 30mm,沿码头宽度方向应紧密接触。当结构承受较大荷载时,在分缝截面改变处应适当加强,凹凸缝转角处宜设置 45°斜向加强钢筋,钢筋沿厚度方向的间距不宜大于 250mm,直径不宜小于受力钢筋。沿齿槽的凸形边可设 Π 加强钢筋,并布置为上下两层,板厚超过 400mm 时,宜布置为上中下三层,直径不宜小于受力钢筋,保护层厚度可参考梁的标准。齿口边沿宜采用角钢保护。必要时可对凹凸缝的齿槽强度进行验算。

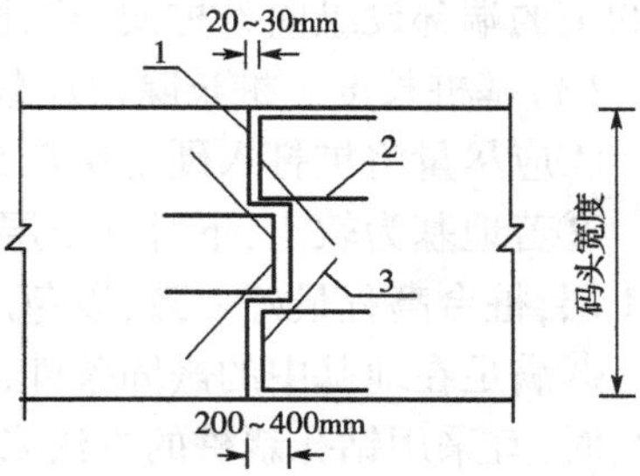

图 4-41 码头分缝处结构加强平面示意图
1-伸缩缝、沉降缝;2-加强钢筋;3-加强斜筋

(2)码头宽度。码头宽度与桩台形式有关。窄桩台高桩码头宽度主要由使用要求和横向稳定性确定。宽桩台高桩码头的总宽度主要由岸坡稳定性、码头前设计水深、挡土结构的型式与位置确定。

2. 基桩布置

基础和上部横梁组成的整体结构——横向排架是码头的主体。桩的布置主要由码头荷载大小、桩台宽度、排架间距和桩的承载力而定。良好的布置不仅可使上部结构布置合理,而且能使各桩受力比较均匀。因此,基桩的布置不仅直接关系到整个码头的受力情况和施工程序,而且也直接影响到工程的造价(约为总造价的 1/2)。

(1)横向布置。基桩为横向排架的立柱,排架中基桩的数量主要取决于排架宽度(即桩台宽度)。从受力要求考虑,在荷载较大的门机前沿轨道下方可设双直桩,后侧轨道下方宜设叉桩。在铁路轨道下部纵梁的下方设单直桩即可(图 4-1)。摩擦桩的间距一般采用 3 ~ 5m,不宜小于 6 倍的桩径或桩宽,支承桩可大些。根据水平力的大小,应设 1 ~ 2 对叉桩或半叉桩。后方桩台或受水平力不大的小码头,可仅设直桩。对于叉桩或半叉桩,为提高其抗水平荷载的能力,应将其倾斜度放缓,但倾斜度越缓,泥面以上的长度就越大,因自重产生的弯矩也越大,所以工程中限制其坡度不缓于 3:1。此外,为便于施打,叉桩或半叉桩中相临两根桩的净距不宜小于 30cm。当斜桩与其他桩在泥面以下相交时,交叉处的净距不宜小于 50cm,以免打到另一根桩上,为此,斜桩在平面内应扭转一个较小的角度。

(2)纵向布置。基桩的纵向间距即为横向排架的间距,其大小主要取决于码头的荷载特点、上部结构型式、土层承载力、施工条件等因素,应通过经济技术比较确定。排架的间距直接影响着面板、纵梁和横梁的内力。因此,随着排架间距的增大,上部结构因纵向跨度的增大而使造价提高,但却减少了桩的数量,因而总投资会降低。但是,当横向排架间距超过某一限度时就不仅使总投资变大，而且给靠船构件的设计、防冲设备的布置和纵向构件的预制吊装等带来困难。根据工程经验，前方桩台的横向排架间距多采用5～8 m，个别工程达14m；后方桩台的地面堆货荷载较大，排架间距一般采用3～5m。

根据码头承受的纵向荷载大小和作用位置，应布置一定数量的纵向叉桩或半叉桩。在风暴系船柱和舾装码头中的试车系船柱的下方，应设纵向叉桩，以承受较大的系缆力。一般仅在无约束的端部设纵向叉桩或半叉桩。

(3)基桩长度。桩长除由承载力计算外，尚应满足以下要求：

①应尽量将桩打入硬土层0.5～1.0m，以提高其承载力和减少沉降量。

②若地基为软土，下卧硬土层很深，桩可以不打入硬土层，但同一桩台的所有桩应打入同一土层，桩台高程最好一致，以免出现不均匀沉降使结构遭到破坏。

③满足在地基中的嵌固条件，若岩面或打入困难的土层(如标准贯入击数大于30)的高程较高时，宜采用钻孔栽桩的方法来满足嵌固条件。

3. 上部结构布置

进行上部结构布置时，应使结构系统简单、有足够的刚度、整体性好、受力明确而合理；构件的类型少、断面简单，且尽量采用预应力构件装配。

在常用的上部结构型式中，板和横梁是必不可少的。纵梁的布置主要取决于上部荷载的大小与性质。设有门机的码头，至少要设两根纵梁，设有铁路的码头，宜设π形断面的纵梁。不设门机和铁路的码头，虽可不设纵梁，但为了保证码头的整体性和足够的刚度，仍以设纵梁为妥。

横梁应与基桩整体连接而构成刚度很大的横向排架，所以必须采用连续梁。

纵梁和板的结构型式，应视对上部结构的刚度和整体性的要求而定。由于对前方桩台上部结构的刚度和整体性要求高，纵梁应采用连续梁，板应采用连续板或四边固定板。相反，对后方桩台，纵梁和板采用简支的预应力预制件较为有利。当有大集中荷载(如集装箱叉车、正面吊)时宜采用双向板，但不利于用预应力。

第三节　高桩码头的施工

一、高桩码头的单位、分部、分项工程划分

码头工程的单位工程可按下列规定划分：

(1)码头按泊位或座划分单位工程。

(2)两侧靠船的栈桥或窄突堤码头按主靠船侧泊位划分单位工程。

(3)宽突堤码头的横头作为一个单位工程。

(4)长度超过500m的附属栈桥或引堤作为一个单位工程。

分部工程应按工程的部位进行划分。设备安装工程可按专业类别划分分部工程。

分项工程应按施工的主要工种、工序、材料、施工工艺和设备的主要装置等进行划分。施工范围较大的分项工程宜将分项工程划分为若干检验批。检验批可根据施工及质量控制和检验的需要按结构变形缝、施工段或一定数量等进行划分。

高桩码头与岸壁工程的分部工程、分项工程如表4-3所示。

高桩码头与岸壁分部工程、分项工程划分 表4-3

序号	分部工程名称	分项工程名称
1	基槽与岸坡开挖	基槽与岸坡开挖
2	桩基	预制桩(混凝土方桩、管桩,钢管桩),预制桩沉桩,灌注桩等
3	上部结构	现浇混凝土结构(桩帽,梁、梁格,板),预制安装结构(预制梁、板、靠船构件,梁、板、靠船构件安装,钢梁、钢桥制作,钢梁、钢桥安装),构件接缝,变形缝,混凝土面层等
4	接岸结构与回填	地基处理(砂垫层、塑料排水板,砂桩、碎石桩,搅拌桩,抛石基床),挡土墙(现浇挡土墙,浆砌石挡土墙),倒滤层,土石方回填,岸坡(抛石护面,块体护面)、抛石护底等
5	轨道	起重装卸机械、火车轨道安装,车挡与地锚等
6	停靠船与防护设施	系船柱,护舷,系船环与系网环,护轮坎,铁梯,栏杆等

注:当接岸结构为板桩式结构时,序号4的分项工程应增加板桩、斜顶桩沉桩等。

二、高桩码头施工程序

以常见的高桩梁板式码头为例,其施工程序为:预制桩→沉桩→现浇桩帽→安装靠船构件→下横梁施工→安装纵梁→上横梁施工→面板安装→面层施工→附属设施安装。其中桩、纵梁、面板一般为场外预制或购买成品。

三、主要部位施工

1. 桩基施工

高桩码头桩基施工的主要工作有:桩的预制和运输,设置打桩定位基线及测量平台,定位沉桩,桩的临时固定和处理。

1)预制桩

港口工程中使用的桩大多为先张法预应力钢筋混凝土空心方桩,它必须在专门的预制台座上整根预制。预制厂在安排生产计划时应根据用桩的先后顺序,分类提前安排生产,保证在沉桩过程中不会因缺桩而导致沉桩作业停工。但也不宜过早提前生产或制桩速度过快,这样会造成堆场存放超量和大量流动资金积压。在制桩总数量上要有一定富余(常为1% ~2%),以防止施工中因基桩损失而影响工程进度。用离心法预制的钢筋混凝土管桩和钢管桩,可分节预制后拼接成符合设计长度的桩。

水运工程上桩的运输,一般采用水上驳船装运。

桩在制作过程中的各工序必须经过质量检验,合格的桩方可出厂。桩运到工地后要进行验收,主要查看有没有出厂合格证,桩身是否标明生产单位、构件型号、生产日期和质量检验标志,运输中有没有碰伤,外形是否符合要求,不合格的桩不能应用于工程。桩身外观应笔直无弯曲,表面无裂缝、露筋、空洞、蜂窝、麻面、夹渣、松顶、砂斑、砂线、缺棱掉角、棱角不直等缺陷。

预制方桩和管桩的允许偏差、检验数量和方法见《水运工程质量检验标准》(JTS 257—2008)。

2)预制桩沉桩(图4-42)

沉桩前应进行下列工作:

(1)结合基桩允许偏差,校核各桩是否相碰。

(2)根据选用船机性能、桩长和施工时水位变化情况,检查沉桩区泥面高程和水深是否符合沉桩要求。

(3)检查沉桩区有无障碍物。

(4)沉桩区附近建筑物和沉桩施工有无互相影响。

图4-42 沉桩施工

(5)复测岸坡地形,必要时进行岸坡稳定分析。

为保证桩基施工顺利进行,施工前应根据工程桩位平面布置图,结合地形、地物、地质、水深、海况、机具船舶性能、船只抛锚和沉桩操作对航行有无影响等情况,拟定施工技术措施,编制沉桩施工顺序图,并按沉桩顺序安排制桩及沉桩。

锤击沉桩时,锤型的选择应根据地质、桩身结构的强度、桩的承载力和锤的性能,并结合施工经验或试桩情况确定。

当沉桩遇土层异常情况时,应会同有关单位研究,必要时进行补充钻探,以摸清土层实际情况。

沉桩区需进行挖泥时,为使岸坡恢复稳定,挖泥后应根据土质、坡度、水流、挖泥深度及施工要求等情况,间歇一定时间沉桩。

在沉桩过程中应观测岸坡及邻近建筑物的位移和沉降,并做好记录。

水上沉桩一般采用打桩船打桩。沉桩的先后顺序是否合理,对沉桩工程的顺利进行和沉桩质量有一定影响。在拟定沉桩顺序时应考虑以下几个方面的问题:

①要考虑到所有的桩位都能施打。

②要考虑到水位、水深和风、浪、流的影响。

③要考虑到工程的分段。

④要考虑到土壤变形的影响。

⑤尽量减少沉桩对岸坡稳定的影响。

⑥尽量减少打桩船移架、改架、移锚的次数。

⑦考虑施工水域船舶锚缆的布置。

沉桩时发生偏位是难以避免的。造成沉桩偏位的原因很多,大致有桩本身的质量,风、浪、流的影响,地形地质条件,沉桩操作不当、测量有误等。因此为了保证沉桩的正位率常采取以下的措施:

①要检查复核施工基线,采用有足够精度的定位方法。

②沉桩要安排在风、浪、流都较小的时候进行。

③要及时开动平衡装置和松紧锚缆,防止船位走动,维持打桩架规定的倾斜度。

④掌握在岸坡上打桩的规律,特别是打斜桩的规律,下桩时向岸边偏移一定的距离,以保证沉桩完毕后的最终位置恰好符合设计要求。

⑤沉桩过程中应经常用经纬仪检查桩位及轴线倾斜情况，发现偏差及时纠正。

⑥沉桩偏位还常与岸坡稳定相联系，沉桩过程中岸坡出现滑动常伴有已沉好的桩位置走动的先兆。因此，对已沉好的桩应及时夹桩和设法整体固定，对它们的位置要定期观测，如发现有走动，应首先暂停沉桩，然后研究对策，采取措施，如限打跳打，停停打打，限制沉桩速度，或削坡减载、抛石压脚等。

沉桩结束后要检查基桩偏位的大小，要求满足《水运工程质量检验标准》(JTS 257—2008)规定。

桩打好以后，应保证满足设计承载力的要求，一般是控制沉桩桩尖高程的同时，控制打桩的最后贯入度(通常控制最后贯入的100mm或最后锤击的30~50击，其平均每击的下沉量)，即“双控”。

在实际施工中，经常会遇到桩未沉到设计高程，贯入度已很小，甚至桩头已被打烂，或者桩已沉到设计高程，但贯入度还远未满足设计要求。遇到此类情况应慎重处理，一般情况下，在黏性土中以高程控制为主，贯入度可作校核。桩尖落在砂性土或风化岩层等时，应以贯入度控制为主，高程控制作校核。

桩顶高于或低于设计高程，需截桩或接桩。

沉桩完毕，必须及时夹桩，加强桩基之间的连接，以减少桩身位移，改善施工期受力状态，以防止在风、浪、流和土坡滑移及斜桩自重挠曲作用下基桩倾倒或折裂，严禁在已沉入的桩上系缆靠船等。

在沉桩作业期间，为保护已沉好的桩不被碰倒撞断，必须在适当的位置竖立警告牌，设置警示装置，晚上需设置红灯，特别是引桥较长、涨潮时桩顶可能被淹没的码头工地，最好能用岸电设置成串的红灯，在船舶上行、下行两个方向施放浮筒，防止无关船只闯入施工区。

2. 上部结构施工

1)横梁施工

高桩码头为了增强横向排架的整体性，通常不采用现浇桩帽，而是直接在桩上现浇横梁。现浇横梁可发挥横梁的作用，还替代了桩帽的作用，而且使排架内所有的桩能更好地连成整体。所以很多高桩码头的横梁是现浇的。

高桩梁板式码头的现浇横梁的上横梁和下横梁要分开浇筑，先浇筑下横梁，待下横梁强度满足设计要求时，安装纵梁，然后才浇筑上横梁，但上、下横梁的钢筋是一次绑扎成形的。具体施工顺序是：架设底模→安装靠船构件→钢筋绑扎→支立侧模→浇筑下横梁混凝土→拆模→下横梁顶部凿毛→安装纵梁→立上横梁侧模→浇筑上横梁混凝土→拆上横梁模板→上横梁顶部凿毛。

因为下横梁的体积一般比较大，并与靠船构件整体连接一次性现浇完成，其自重和施工荷载全部由底模承受，故底模要有足够的强度和刚度，还要牢固、可靠。模板的支承系统要经过计算确定，并留有一定的安全系数。底模支承系统有夹桩式(围囹木、钢抱箍)、悬吊底模式和悬吊侧、底模式。以悬吊底模式支承系统(图4-43)最为常用，它由夹桩木(为了在开始时放置焊牢的组合槽钢，在用钢筋吊住后，它就不起支承作用)、组合槽钢、反吊螺栓(是在横梁浇筑时将横梁混凝土等荷载传给桩的受力构件，在桩顶上必须与桩上主筋焊牢)、方木格栅、底模板、侧模板、斜撑方木、钢管竖夹条、横夹条、方木内撑和对拉螺栓等组成。松紧反吊螺栓上的螺母可调整底模高程。这种悬吊底模式支承系统,在现浇横梁和重量较大的桩帽时,已广泛替代夹桩式支承系统;拆模时截除螺栓吊杆和双螺母(可重复使用),用水泥砂浆或环氧树脂堵孔。

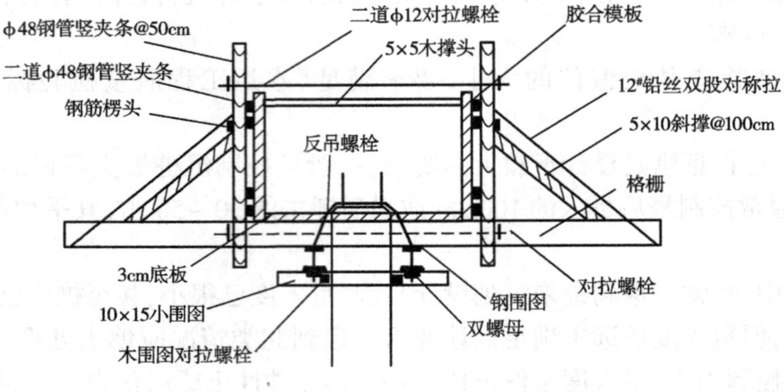

图4-43　悬吊底模支承系统

底模架设完成后,在底模上进行横梁放样,放样必须精准,偏差要在规范允许范围内,以满足纵梁的搁置长度要求,如图4-44。

绑扎钢筋前要对桩头进行处理,高出设计高程的要进行截桩,低于设计高程的要进行接桩,桩头外伸钢筋埋入横梁内的长度要满足设计和规范要求,以保证上部结构与桩基的连接性能。在进行桩顶处理时,桩顶要高出底模一定长度,一般为5cm。

图4-44　横梁底模

底模的架设采取二次抄高程法,即抄好第一次高程(搁栅)后立底模,然后再进行校核(底板)。为防止底模在混凝土浇筑后变形而引起下沉和跨中下垂下沉,底模架设时,顶高程要高于设计高程一定距离;当跨度大于4m时,跨中应该起拱,若设计时未规定,宜为全长跨度的0.2%~0.3%。

下横梁浇筑完成后,顶部要进行凿毛,以确保上下横梁的良好连接。在纵梁安装过程中,难免会有碰撞而使上横梁钢筋变形、偏位,上横梁施工时要进行矫正后方可浇筑。由于纵梁形状复杂,与横梁连接处模板接缝要保证较强的密封性,防止漏浆影响外观质量。有些横梁内部要埋设工艺管线,浇筑前要仔细检查,防止遗漏或偏位。混凝土浇筑时要注意梁的变形,防止横梁产生过大变形或整体下沉影响工程质量。产生变形时要立即处理,如加强支承系统。

2)纵梁施工

为提高码头的装配化程度和施工速度,高桩梁板式码头的纵梁一般采用预制安装形式。预制安装纵梁的施工顺序为:铺设底模→钢筋绑扎→预留孔洞及埋件设置→支立模板→浇筑混凝土→顶部及端部凿毛→纵梁堆存→纵梁运输→纵梁安装。

(1)纵梁的预制。纵梁预制时,由于其形状相对复杂,接缝比较多,预制时要防止漏浆,以免影响纵梁质量。纵梁的外观尺寸要满足设计及规范的要求，过大的偏差将影响纵梁的安装。纵梁钢筋绑扎时，要注意透气孔和预埋件位置，如图4-45a）所示的准确性，其顶部和端部与其他构件连接部位还要凿毛，如图4-45b）所示。

a)

b)

图4-45 纵梁预制

a）纵梁透气孔和预埋件；b）纵梁端部凿毛

由于所处位置不同，纵梁的型号很多，预制时要仔细核对型号，并在成品构件上标注工程名称、构件型号、混凝土浇筑日期和施工编号，以便安装。纵梁吊运时，其混凝土强度必须符合设计要求，如要提前吊运，应经验算确定。若采用绳扣吊运时，其吊点位置偏差不应超过设计规定±200mm；如用钢丝绳捆绑时，为避免钢丝绳损坏构件棱角，吊运时宜用麻袋或模块衬垫。吊运时注意各吊点同时受力，并防止构件产生扭曲，吊绳与构件水平面所成夹角不应小于45°。吊运时要徐徐起落，以免损坏。

纵梁的堆存一般为单层平放，存放地点应平整，不同规格的预制构件应分别存放，并按规定继续养护，以保证混凝土质量。

（2）纵梁的安装（图4-46）。纵梁安装前，应先测设纵梁的安装位置线和高程控制点，并对预制构件的类型编号、外形尺寸、质量、数量、混凝土强度、预留孔、预埋件及吊点等进行复查。为使安装顺利进行，应结合施工情况，选择安装船机和吊索点，编制预制构件装驳和安装顺序

a)

b)

图4-46 纵梁安装

图,按顺序图装驳及安装。纵梁安装前,应保证搁置面平整,且与纵梁紧密接触,如用水泥砂浆找平预制构件搁置面时,不得在砂浆硬化后安装纵梁,且找平厚度宜取10~20mm,超过20mm时应采取措施,并应做到坐浆饱满,安装后略有余浆挤出缝口为准。缝口处不得有空隙,并在接缝处应用砂浆嵌塞密实及勾缝。纵梁安装完毕后,应核对构件编号,检查安装位置,复核高程。当露出的钢筋影响安装时,不得随意割除,并应及时与设计单位研究解决;高程要逐层控制。

3)靠船构件施工

(1)靠船构件预制。靠船构件预制时,由于其形状复杂、重力大、接缝多,支立模板时要牢固密封,以防漏浆和跑模。预埋件和外伸钢筋位置及长度应精确,以便安装水平撑,如图4-47所示。靠船构件吊运时,其混凝土强度必须符合设计要求,如要提前吊运,应经验算确定。吊运时要徐徐起落,以免损坏。不同规格的靠船构件应分别存放,并按规定继续养护,以保证混凝土质量。

a) b)

图4-47 靠船构件预制

(2)靠船构件安装。靠船构件的安装是在横梁底模支设完毕后进行的(图4-48)。靠船构件安装前,应先测设靠船构件的安装位置线和高程控制点;对靠船构件的类型编号、外形尺寸、质量、数量、混凝土强度、预留孔、预埋件及吊点等进行复查;检查支承结构的可靠性,为使安装

a) b)

图4-48 靠船构件安装图

顺利进行，应结合施工情况，选择安装船机和吊索点，编制靠船构件的装驳和安装顺序图，按顺序图装驳及安装。由于靠船构件的重量大、重心靠前，且容易受风浪、水流和船舶碰撞影响，靠船构件安装后不易稳定，应及时采取加撑、加焊等措施，防止构件坠落或偏位。图 4-49 为现浇横梁时，靠船构件的支承情况。在靠船构件与横梁之间的接头（缝）混凝土浇筑牢固前，严禁非施工船舶接近，以免碰倒。

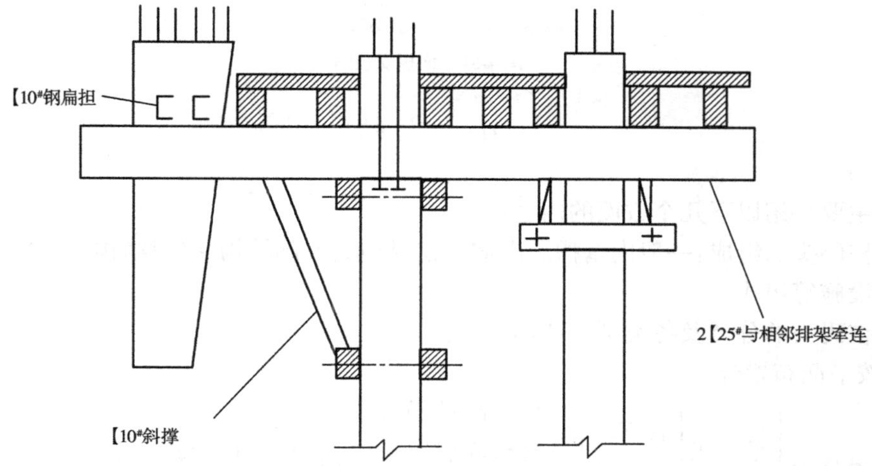

图 4-49　靠船构件支撑结构图

由于靠船构件重心靠前，易发生倾斜，在靠船构件安装时，要预留一定的倾斜度，以便抵消现浇横梁时的变形。靠船构件应伸入现浇横梁中 50mm 以上，且受力钢筋伸入横梁并与横梁顶层钢筋焊牢。安装完毕后，应核对构件编号，检查安装位置，复核高程。

4）面板施工

（1）面板的预制。面板预制一般在预制场进行（图 4-50），其钢筋、模板和混凝土及吊点位置应满足设计要求，支撑应牢固。与纵梁一样，面板的吊运要求与纵梁相同，不作赘述。

a)　　b)

图 4-50　预制场预制面板

(2)面板的安装(图4-51)。面板安装所做的准备工作及安装注意点同纵梁的安装。

图4-51　面板安装图

小　　结

本章主要介绍以下几个方面的内容:

1. 高桩码头的组成:一般由基槽及岸坡开挖、桩基、上部结构、接岸结构与回填、轨道、停靠船与防护设施等组成。

2. 高桩码头的分类及各类型的适用情况:

(1)按平面布置分:

按平面布置分为
- 连片式
  - 满堂式
    - 窄桩台高桩码头
    - 宽桩台高桩码头
  - 引桥式
- 墩式

（以上均为）无接岸结构高桩码头

(2)按上部结构型式分:承台式、梁板式、无梁板式和桁架式。

(3)按桩基材料与型式分:木桩码头、钢筋混凝土方桩码头、预应力钢筋混凝土桩码头、钢管桩码头、大直径管柱桩码头和钻孔桩码头。

(4)按码头与岸衔接的方式分:接岸结构高桩码头、无接岸结构高桩码头。

3. 高桩码头的桩、桩帽、横梁、纵梁、面板和面层、靠船构件、连接与搁置部位的构造。

4. 高桩码头的布置:
- 总体轮廓布置
- 基桩布置
- 上部结构布置

5. 高桩码头单位分部分项工程划分。

6. 高桩码头的施工程序。

7. 高桩码头主要部位的施工方案。

思　考　题

1. 简述高桩码头的特点和适用条件。

2. 高桩码头由哪几部分组成? 各部分的作用如何?

3. 简述高桩码头按上部结构型式分为哪几种? 各自的特点和适用范围如何?

4. 简述高桩码头的施工程序。

5. 高桩码头单位、分部、分项工程的划分依据是什么?

第五章　斜坡码头和浮码头

本章学习提示：

1. 掌握斜坡码头和浮码头的特点、组成、结构型式、使用条件；
2. 熟悉斜坡码头和浮码头的一般构造要求；
3. 了解一般斜坡码头和浮码头的施工程序及控制要点。

古老的码头是在天然岸坡浅水处停泊船只，然后往岸坡上搭跳板，即可进行货物装卸和运送货物上岸。这是简单的码头，使用起来很不方便，装卸效率很低。随着船舶吨位的增大，后来就改进为在岸坡处设置固定的无动力装置的矩形平底船（称为趸船），作为停靠船舶、上下旅客和装卸货物的场所。根据趸船与岸上的联系方式不同，把码头分为斜坡码头和浮码头两种。

第一节　斜坡码头

一、斜坡码头的特点

斜坡码头的趸船是通过斜坡道与岸上联系，趸船一般随水位变化沿斜坡道方向上下移动，是河流上游大水位差河港的主要码头结构型式（图 5-1）。其优点是：结构简单，建造速度快，工程造价低，对水位变化的适应性强。缺点是：当水位变化时，趸船需经常移泊，移泊作业麻烦；此外，由于装卸机械设在趸船上，装卸作业受风浪影响，所以码头通过能力受限。但是，通过技术经济比较表明：对于设计水位差在 17m 以上的通用码头和设计水位差在 8m 以上的进口散货码头，仍以采用斜坡码头为宜。

二、斜坡码头的结构型式

1. 按上下坡运输作业的设备来分

按照上下坡运输作业的设备来分，斜坡码头主要有缆车码头、皮带机码头和汽车下河码头等。缆车码头由趸船、斜坡道、供装载货物（或旅客乘坐）的缆车、牵引缆车沿斜坡道上下移动的缆车系统以及供缆车轮子滚动的轨道等组成，如图 5-1，图 5-2。缆车码头是使用较多的斜坡码头。

皮带机码头由趸船、供运输货物的皮带机和放置皮带机的斜坡道组成，如图 5-3 所示。它适用于装卸散货和大宗小货件（如袋装粮食、化肥水泥等）。

汽车下河码头由趸船和供汽车上下坡行驶的斜坡道路组成。汽车可由岸上沿斜坡道驶到趸船前或开到趸船甲板上装卸货物。斜坡汽车道的坡度一般小于 1∶10。当天然岸坡较陡时，

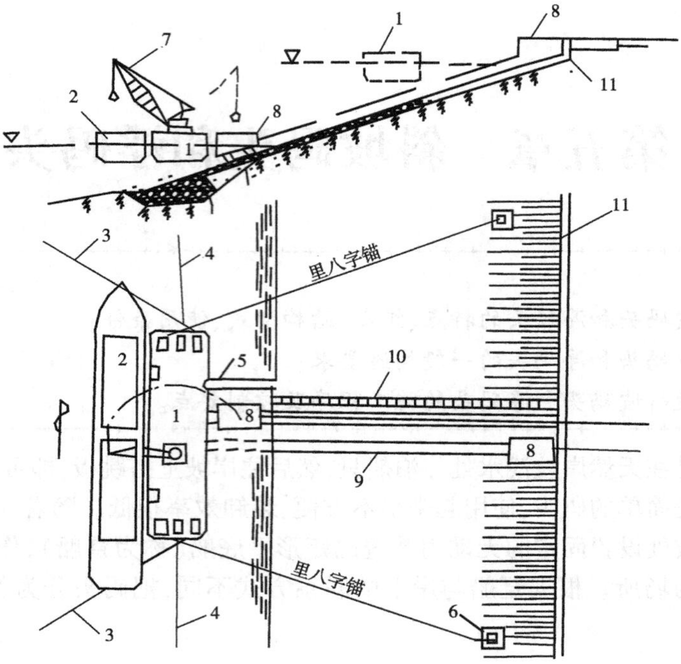

图 5-1　斜坡码头的组成部分

1-趸船;2-驳船;3-外八字锚;4-首、尾领水锚;5-人行便桥;6-系船环;7-吊机;8-缆车;9-缆车轨道;10-人行踏步;11-挡土墙

图 5-2　缆车码头

斜坡道可沿河岸成折线布置。但水位差较大时,在不同高程处布置几个平台,以适应不同水位时的作业,如图 5-4 所示。

2. 按斜坡道结构型式分

斜坡码头结构由坡道、趸船、移动引桥和坡顶挡土墙等组成,如图 5-5 所示。其中斜坡道为斜坡码头的基本结构,其他结构可根据具体需要设置。

图 5-3　皮带机码头

图 5-4　某汽车下河码头

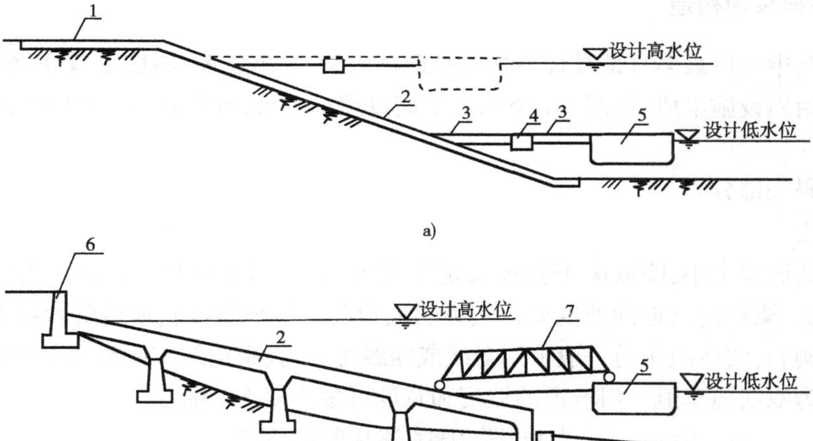

图 5-5　斜坡码头结构示意图

a）实体式；b）架空式

1-坡道（平坡道）；2-坡道（斜坡道）；3-跳板；4-跳趸；5-趸船；6-挡土墙；7-移动钢引桥

斜坡码头按斜坡道结构型式分实体式［图 5-5a）］、架空式［图 5-5b）］或部分实体与部分架空的混合式。

实体斜坡道是利用天然岸坡加以适当修整填筑，再用人工护面而成。它施工简单，造价低。为防止引起港区冲刷或回淤，它的坡面与天然岸坡很接近。因此，当天然岸坡地形起伏不大、坡脚处水深足够时，应优先考虑采用实体斜坡道。

架空斜坡道的结构复杂，造价一般比实体斜坡道高，并且桥面有被漂浮物碰损的危险。但透水性好，对沿岸水流影响小，因此，除流冰地区外，在河岸较陡而河滩平缓的凹形岸坡，或者是在修建实体斜坡可能造成港区回淤的地区，修建架空斜坡是适宜的。实际上，结合具体地形、水文情况和施工条件，这两类形式可以混合使用(图5-6)。

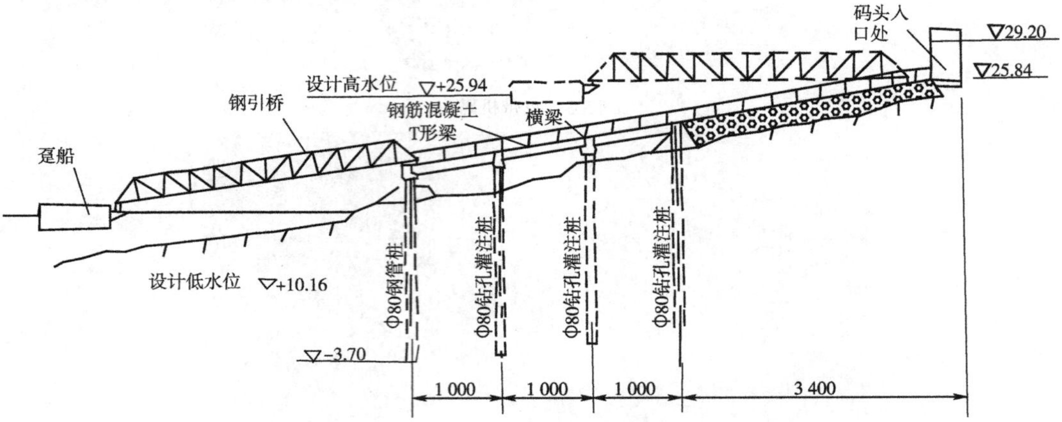

图5-6 混合使用实体和架空斜坡的斜坡码头

三、斜坡码头的构造

斜坡码头中使用最多且最具代表性的是缆车码头，它由趸船、斜坡道、轨道结构、缆车牵引系统和其他附属设施组成，如图5-1所示。下面以缆车码头为例，介绍斜坡码头的构造。

1. 趸船

详见浮码头部分

2. 斜坡道

斜坡道的坡度大小，除取决于斜坡稳定要求外，还与当地地形、装卸工艺要求有密切关系。一般地说，架空斜坡道的坡度要比实体斜坡道陡。斜坡码头斜坡道的宽度主要根据装卸工艺确定。例如，实体缆车道一般采用双线或四线缆车道，架空缆车码头由于结构和经济效益的关系一般为双线缆车道。斜坡道的坡度和宽度可参照表5-1确定。

斜坡码头的斜坡道的坡度和宽度 表5-1

斜坡道名称		坡 度	宽 度(m)
缆车道		陡于1:8	据工艺要求确定
普通带式输送机道		不陡于1:4	据工艺要求确定
重件拖拉道		不陡于1:8	据工艺要求确定
管线道		据自然条件及工艺要求确定	据工艺要求确定
汽车道		不陡于1:10	单车道≥5.0，双车道≥7.0
人行道	货码头	坡道不陡于1:6 踏步陡于1:6	≥0.8
	客码头	坡道不陡于1:7 踏步1:7～1:2	≥3.5

斜坡道根据结构型式可分为实体斜坡道和架空式斜坡道。

(1)实体斜坡道。实体斜坡道由坡身、坡脚和坡顶三部分组成。

①坡身。坡身是实体斜坡道的主体部分,除了能经受水流、波浪的冲刷和作用外,还需承受特种运输车辆的荷载,便于车辆行驶。它由回填料、坡面和倒滤层组成。坡面宜略高出天然地面,其两侧边坡不宜陡于1:2,并应防止坡脚淘刷。坡面结构中施工水位以上,可采用干砌块石、浆砌块石、浆砌条石或混凝土面层等,可根据使用要求和因地制宜的原则选择。砌石面层厚度可为25~40cm,它的结构简单,材料来源方便,造价较低,常在内河中采用。混凝土面层应符合现行行业标准《港口道路、堆场铺面设计与施工规范》(JTJ 296—96)的有关规定,适用于对坡度平整要求较高的情况。坡身回填料应尽量选用透水性好的无黏性材料,如碎石、砂卵石和矿渣等。填料应分层夯实,分层厚度不宜大于30cm。为防止回填料被水流淘刷流失,在护面层与回填料之间应设置倒滤层,一般采用分层倒滤。在施工水位以上宜采用碎石、粗砂或中砂分层铺设,其中碎石层厚度宜为15~20cm,粗砂或中砂层厚度宜为10~15cm。当采用混合倒滤层时,其厚度不宜小40cm。当施工困难时可采用天然级配较好的混合倒滤层,其厚度不宜小于60cm。倒滤层采用土工织物时,应按现行行业标准《水运工程土工合成材料应用技术规范》(JTJ 239—2005)的有关规定执行。在施工水位以下,宜采用块石抛填,当无行车要求时面层宜采用抛埋块石;当有行车要求时,宜采用预制混凝土块、条石铺砌或其他可靠面层结构。受波浪影响的地区应根据波浪条件复核铺面结构。

②坡脚。坡脚处于水下或水位经常变化的部位,它主要承受水流、波浪的动水压力作用。功用是支持坡身和防止水流对地基的淘刷。抛石棱体坡脚是被广泛采用的一种结构型式,分为埋入式[图5-7a)]和突出式[(图5-7b)]两种。当岸坡较陡时宜采用突出式,其顶宽宜大于1.5m,外坡不宜陡于1:1.5。埋入式适用于岸坡地形平缓的情况,其基槽深度不宜不小于1m,底宽不宜小于2m。抛石重量应根据流速、波浪大小和水深由经验确定,一般采用10~100kg。抛石棱体坡脚的特点是稳定性好,施工简单,适用于土质较好的河岸。如果河床土质松软、地下渗流量大,岸坡较陡,可采用低桩承台坡脚。

其他形式的坡脚还有很多,如板桩、木笼、竹笼等,应根据当地地形、地质、流速和施工条件确定。

③坡顶。坡顶是斜坡道与岸衔接部分,对于缆车码头,坡顶一般采用混凝土或砌石挡土墙,并在路上埋有固定缆绳用的耳环(图5-8),在计算此挡土墙时应考虑缆绳对它的水平拉力。挡土墙应根据地形和地基情况设变形缝,非岩石地基缝距宜为10~15m,岩石地基缝距可适当增大。有缆绳沟通过坡顶挡土墙时,宜将坡顶挡土墙断面局部放大,作为安设立式转向滑轮的基础。坡顶挡土墙置于堤防范围内时,挡土墙底部和背后不得采用透水性材料作为垫层和回填料。

(2)架空斜坡道。架空斜坡道由墩台和上部结构组成。

①墩台。墩台的结构型式主要有重力式(图5-9)和桩柱式(图5-10)两种。

重力式墩台一般适用于岩基或其他较好的土基。有浆砌块石(或条石)和混凝土墩台两种。

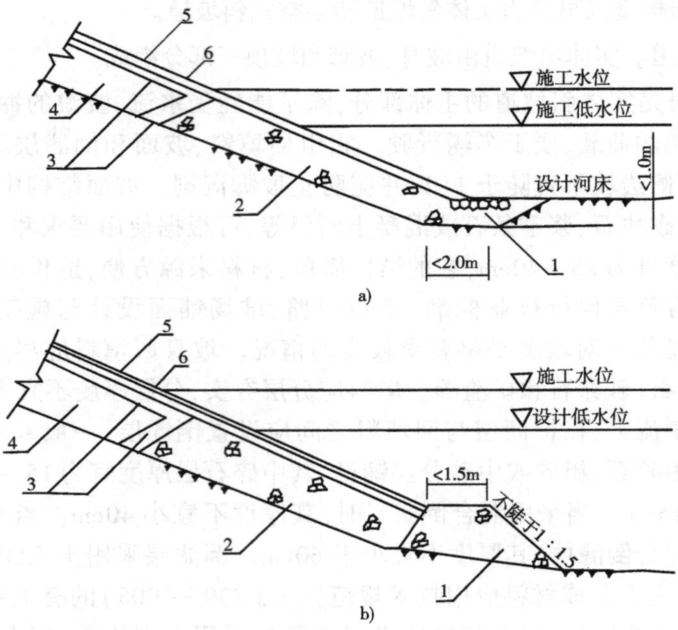

图 5-7 抛石棱体

a）埋入式；b）突出式

1-抛石棱体；2-抛石基床；3-倒滤层；4-陆上回填料；5-钢轨；6-轨枕

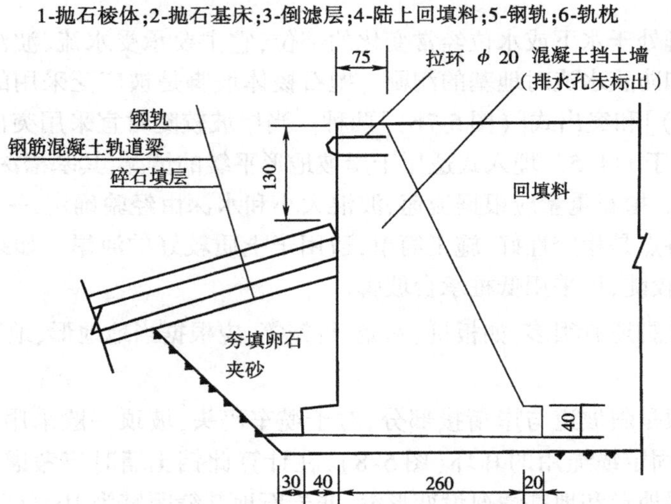

图 5-8 坡顶结构图（尺寸单位：cm）

施工水位以上的墩身通常采用浆砌块石（条石）。石料应选用新鲜无裂隙的硬质岩石，极限抗压强度不得小于 30MPa，砌筑砂浆标号不宜低于 M7.5。施工水位以下的墩身，一般采用在抛石基床上安砌预制混凝土方块的形式。当起重机起重量较小时，也可采用钢筋混凝土箱形模板灌注水下混凝土。重力式墩台的端面宜采用圆端形或尖端形，以减小水流阻力。当墩身较高时，可做成上小下大的锥体形，其侧面坡度一般为 20∶1～25∶1。混凝土墩帽的厚度应满足支座锚固要求,且不宜小于 40cm,并按构造要求配置钢筋,其顶面宜设排水坡[图 5-9a)、b)]。

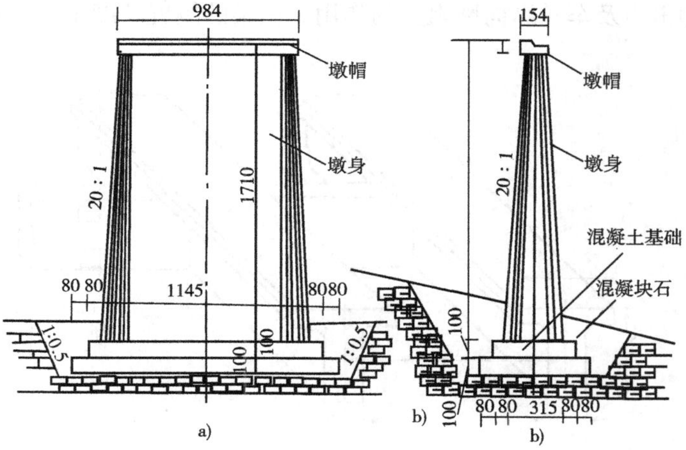

图 5-9　重力式墩台(尺寸单位:cm)

a)顺岸方向断面; b)垂直岸方向断面

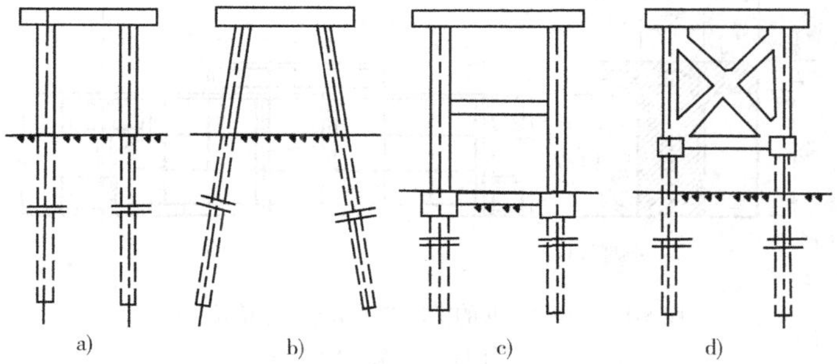

图 5-10　双桩式墩台

a)直桩式;b)斜桩式;c)框架式;d)桁架式

桩柱式墩台一般在软弱地基处采用,通常为钢筋混凝土结构。桩柱式墩台分为单桩柱式和双桩柱式两种。当缆车码头的桥面较宽时,宜采用双柱排架墩台,其型式有直桩式、斜桩式、框架式、桁架式等(图 5-10)。当桩柱的计算高度大于桩柱间距的 1.5 倍时,应设联系梁或斜撑。

选用重力式桥台和桥墩时,应按现行行业标准《公路钢筋混凝土及预应力混凝土桥涵设计规范》(JTG D62—2004)和《公路圬工桥涵设计规范》(JTG D61—2005)的规定执行。选用桩基结构的桥台和桥墩时,应按现行行业标推《高桩码头设计与施工规范》(JTS 167—1—2010)及《港口工程桩基规范》(JTJ 254—98)的有关规定执行。

②上部结构。架空斜坡道的上部结构一般采用钢筋混凝土梁板结构或钢桁架结构。

钢筋混凝土梁板结构多采用装配式,它的主要优点是施工方便、耐久性好以及维修工作量小;缺点是自重大,跨度较小。目前采用的梁跨大多小于 15m。在施工条件允许时,最好采用大跨度预应力钢筋混凝土结构。纵梁的断面通常为 T 形或矩形。为增加上部结构的横向整体性,纵梁之间用横向联系梁连接起来(图5-11),联系梁的间距一般取3～5m。纵梁支座底部面宜做成水平的,这样做不仅安装方便平稳,而且可以消除因为梁自重产生的纵向水平力、忽略缆车的纵向冲击力及车轮纵向摩阻力的作用。纵梁的搁置长度水上不小于20cm,水下不小于25cm。

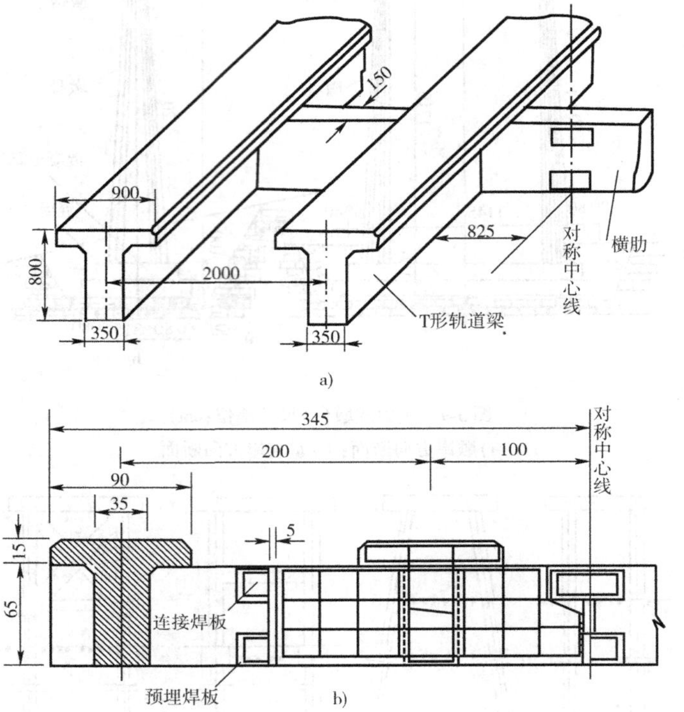

图5-11 纵梁之间的横向联系梁(尺寸单位:cm)
a)透视图;b)联系梁构造图

钢桁架结构的优点是重量轻强度高,可采用大跨度,目前多采用24～35m。其缺点是维修工作量大和造价高。一般只在地质和施工条件受限制时采用。

架空缆车码头的上部结构支承在墩台上,一般为简支结构,其内力按一般结构力学方法计算,取支座中心线之间的水平距离作为上部结构的计算跨度。

架空斜坡道和引桥应设置防护栏杆,并宜考虑防腐措施。

此外,对车、客流量较大的车客渡码头,斜坡道中间宜设置分隔设施。

3. 轨道结构

轨道结构包括钢轨、轨道基础等。

(1)钢轨。钢轨直接承受缆车的轮压力,其型号根据轮压力的大小按表5-2选用。

缆车、皮带机、移动钢引桥的钢轨类型 表5-2

设备名称	缆车载重量(t)					皮带车	移动钢引桥
	3	5	8或10	15或20	25或30		
钢轨类型(kg/m)	8～15	15～18	18～24	24～28	≥38	12～15	≥24

(2)轨道基础。实体斜坡道的轨道基础可采用轨枕道砟基础或钢筋混凝土轨道梁；架空斜坡道的轨道基础采用架空结构。

轨枕道砟基础(图5-12)应用比较广泛，它的特点是结构简单，施工容易，造价低，能较方便地调整轨道的不均匀沉降；但该结构抵抗横向力的能力差，轨枕容易移位。

钢筋混凝土轨道梁(图5-12)的特点是刚度大，轨距不易改变，轨顶不易变形。实体斜坡码头的轨枕宜采用钢筋混凝土轨枕。施工水位以上可采用横轨或纵轨；施工水位以下宜采用预制纵轨枕。横轨枕的间距应根据轮压力大小确定，一般为0.5~0.7m。当采用短轨枕时，每隔3~5m应设一长轨枕或联系构件以保证钢轨在平面上的相对位置。钢筋混凝土纵轨枕的分段长度宜为8~25m，纵轨枕之间应设横撑，其间距宜为3~5m，必要时纵轨枕端部可局部加宽，下设垫板或端横梁。轨枕应嵌固稳定。施工水位以上可采用块石或其他铺面块体嵌固；施工水位以下宜采用抛埋块石或袋装混凝土嵌固。

轨枕道砟基础和钢筋混凝土轨道梁适用于较好的地基，架空结构一般适用于软基或天然岸坡较陡的情况。

实体斜坡码头的轨枕下应设碎石基床，其厚度由计算确定。当轨枕基础下为软弱地基时，应采取地基加固措施；当轨枕下为全岩基时，轨枕可直接设在用混凝土或砂浆找平的岩面上。

在冰冻地区，轨枕基础设计时应考虑冻结深度。

4. 缆车和牵引

(1)缆车。缆车是缆车码头货物或旅客上下坡的运输工具，一般为钢结构，主要由钢面板、车架、轮轴、联结器等组成，如图5-13所示。缆车按载重量一般划分为轻型缆车(3~5t)、中型缆车(5~15t)和重型缆车(20t以上)。

缆车的轮数和轮距直接影响轮压力的大小及其分布。

我国的缆车码头大多数采用轻型和中型缆车；一般为四个轮子，轨距1.5~2.5m，轮距3.5~5.5m；一般为刚性支承，其结构比较简单；重型缆车有多个轮子(多于4个)，为使轮压力分布均匀，在车轮与车架连接处安设橡胶垫或弹簧，形成弹性支承。

缆车的载重量、台面尺寸和轮压等参数应根据货物的单件重量、外形尺寸、装卸机械类型和轨道坡度等来选择。

(2)缆车系统的平面布置。缆车码头的装卸工艺目前采用流动运输机械直接上缆车的方式。根据缆车与陆域的连接方式，缆车有直式布置和侧式布置两种(图5-14)，多采用直式布置。直式布置：流动运输机械从缆车正面端进出，布置紧凑，占陆域的作业面小，适用于小型流动运输机械上缆车。侧式布置：运输机械从缆车两侧进出，占有前方作业地带面积较大，但操作方便安全，较适合运输长大件的汽车和拖头平板车上缆车。

牵引缆绳一般从地面下通过，应设缆绳沟。缆绳沟的布置与卷扬机房的布置有关。为减少钢丝绳的磨损，卷扬机前的一个滑轮到绞车卷筒中心的距离一般为卷筒长度的20倍，以保证卷筒中心线与钢丝绳的最大夹角不超过15°[图5-15a)]；此外，应尽量减少钢丝绳的转向次数，转向角不应小于90°，并在斜坡轨道中间设置可拆卸的缆绳托辊。缆绳沟一般采用浆砌块石、混凝土或钢筋混凝土结构[图5-15b)]，净空尺寸不宜小于40cm×40cm，靠近卷扬机处的缆绳沟宽度应适当加大。在坡顶处还应设防滑制动装置，以保证缆车安全工作。

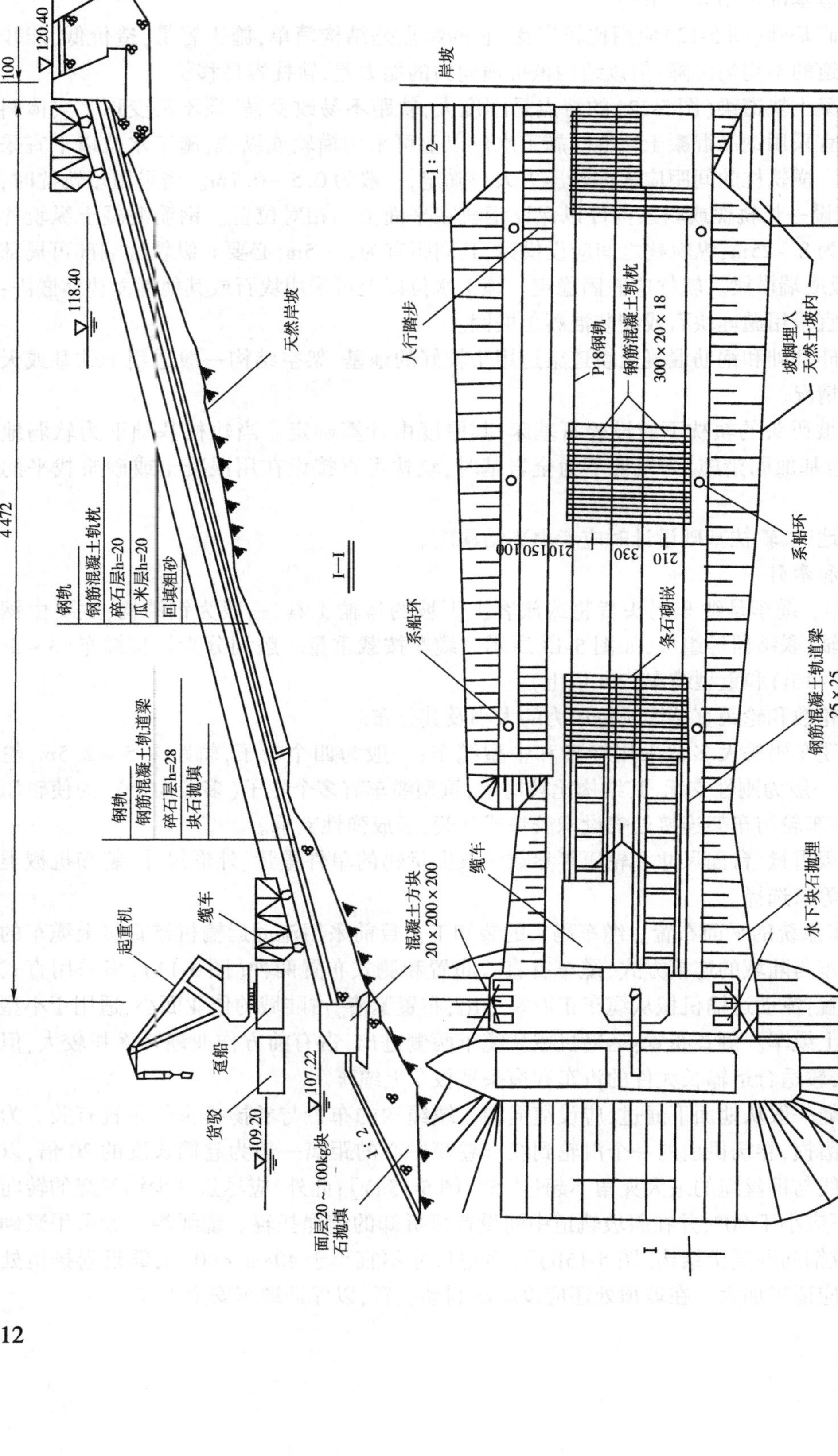

图5-12 实体斜坡码头(尺寸单位:cm)

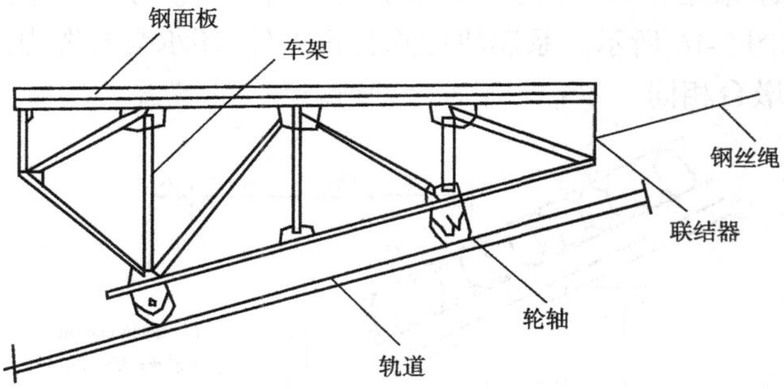

图 5-13　缆车结构组成图

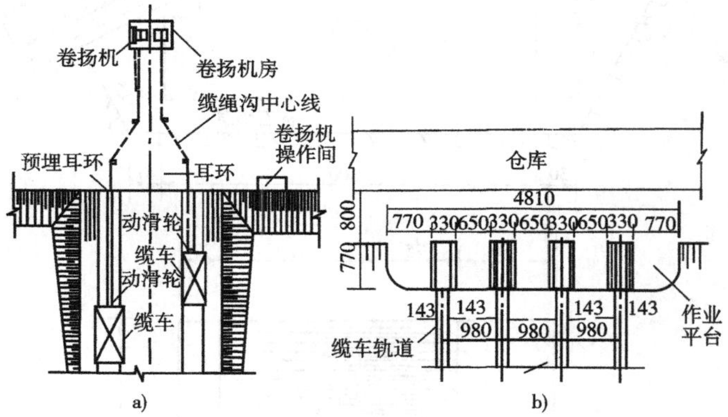

图 5-14　缆车的布置(尺寸单位:cm)

a)直式布置;b)侧式布置

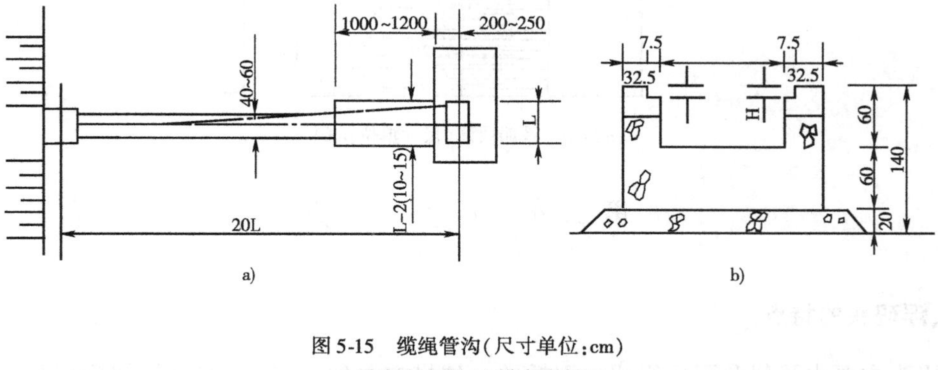

图 5-15　缆绳管沟(尺寸单位:cm)

a)缆车沟布置;b)缆车沟断面

5. *附属设施*

缆车码头的其他附属设施包括人行道、系船设施等。

人行道的坡度和宽度见表 5-1。人行道踏步一般高 12 ~ 15cm,宽 25 ~ 30cm。如斜坡道很长,台阶很多,则每隔 3.0m 左右,应设置宽度不小于 1.0 ~ 1.5m 的休息平台。

系船设施通常采用系船环和系船柱,主要用于固定趸船。沿岸线方向间距一般采用 15 ~

25cm,沿岸坡方向间距采用 4 ~ 8m,且宜对称于缆车道布置。系船环或系船柱固定在系船块体(又叫地牛)上,如图 5-16 所示。系船块体除自重力外,还承受系缆力、主动土压力和被动土压力,其验算内容与墩台相同。

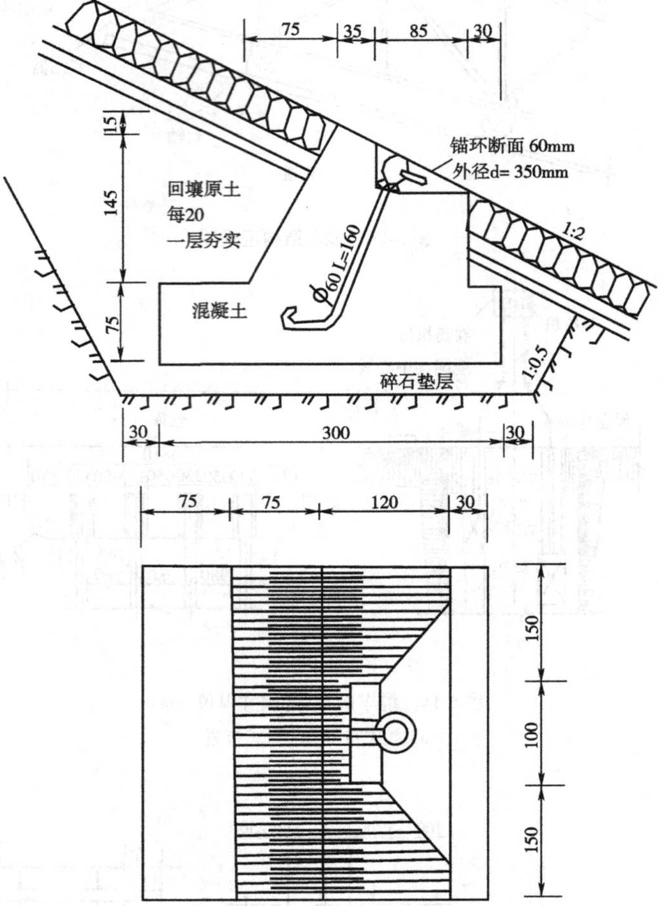

图 5-16　系船块体(尺寸单位:cm)

第二节　浮　码　头

一、浮码头的特点

浮码头主要由趸船和引桥组成。引桥的一端搭在趸船上,另一端直接架到岸顶上。装卸货物是在趸船上进行,并通过引桥与岸上联系,在水位变化时,趸船只在原位置升降,如图 5-17 所示。

浮码头适用于水位变幅较小的情况,在河港和海港中都被采用。由于受到装卸作业在趸船上进行和流动机械在引桥上运行不便等条件的限制,所以件杂货码头很少采用浮码头。对于不受此条件限制的渔港码头和客运码头常采用它。在内河油码头中,由于用油管装卸船,只用浮码头也很方便。浮码头允许引桥有较大的坡度,必要时,还可以加设固定引桥来增大趸船前的水深,以停靠较大吨位的油船。浮码头的优点是:设备简单,工程造价较低,机动灵活,需要时还可以搬迁移位。

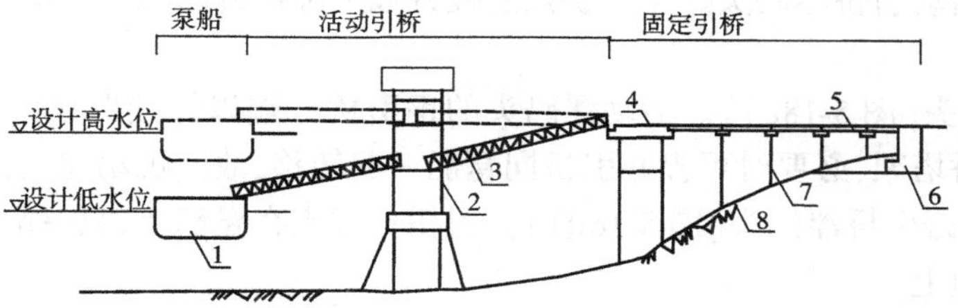

图 5-17 浮码头结构示意图

1-趸船;2-升降架;3-活动钢引桥;4-钢引桥支承墩;5-引桥梁板;6-桥台;7-引桥墩;8-原地面线

二、浮码头的结构型式

河港和河口港中的浮码头和趸船一般都是顺岸布置,趸船可单个设置,形成独立的浮码头,也可用联桥连接相邻的趸船,形成连片式浮码头。

浮码头通常由趸船、趸船的锚系和支撑设施、引桥及护岸四部分组成(图 5-18)。由于趸船需随水位变化而升降,所以趸船、锚链、撑杆和引桥在使用过程中均是活动的,这是浮码头与固定式码头显著不同的特点。引桥最外一跨是活动引桥,其余向岸各跨可以是活动的也可以是固定的。活动引桥一端搁置在趸船上,另一端搁置在陆域的桥台上,或者搁置在引桥的端墩上。

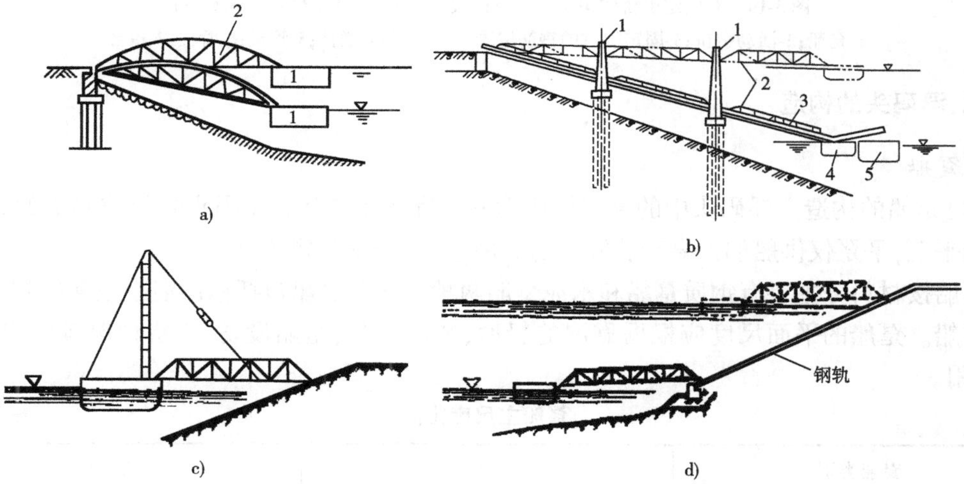

图 5-18 浮码头型式

a)单跨活动引桥浮码头;b)多跨活动引桥浮码头;c)活动浮码头;d)滚动式单跨引桥浮码头

1-升降架;2-钢引桥;3-带式输送机;4-趸船;5-货趸

根据趸船与陆域的连接方式,浮码头有以下几种型式:

(1)单跨活动引桥浮码头[图5-18a)]。它适合于水位差不大、岸坡较陡的地区。若岸坡平缓,则需加筑固定引桥,如图5-19所示。

(2)多跨活动引桥浮码头[图5-18b)]。当水位差较大而岸坡平缓时,可采用由几段活动引桥组成的多跨活动引桥浮码头。每个桥段的提升或下降由升降架上的电动或人力升降装置来进行。

(3)活动浮码头[图5-18c)]。活动浮码头的钢引桥一端以铰接形式固定在趸船上,在趸船上设有固定引桥塔架,必要时可提起引桥同趸船一起转移,故其机动性大,可用作战备码头。

(4)滚动式单跨引桥浮码头[图5-18d)]。引桥一端支在趸船上,只一端装有滚轮,搁置在固定斜坡道的轨道上。

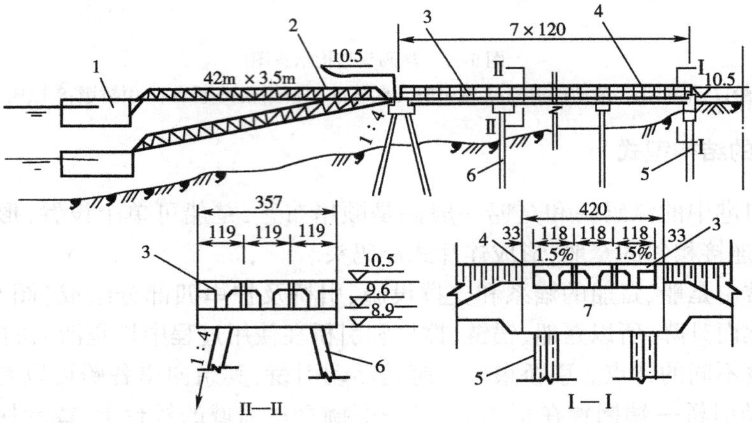

图5-19　有固定引桥的单跨活动引桥式浮码头(尺寸单位:cm;高程:m)

1-趸船;2-活动引桥;3-固定引桥的钢筋混凝土T型梁;4-栏杆;5-管桩;6-管柱;7-桥台

三、浮码头的构造

1.趸船

(1)趸船的构造。浮码头中的趸船按用途分为货趸和平趸。浮码头和斜坡码头的趸船一般选用平趸,平趸仅供船舶停靠和装卸货物之用,一般安设有装卸机械。

趸船按材料分主要有钢质趸船和水泥趸船两种。水泥趸船包括钢筋混凝土趸船和钢丝网水泥趸船。趸船的平面尺度应根据靠泊的船型、装卸工艺、趸船设备、堆货情况等因素,按表5-3选用。

趸船主尺度比值　　表5-3

趸船类别	L/D	B/D
钢质趸船	≤45(35)	≤7(6.5)
钢筋混凝土趸船	≤30	≤5

注:①表中L为趸船长度(m),B为趸船宽度(m),D为趸船型深(m);

②甲板下装载干货的钢质趸船采用括号中数值。

趸船应有纵、横隔舱板，将船体分成若干个水密舱，以防个别舱漏水后造成趸船沉没。趸船上的设备有护木、系船柱（带缆桩）、导缆钳、锚链筒、绞盘、环扣、舱口、通风筒、引桥的支座等，还可有撑杆的支座、起重吊杆或皮带机的支座、水电设施、灯杆、栏杆等。

（2）系留方式。趸船的系留方式主要有锚链和锚系留、撑杆系统系留和定位墩（桩）系留三种，应根据当地的自然条件和地区经验选择。趸船距岸较远或水位差较大时，考虑水位变化过程中移泊的要求，一般采用锚链和锚系留［图 5-20a）、b）］。当靠泊船舶较大且工艺使用上

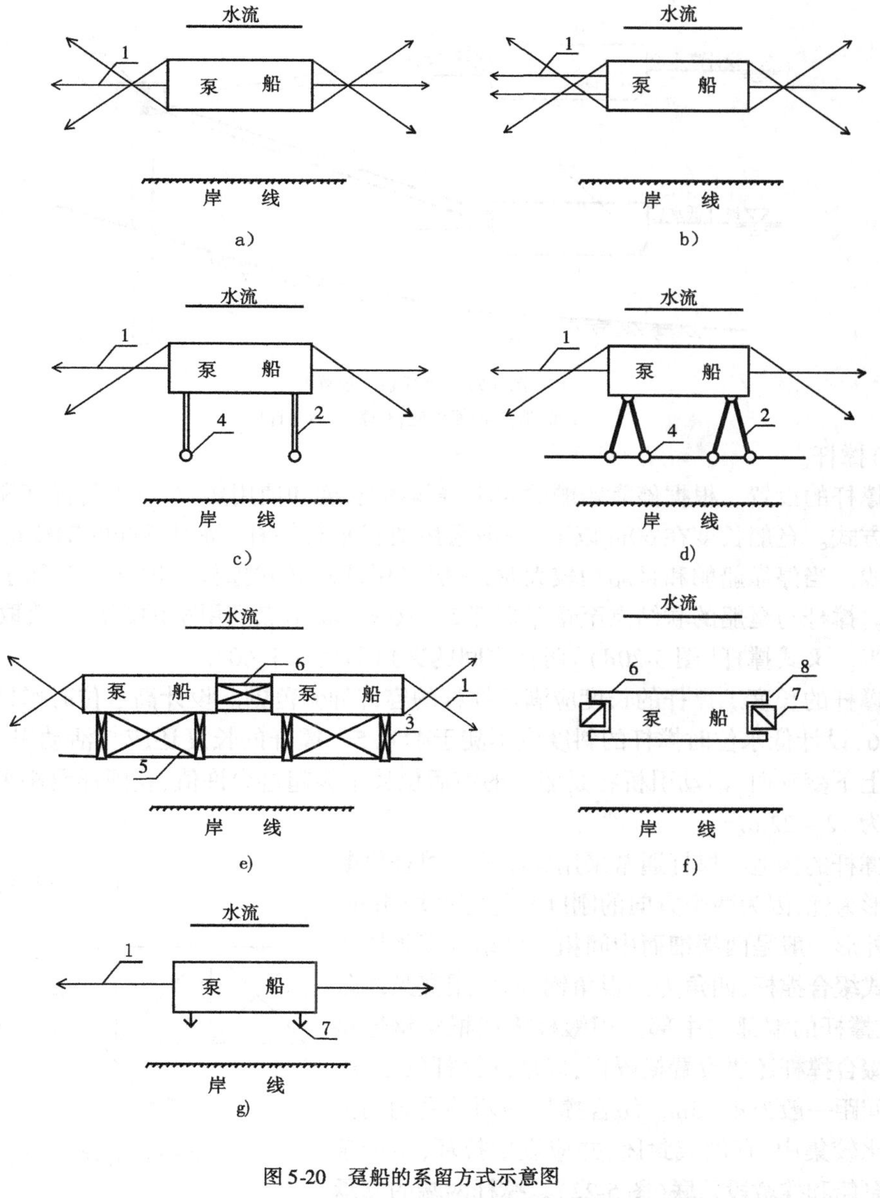

图 5-20　趸船的系留方式示意图

1-锚链；2-撑杆；3-钢引桥兼撑杆；4-撑杆墩；5-十字链；6-联桥；7-定位墩；8-消能设施

不允许趸船有较大位移、或者不允许抛锚的水域，可以采用撑杆系统系留趸船，也可以采用撑杆和锚链组合的方式[图 5-20c)、d)、e)]，近年来有较多工程采用定位墩(桩)系留趸船[图 5-20f)、g)]，是一种新的系留方式。

2. 锚链系统

锚和锚链是与趸船配套的，一般不需计算。但某些特殊情况下，需验算锚重和锚链直径。

3. 撑杆、撑墩和升降架

撑杆系统，如图 5-21 所示。

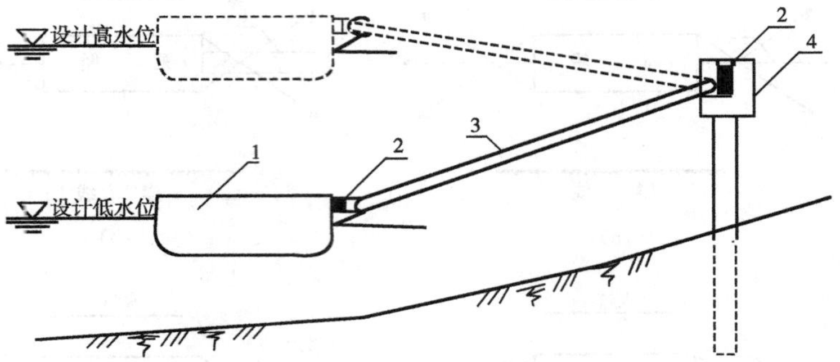

图 5-21　撑杆系统示意图

1-趸船；2-消能设施；3-撑杆；4-撑杆墩

(1)撑杆。

①撑杆的设置。根据停靠船舶的大小、趸船的长度和使用要求，有平行撑杆和叉式撑杆两种设置方式。趸船长度在 60m 以下，一般采用两根平行撑杆，每根撑杆的轴线应垂直于趸船的内舷线。当停靠船舶和趸船均较大时，一般采用两对叉式撑杆。撑杆要对称于趸船的中心线设置。撑杆与趸船的联结点至趸船端部 5 ~ 10m。联结点到甲板的距离大致取趸船干舷高度的一半。叉式撑杆[图 5-20d)]两杆之间的夹角不宜大于 60°。

②撑杆的长度。撑杆的长度应满足撑杆的容许仰俯范围。设计高水位时撑杆的斜度应不陡于 1:6，设计低水位时撑杆的斜度应不陡于 1:4.5。撑杆的长度还应与活动引桥相协调，即当水位上下变动时，活动引桥在趸船上的前后位移不能超过允许值，我国浮码头采用的撑杆长度一般为 12 ~ 22m。

③撑杆的构造。撑杆通常采用钢结构。撑杆横断面以方形为优，因为两个方向的刚度与稳定性均相同。撑杆的外形一般是两端细而中间粗。该结构多采用菱形空腹式缀合撑杆，四角为四根角钢，四周用交叉线条连接；在撑杆的端部与中部要用缀板将四根角钢连接起来。缀合撑杆还要设置横隔板，以增加撑杆的刚度。横隔板间距一般为 4 ~ 5m。缀合撑杆的两端受到的撞击能量比较集中，宜做成封闭，并应设置拉环，用链条分别与趸船和撑墩段系联(图 5-22)。撑杆两端的支承点可以采用自由搁置或球铰等形式。对于靠泊大型船舶的浮码头，因为船舶的撞击力大，除采用

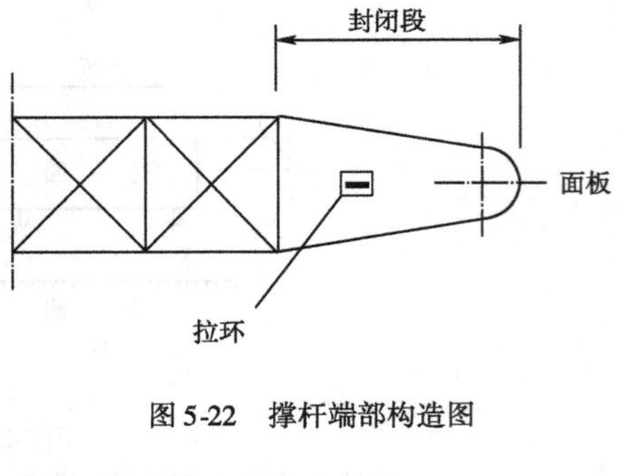

图 5-22　撑杆端部构造图

叉式撑杆外，通常还在撑杆末端设置悬重消能块体，以抵消靠船时产生的撞击能量。

(2)撑墩。撑墩可根据当地的地质及水流条件采用重力墩结构或桩式结构。当趸船与岸距离较远时，通常设置独立的撑墩；在河口港与海港，浮码头后方多建有驳岸，又因水位差小，多采用单跨活动引桥，不设独立的撑墩，引桥直接与驳岸连接。

(3)升降架。活动钢引桥升降架由基础结构、升降架结构和提升设施三部分组成(图5-23)。

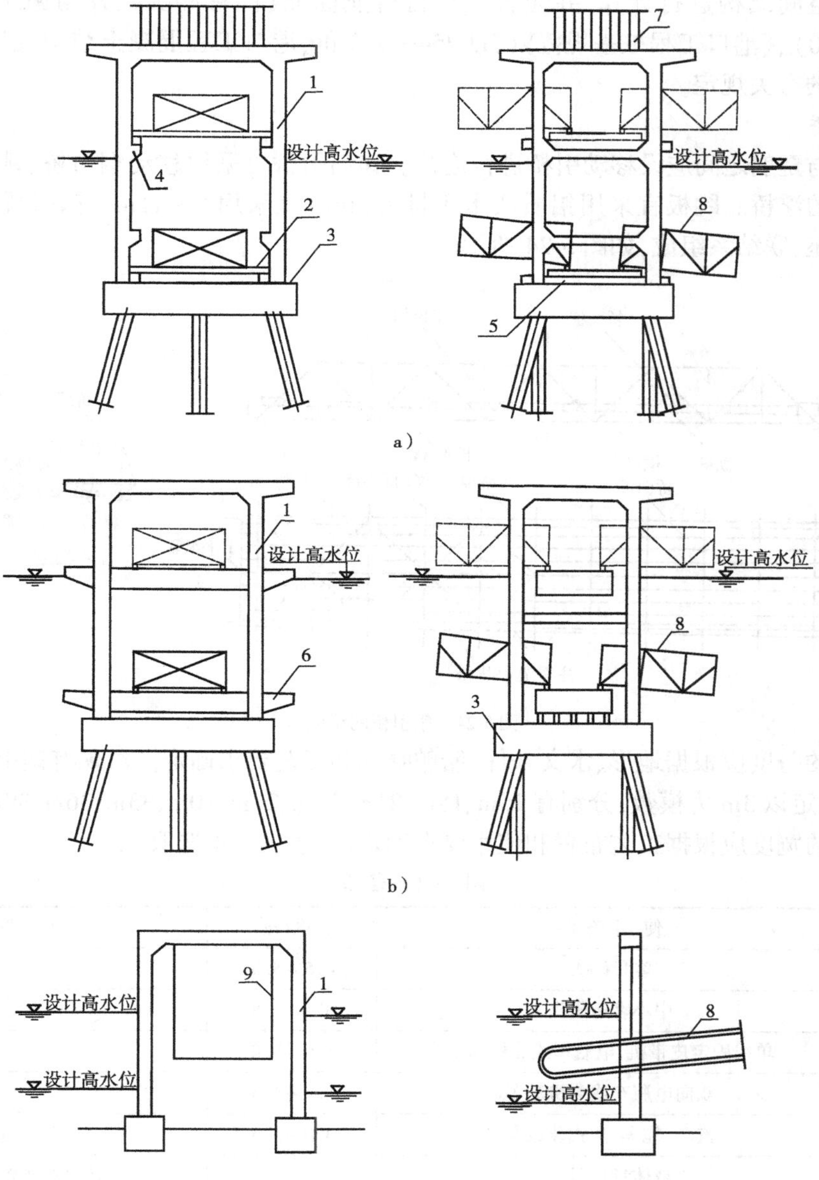

图5-23　升降架结构示意图

a)托板提升结构；b)浮趸提升结构；c)液压提升结构

1-升降架结构；2-托板；3-基础结构；4-支承牛腿；5-搁置横梁；6-浮趸；7-卷扬机房；8-活动钢引桥；9-液压装置

升降架基础有重力式和桩式两种,工程中一般采用桩式结构,此时基桩承台的厚度可根据计算确定,但不宜小于1 000mm。钢引桥升降工艺主要采用了托板提升系统、浮趸提升系统和液压提升系统。采用浮趸式提升设施时,基桩承台顶面应设垫墩并预留安放千斤顶的位置。采用托板式提升设施时,升降架立柱上应设多级支承牛腿。牛腿的数量应根据码头区全年水位差及水位变化情况、钢引桥的允许坡度等确定,牛腿与牛腿之间的高差宜取3~5m。钢筋混凝土升降架可按空间结构进行计算,并应符合现行行业标准《高桩码头设计与施工规范》(JTS 167—1—2010)、《港口工程桩基规范》(JTJ 254—98)和《港口工程混凝土结构设计规范》(JTJ 267—98)等的有关规定。

4.钢引桥

斜坡道与趸船之间应设移动引桥进行连接。移动引桥可采用移动钢引桥、跳板或钢联桥与跳趸组成的浮桥。跳板宜采用铝质或木质材料,长度宜采用8~11m。钢引桥主要由桥面系、主梁、支座、联结系组成,如图5-24所示。

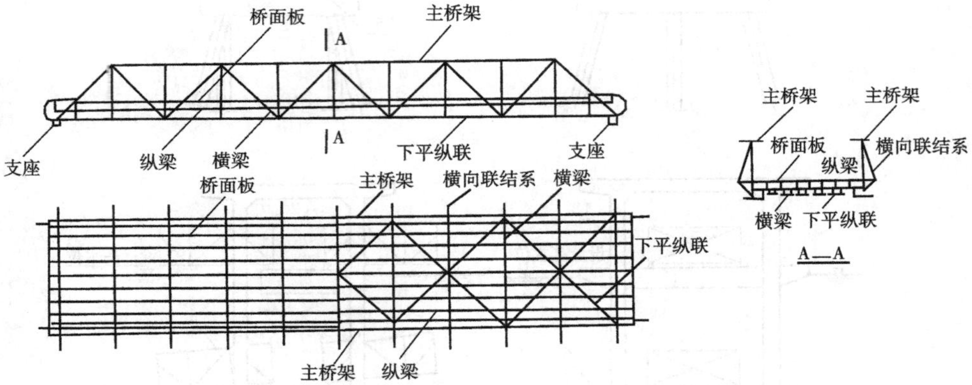

图5-24 钢引桥的组成

钢引桥的跨度应根据地形、水文条件、船舶吃水和工艺要求确定。对现有钢引桥的定型设计,其系列规定以3m为模数,分别有15m、18m、21m、24m、27m、30m、33m、36m、39m、42m等。

钢引桥的宽度应根据工艺布置和使用要求确定,可按表5-4选取。

钢引桥宽度　表5-4

序号	使用条件	宽度(m)	说明
1	客货码头	4.5~5.5	
2	中小客运码头	3.5~4.5	
3	单线固定皮带机、电瓶车或非机动车	3.0~4.0	
4	双向电瓶车或非机动车	3.5~4.5	
5	汽车、拖车、叉式装载车	4.0~5.5	单车道
6	液体货运码头		按管线布置确定

钢引桥宜采用平行弦桁架或空腹桁架结构,也可采用实腹板梁式结构。主梁的高跨比宜在下列范围内选用:

(1)平行弦桁架为1/18~1/15。

(2)空腹桁架为1/10～1/6。

(3)实腹板梁为1/18～1/12。

钢引桥在正常使用极限状态下计算挠度的限值应符合下列规定：

(1)桁架式桥应小于或等于计算跨度的1/600。

(2)实腹板梁式桥应小于或等于计算跨度的1/400。

桥面系纵横梁的计算挠度不应超过纵横计算跨度的1/250。

钢引桥的结构设计应符合现行行业标准《港口工程钢结构设计规范》(JTJ 283—99)的有关规定。钢引桥不宜直接承受船舶荷载，当需要受船舶荷载时，应验算结构的强度、稳定性和变形。

小　结

1. 斜坡码头的优点是：结构简单，建造速度快，工程造价低，对水位变化的适应性强。主要缺点是：当水位变化时，趸船需经常移泊，移泊作业麻烦；此外，由于装卸机械设在趸船上，装卸作业受风浪影响，所以码头通过能力受限。

2. 斜坡码头按照上下坡运输作业的设备来分，可分为缆车码头、皮带机码头和汽车下河码头等。

3. 斜坡码头按斜坡道结构型式分为实体式、架空式或部分实体与部分架空的混合式。

4. 斜坡码头中使用最多且最具代表性的是缆车码头，它由趸船、斜坡道、轨道结构、缆车牵引系统和其他附属设施组成。

5. 浮码头的优点是：设备简单，工程造价较低，机动灵活，如有需要还可以搬迁移位。

6. 根据趸船与陆域的连接方式，浮码头有单跨活动引桥浮码头、多跨活动引桥浮码头、活动浮码头、滚动式单跨引桥浮码头。

7. 浮码头由趸船、锚链系统、撑杆、撑趸、升降架和钢引桥等部分组成。

思 考 题

1. 简述斜坡码头和浮码头的特点。

2. 斜坡码头和浮码头有哪些结构型式？各有什么特点？分别适用于什么条件？

3. 实体斜坡道和架空斜坡道分别由哪些部分组成？其作用是什么？

4. 简述实体斜坡码头的一般施工流程。

第六章　码头附属设施

本章学习提示：

1. 熟悉各种防冲设备的特点和适用情况；
2. 熟悉常见系船设备的构造及适用情况；
3. 熟悉其他附属设施的构造；
4. 了解橡胶护舷的性能、选型、布置与安装。

码头是供船舶停靠和进行装卸作业的水上建筑物。为了船舶的安全系靠和码头的安全，需设置防冲设备和系船设备；为了各种装卸作业的需要，需设置轨道、车挡、锚碇、顶升等设施；港务管理部门为了给船舶提供水、电、气等服务，需设置管沟；为了检查维修码头需设置爬梯等，这些设备和设施统称为码头设备。虽然这些设备和设施对整体结构没有大的影响，但对于安全、有效地使用码头却是必不可少的，本章将对一些常用的附属设施进行介绍。

第一节　防冲设备

船舶靠泊码头时会产生很大的撞击力和挤靠力，系泊在码头上的船舶在风、浪作用下也会产生较大的撞击力和挤靠力，为了保证船舶和码头的安全，常采用木护舷、橡胶护舷、轮胎护舷、聚氨酯护舷和钢护舷来吸收船舶撞击能，此时产生的反力较小。此外，还有防冲桩和防冲簇桩，以及一些特殊的防冲设备，如重力式和液压式等防冲设备。

早期常用护木作为防冲设备，其造价低，结构简单，与船体的摩擦力较小。但护木吸能量低；弹性差，船舶撞击时产生的反力大；强度低，在船舶碰撞时很易损坏；使用寿命短，在海港码头，海虫蛀木相当严重，有的地区，使用两年即被海虫蛀空；同时易腐烂，维修工作量大，需耗用大量木材。适用于木材来源充足的地区或 1 000 吨级以下的小型码头。随着船舶的大型化，护木已不能适应现代码头的使用要求，现多被橡胶护舷所代替。

橡胶护舷在船舶碰撞中吸收能量多；弹性好，在船舶碰撞中反力小；强度较高；不易腐蚀，使用寿命较长，一般使用年限可达 10 年以上；可实现在工厂批量生产及产品规格系列化；易于安装；维修工作量较小，但造价比护木高；与船体的摩擦系数比护木大，为了降低此摩擦系数，可在表面覆盖一层聚氢基甲酸乙酯或设防冲板加尼龙，也可用聚氨基甲酸乙酯镶面层；耐油性差，必要时可在外面涂氯丁橡胶层。橡胶护舷适用于任何形式、任何吨级的码头。

钢护舷结构简单，制作方便，强度较高。但易锈蚀，在船舶碰撞中易产生永久变形，在船舶碰撞中反力较大，声响大。钢护舷适用于特定条件下的码头。

一、橡胶护舷

1. 橡胶护舷的种类

橡胶护舷的种类很多(图6-1),按吸收能量的方式可分为压缩型、充气型、转动型和剪切型等。压缩型橡胶护舷利用护舷本体的压缩变形吸收船舶的有效撞击能量,应用最为广泛,常用的有圆筒形(CY)、半圆形(D)、超级拱形(SA)、超级鼓形(SC)等。充气型橡胶护舷则利用压缩空气作缓冲介质以吸收船舶的撞击能量,主要适用于外海过驳和大型码头,常用的有悬挂式和固定式两种。充气型橡胶护舷构造复杂,需经常充气,保养维修麻烦且还易漏气,故相对应用较少。转动压缩型护舷利用船舶压缩护舷变形吸收能力的同时,还可以改变船舶压缩方

图6-1　各种橡胶护舷简图

向,达到减少撞击力的目的,该类型护舷主要用于船坞和码头转角处,应用较少。漂浮形和剪切型的橡胶护舷应用更少,本节主要介绍几种常用的压缩型橡胶护舷。

(1)圆筒形(CY)橡胶护舷。此类护舷为中空的橡胶护舷,如图6-2所示。一般内孔的直径d是外圆直径D的1/2,规格表示为CY $\varphi\times\varphi\times L$(外径×内径×长度),常见规格由$\varphi$150×75mm至$\varphi$1 600×800mm,长度为500~5 500mm。圆筒形橡胶护舷一般采用铁棒和铁链吊挂,常用在码头上部结构的前沿。多采用横挂,根据需要也可采用竖挂和斜挂,当竖向设置和横向设置的护舷较短时,也可采用固定式,如图6-3、图6-4所示。

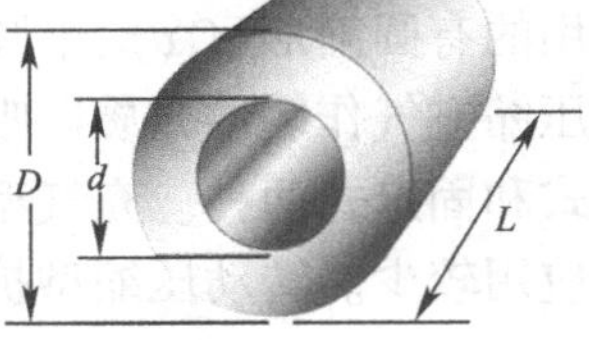

图6-2 圆筒形(CY)护舷

圆筒形橡胶护舷的特点是反力低,面压小,吸能量合理;对船舶靠泊时的横摇和纵摇适应性强;结构简单,安装维护方便;适用范围广。但是此种护舷橡胶用量大,单位重量吸能小,价格高,一般适用于整片式码头的上部结构和老码头改造。

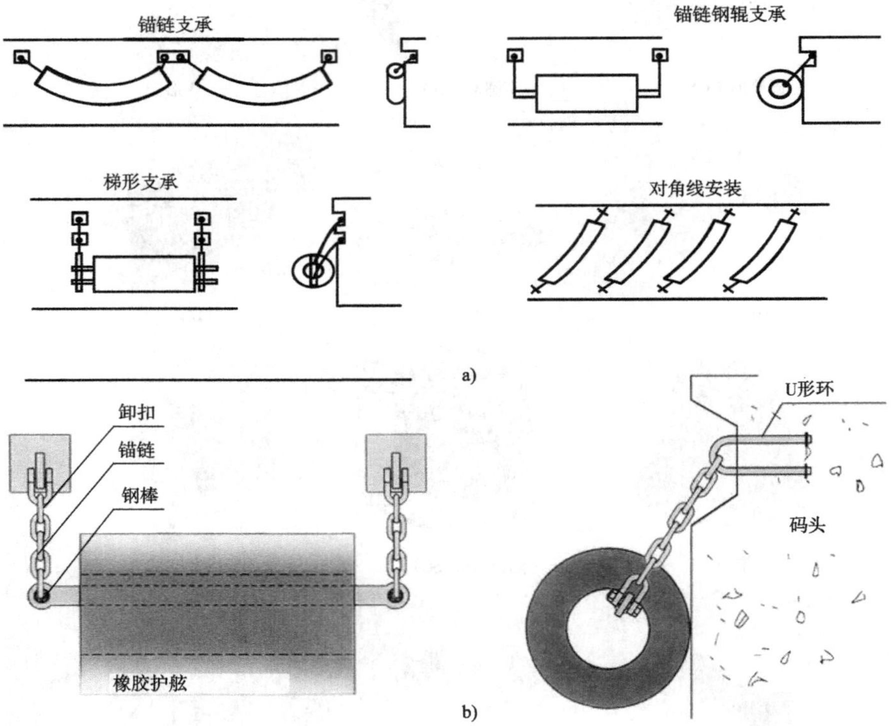

图6-3 圆筒形橡胶护舷

a)安装类型;b)安装实例

(2)半圆形(D)橡胶护舷。此类护舷断面形状为半圆形,一般设计成高度H和底宽B大致相等(图6-5)。规格表示为$H\times B\times L$,常用高度和宽度为200~600mm,长度1 000mm、1 500mm、2 000mm。D形护舷的特点是单位反力吸能量小,吨橡胶吸能量较小,作用于船舷侧板面压力大,结构简单,重量轻,安装维修方便。由于底部宽度尺寸小,特别适用于窄形构件的框架码头,也可用于板梁式码头或实体式中小型码头及码头前沿防护,如图6-5所示。但是半圆形橡胶护舷抵抗垂直于长度方向的切向力的能力较小,竖向使用时易损坏。

图 6-4 橡胶护舷安装实例

半圆形橡胶护舷的安装如图 6-6 所示。

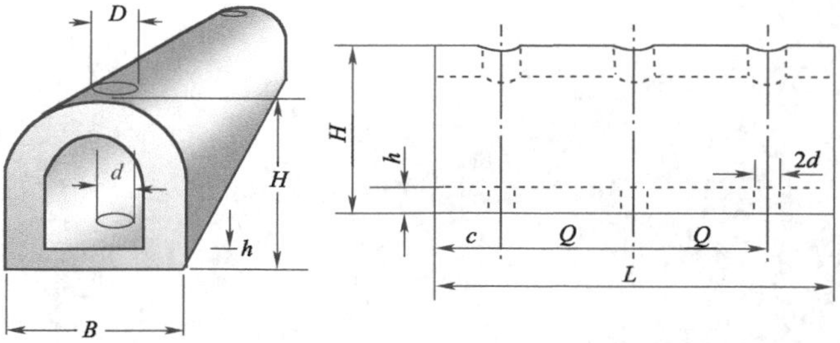

图 6-5 半圆形(D)护舷结构示意图

(3)超级拱形(SA)橡胶护舷。此种类护舷可分为两种,即 A 型和 B 型(图 6-7)。A 型橡胶护舷为 V 形橡胶体,规格表示为 $H \times L$(mm × mm),常用规格为高度 200 ~ 1 000mm,长度 1 000mm、1 500mm、2 000mm、2 500mm、3 000mm、3 500mm。根据长度不同,每侧布置 2 ~ 6 个固定螺栓孔。B 型橡胶护舷由 V 形橡胶体、防冲钢板和贴面板组成。规格表示与 A 型相同,常用规格为高度 150 ~ 1 000mm。此类护舷可以横放,也可以竖放,如图 6-8 所示。安装详图如图 6-9 所示。

超级拱形护舷具有弹性好,吸能高,固定牢固、方便,橡胶护舷用量少,价格便宜的优点。A 型橡胶护舷强度较差,易磨损,使用年限较短;B 型橡胶护舷与船体无直接接触,类似于鼓型橡胶护舷,构造简单,安装方便,适用于各类码头。

(4)超级鼓形(SC)橡胶护舷。超级鼓形橡胶护舷(图 6-10)压缩变形后呈鼓形状态,又称鼓形护舷。超级鼓形护舷为鼓形护舷的第二代产品,由鼓形橡胶

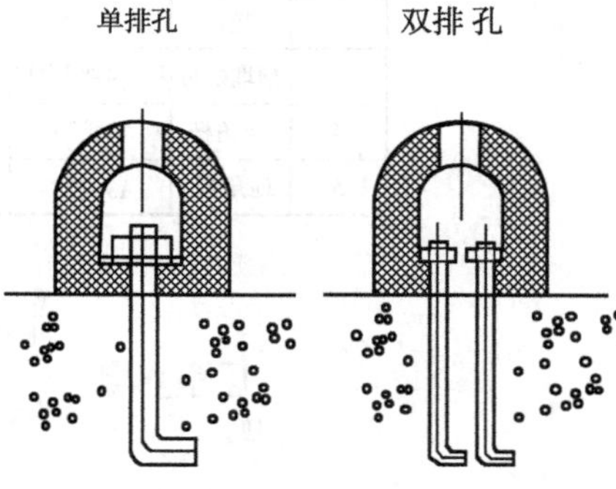

图 6-6 半圆形(D)橡胶护舷安装图

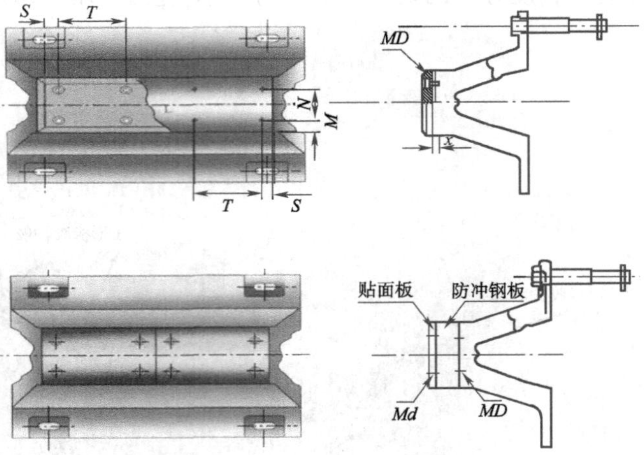

图 6-7　超级拱形 SA－B 橡胶护舷

图 6-8　超级拱形橡胶护舷安装案例

安装

紧固件材料及要求：

No.	名称	材料	备注
1	螺栓	1Cr13或2Cr13	--
2	垫片	A3或25	镀锌
3	预埋螺母	1Cr13或2Cr13	--
4	地角杆	A3或25	--
5	地角板	A3或25	--

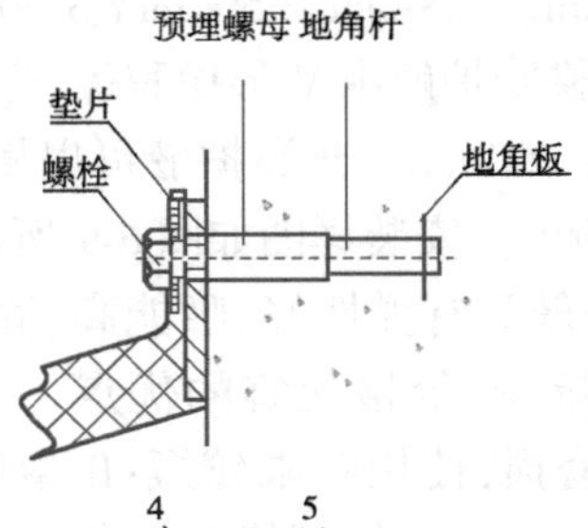

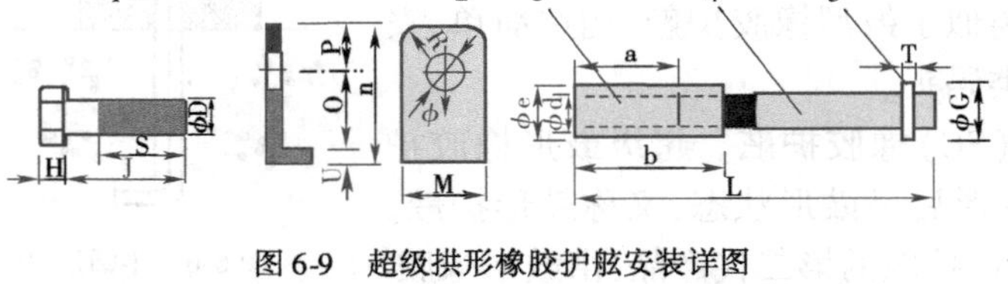

图 6-9　超级拱形橡胶护舷安装详图

筒、防冲板和贴面板组成(图 6-11)。超级鼓形橡胶护舷的规格用高度 H 表示,如高度为800mm 超级鼓形橡胶护舷表示为:SC 6300H,常见的超级鼓形橡胶护舷高度从650 ~3 350mm,共 14 个规格,每种规格分为高压力型、标准反力型、低反力型三种。超级鼓形橡胶护舷可以单个使用,也可以成组使用。成组使用时一般由 2 ~6 个鼓形橡胶筒组成。鼓形橡胶护舷除用螺栓与码头上部结构固定外,上端两侧还用铁链拉住,如图 6-11 所示。鼓形橡胶护舷受力后向经纬两个方向变形,内部压力均匀,吸能大,反力小,橡胶用量较少,面压低,护舷不与船体直接接触,故不易磨损和撞坏,使用年限长。但构造复杂、安装麻烦,适用于大型港口、码头,特别是外海开敞式码头。图 6-12 为超级鼓形橡胶护舷的工程实例。

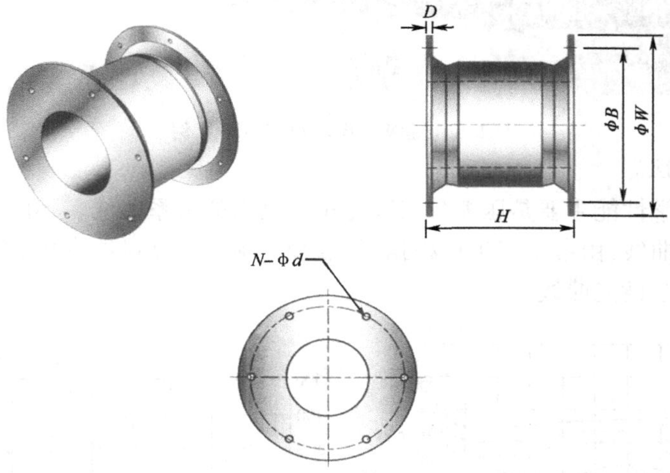

图 6-10　超级鼓形橡胶护舷详图

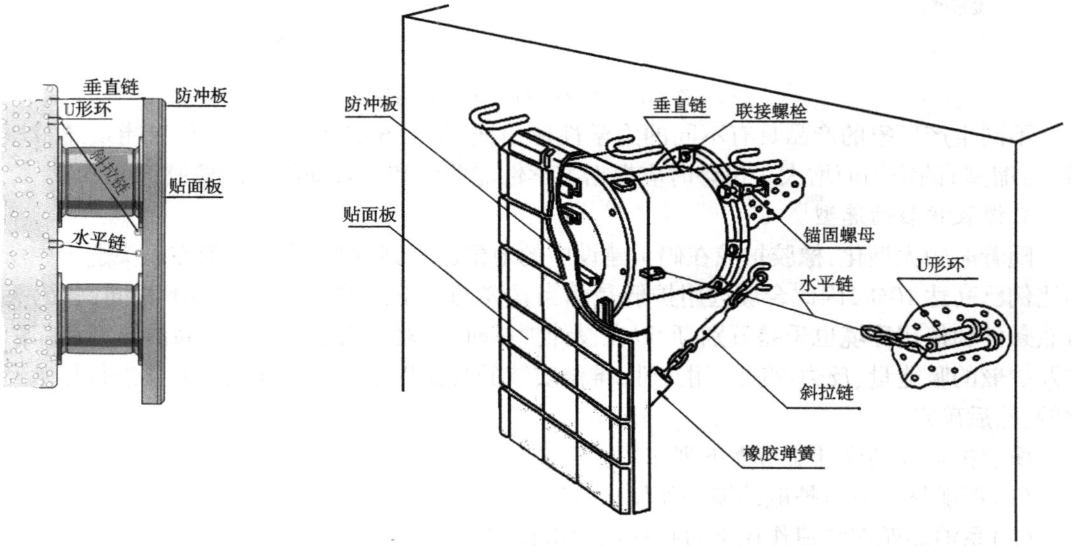

图 6-11　成组鼓形橡胶护舷安装图

图 6-12 超级鼓形橡胶护舷工程案例

2. 橡胶护舷的性能

橡胶护舷的力学性能主要是压缩量与吸能量和反力的关系曲线。不同形式和规格的橡胶护舷有各自的性能曲线，由各生产工厂根据试验绘制，附在产品说明书中，图 6-13 是几种不同形式橡胶护舷的力学性能曲线。

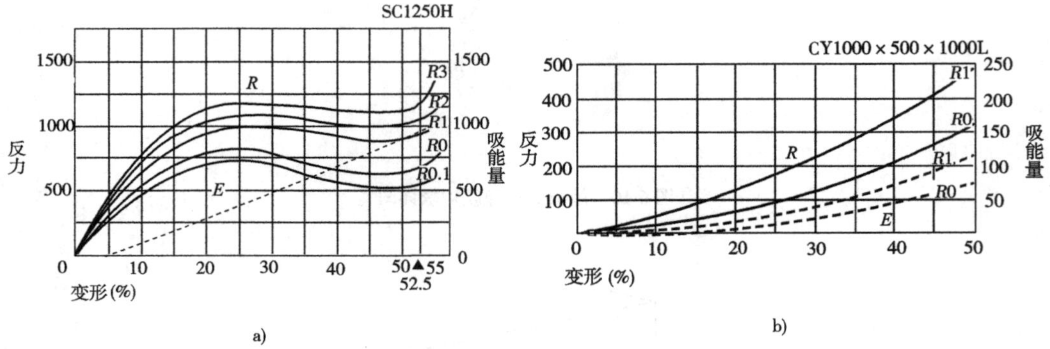

图 6-13 橡胶护舷的力学性能曲线

不同生产厂家的产品具有不同的力学性能曲线，从图 6-13 可见，反力和吸能量随着压缩量(压缩型)的增加而增大。设计时应根据力学性能曲线和有效动能选用橡胶护舷。

3. 橡胶护舷的选型

随着船舶大型化，橡胶护舷在码头建设中的地位已得到重视，橡胶护舷在码头造价中所占的比例已高达 10%，因此合理选用护舷是相当重要的。不同护舷的性能各不相同，各码头的自然条件和使用环境也千差万别，所以在设计护舷时，应对码头结构型式、靠泊船型和靠泊方式及护舷的吸能量、反力、变形、耐久性、维修安装的难易程度和价格高低等因素进行技术经济比较，然后确定。

橡胶护舷选型设计应考虑下列作用：

(1)船舶靠岸时对护舷的撞击作用。

(2)系泊船舶在波浪作用下对护舷的撞击作用。

(3)船体纵横移、横摇及升沉等三维运动对护舷产生的剪切、弯扭和挤压作用。

对半圆形、超级拱形和超级鼓形等护舷，当船舶同时撞击多个护舷时，护舷反力应按多个护舷总反力考虑。

当护舷面压力或剪切力较大时，可在护舷外表面加设防冲板或贴面板。

橡胶护舷选型应符合下列规定：

(1)船舶撞击一个或多个橡胶护舷，护舷达到设计压缩变形量时，总吸能量应大于船舶靠泊时的有效撞击能量，对应的总反力应小于码头结构的容许反力。在确定护舷的吸能量时，还应计入产品的性能公差，一般厂家的取值均为±10%。

(2)橡胶护舷的面压值应小于船舶舷侧板的容许面压力值。船舶的面压值可依据船舶结构给出，当缺乏实际资料时，对货船可取(0.34～0.4)MPa，对大型油船可取(0.2～0.4)MPa。

(3)船舶与护舷间的摩擦力应小于橡胶护舷的抗剪能力。抗剪能力包括橡胶与钢板的黏合强度，锚固部件的强度。计算时，橡胶与钢板的摩擦系数一般取0.3～0.4。

(4)应考虑船舶靠岸时的角度对护舷的影响，当橡胶护舷受斜向压缩时，有些形式的护舷吸能量将下降。因此要对反力与吸能进行修正。表6-1是某橡胶厂鼓形橡胶护舷的斜向压缩修正系数表。

鼓形橡胶护舷斜向压缩修正系数 表6-1

倾角	0°	1°	2°	3°	4°	5°	6°	8°	10°	12°	15°	20°
反力修正系数	1.000	0.949	0.899	0.848	0.799	0.784	0.729	0.692	0.655	0.635	0.603	0.55
吸能修正系数	1.000	0.963	0.925	0.888	0.850	0.813	0.77	0.685	0.601	0.558	0.495	0.385

(5)在选择门座起重机等起吊机具的最大吊距时必须考虑橡胶护舷的高度。

(6)应选用橡胶护舷时应注意，不同类型或同一类型不同厂家生产的橡胶护舷的设计压缩量也是不同的，一般橡胶护舷的设计压缩量在47.5%～52.5%之间。设计中要选用允许吸能量高、反力小的压缩量作为设计压缩量，并取相应于设计压缩量时的吸能量和反力作为设计依据。

4. 橡胶护舷的布置与安装

橡胶护舷的布置应综合考虑靠泊船舶的类型和尺度、靠泊方式、码头结构型式、水位变幅和使用要求等因素，并应满足下列要求：

(1)橡胶护舷的布置应保证船舶在各种水位和不同吃水条件下的安全靠泊。

(2)橡胶护舷沿码头前沿立面竖向的布置，对停靠船舶吨级相近的大型码头，可间断布置；对停靠船舶吨级差别大的码头，宜连续布置；对水位变幅大、设置多层系靠船结构的码头，宜分层布置；根据使用要求，亦可设置漂浮式护舷。

(3)橡胶护舷沿码头前沿立面水平向的布置与护舷的形式及尺寸、码头结构型式、船舶尺度、船舶靠泊角度有关。岸壁式码头宜等间距布置，间距常取5～20m；高桩码头宜在排架上布置，墩式码头宜在靠船墩上对称布置。护舷间距应保证在靠泊时船不会撞到两相邻护舷之间的岸壁上，间距值可按下式计算(图6-14)：

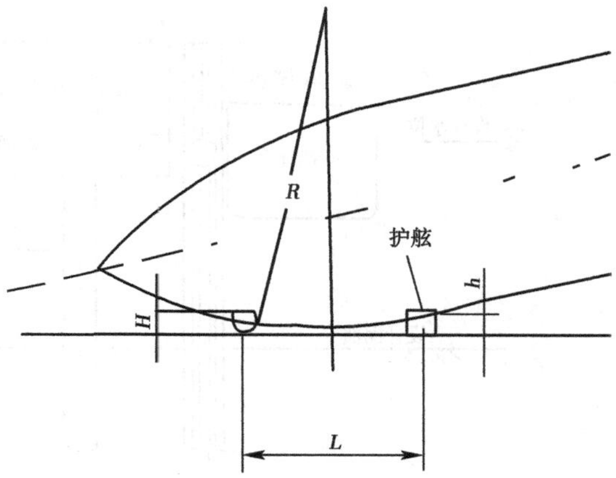

图6-14 护舷间距

$$L = 2\sqrt{R^2 - (R-h)^2}$$

式中：L——护舷间距，m；

R——船侧舷最小曲率半径，m；

h——护舷压缩后的高度 m，根据护舷设计压缩量确定。

橡胶护舷附属配件的设置应满足下列要求：

(1)护舷的附属配件不触及靠泊船舶。

(2)护舷锚固和吊架系统结构简单、坚固。

(3)护舷锚固和吊架系统构件耐腐蚀、易维护和便于更换。

(4)与护舷配套的螺栓、螺母、链索、卡具和铁件，其规格、材质及耐久性满足使用要求，施工、安装前进行防腐蚀处理。

橡胶护舷安装应满足下列要求：

(1)固定式护舷的底面与码头结构面紧密接触，螺母满扣拧紧；漂浮式护舷在靠泊或系泊船舶作用下，始终处于码头的前沿立面。

(2)充气型橡胶护舷在安装使用前进行气密性试验。

(3)采用定位板安装护舷预埋件。

二、防撞桩和靠船簇桩

近年来，为合理降低工程造价，充分发挥钢管桩弹性变形大、单桩截面受荷能力大的特点，国内外很多码头采用在码头前沿布置钢管靠船桩取代码头中的靠船设施。有时，装卸作业区只需很短的码头平台，而为靠船需要，在平台两侧布置靠船簇桩，达到降低工程造价的目的。

1. 防撞桩

防撞桩布置在码头前沿，钢管桩与码头平台之间一般设置橡胶垫块或护舷，钢管桩之间采用横向联系梁连接(图6-15)。当船靠泊时，船舶首先撞击防撞桩，防撞桩在通过自身变形吸收部分能量的同时，通过桩上端变位压缩橡胶垫块或护舷，将部分能量传递给码头主体结构。正是这种三位一体的吸能原理，使防撞桩式高桩梁板码头具有传力明确，结构简单，造价经济，靠泊安全的特点。

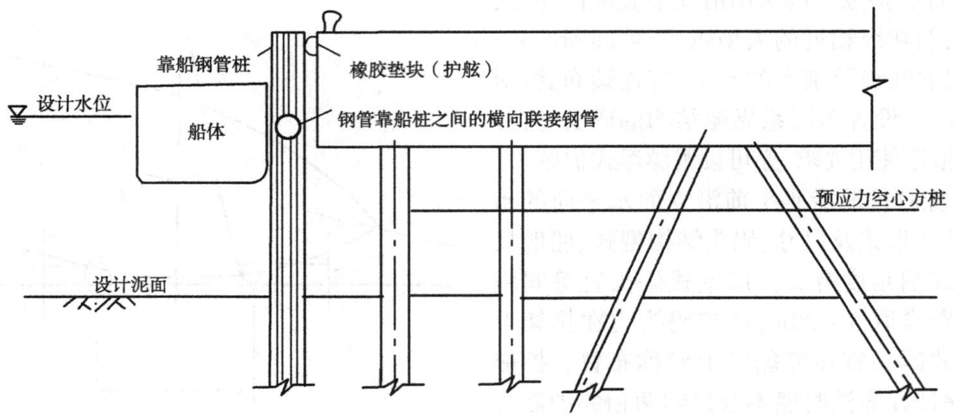

图6-15　钢靠船桩式高桩码头

2. 靠船簇桩

靠船簇桩是由多根桩组成的承受船舶撞击力的构筑物(图6-16),由钢管桩、钢平台和橡胶护舷组成。船舶靠泊时,船舶撞击前沿的橡胶护舷,产生压缩变形,同时产生反力传递给钢管桩,整组钢簇桩将产生变形或转动而做功。钢簇桩的特点是受力明确、构造简单、施工方便快捷、造价低、适应力较强,既能适应25万吨级船舶靠泊,也能适应500吨级小型船舶靠泊,特别对于码头改造具有较好的适应性。由于船舶逐渐大型化,对于已建码头工程,需将原有码头靠泊能力提高,不是改造困难就是投资较大,不经济。若采用钢簇桩则可以较容易地解决此类问题,只需在码头前沿适当位置建设几个靠船簇桩即可,且可以将改造码头施工时对生产的影响降至最小。

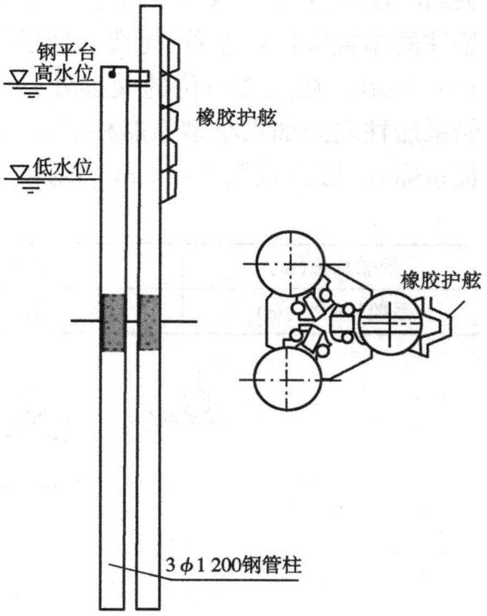

图6-16 靠船簇桩

第二节 系船设备

船舶停靠码头,需要用船缆将船舶系在码头上,以便安全作业。因此码头上应该设置一定数量和足够能力的系船设备。系船设备应根据泊位功能、码头结构型式、设计船型、水位变幅和风浪流等情况进行设计,并应满足船舶靠离码头、停泊、移泊和调头等作业安全可靠和使用方便的要求,其布置应避免对码头作业产生干扰。

码头系船设备种类很多,主要有系船柱、系船环及外海锚地用的系船浮筒三种。

一、系船柱

系船柱(图6-17)包括普通系船柱和风暴系船柱。

图6-17 系船柱

普通系船柱供常风条件下靠泊船舶栓系缆绳之用,其中心位置距码头前沿线一般为0.5~1.2m,间距一般为20~30m,表6-2给出了普通系船柱的间距。系船柱的布置应结合码头结构段一并考虑，对称布置。码头端部宜设置系船柱。为了防止船舶沿纵轴方向的移动，系船柱的布置应使船舶首、尾缆与船舶纵轴所成角度小些，宜为30°~45°，但不得小于25°，如图6-18所示。在连续泊位的交界处，可设双头系船柱。当大型码头需停靠小型船舶时，可在大船系船柱之间加设小型系船柱或系船环。内河直立式码头应根据水位变幅和船型大小分层设置系船柱，层高宜取3~4 m 。对独立系缆墩，系船柱可根据受力和使用要求布置。

普通系船柱的间距　表6-2

船舶总长(m)	<100	100~150	>150
系船柱间距(m)	20	25	30

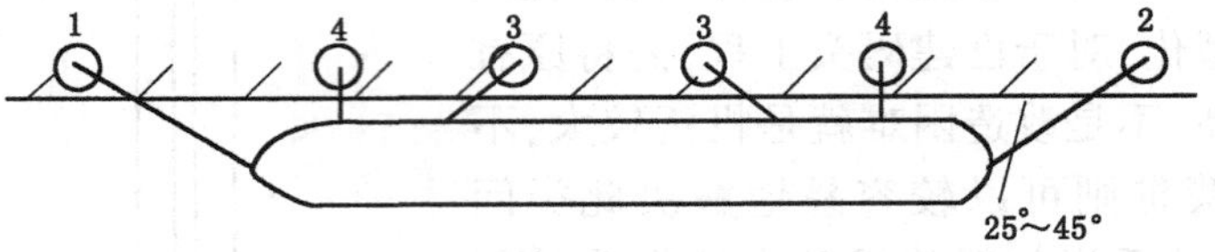

图6-18　船舶系缆示意图

1-首缆；2-尾缆；3-倒缆；4-横缆

风暴系船柱是供9级风以上不离开码头的船舶系缆之用。它应具备足够的水平抗力，其位置应使船舶轴线与船缆所成的角度尽可能为直角，以减小船舶的横向移动。由于风暴系船柱平时不使用，故应将其设置在泊位两端距码头前沿线较远且不影响内码头装卸作业的地方。一个泊位宜设置两个风暴系船柱。对于强风风向固定且不可能是离岸风的情况，虽然强风时期，船舶不离开码头也可以不设风暴系船柱。有些码头将风暴系船柱和普通系船柱统一考虑，将全部或部分普通系船柱的吨位加大，兼作风暴系船柱使用。

系船柱应由柱壳、锚杆、螺母、垫圈、锚板和柱心填料等组成，如图6-19所示。当锚杆直径不大于36mm时，下端宜采用弯钩式；当锚杆直径大于36mm时，或水工结构允许埋深不满足弯钩形式的埋深要求(30倍锚杆直径)时，下端宜采用锚板式。

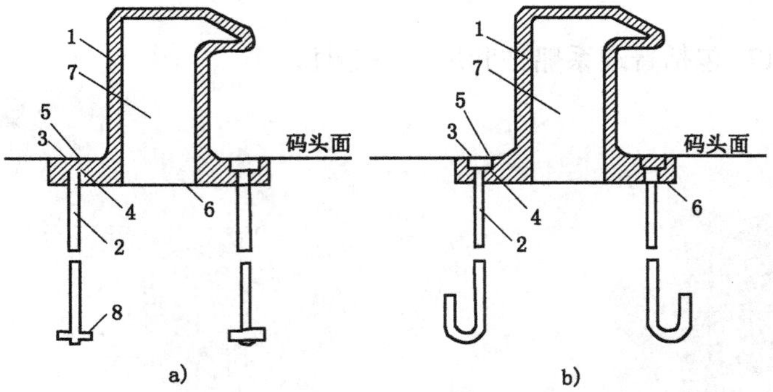

图6-19　系船柱的组成示意图

a)锚杆下端采用锚板式；b)锚杆下端采用弯钩式

1-柱壳；2-锚杆；3-螺母；4-垫圈；5-螺母孔填料；6-定位板；7-柱心填料；8-锚板

系船柱柱壳可采用铸铁或铸钢，当系缆力较大时宜采用铸钢。系船柱可根据使用要求选用单挡檐形、羊角形或全挡檐形。系船柱底盘有方形和圆形两种(全挡檐形只有圆形底盘)。

图 6-20 为三种柱头型式的系船柱。单挡檐形适用于一般的码头;羊角形适用于以流为主的河港;全挡檐形适用于多向带缆情况,例如外海孤立建筑物以及纵、横两船位交角处等的系船柱。柱头宽度及脖高要满足带缆要求和解缆方便。脖子过高会增加系缆力对码头产生的力矩;柱头过宽不便于解缆;脖子过矮及柱头过窄容易造成压缆和脱缆。根据强度要求确定系船柱柱颈截面时,可将系船柱看作悬臂梁,柱颈内的混凝土不参与工作,只起防腐蚀作用,具体计算公式详见中华人民共和国行业标准《码头附属设施计算规范》(JTJ 297—2001)。此外柱颈壁厚还需要满足铸造工艺要求,并考虑缆绳磨损和锈蚀等对厚度造成的影响。

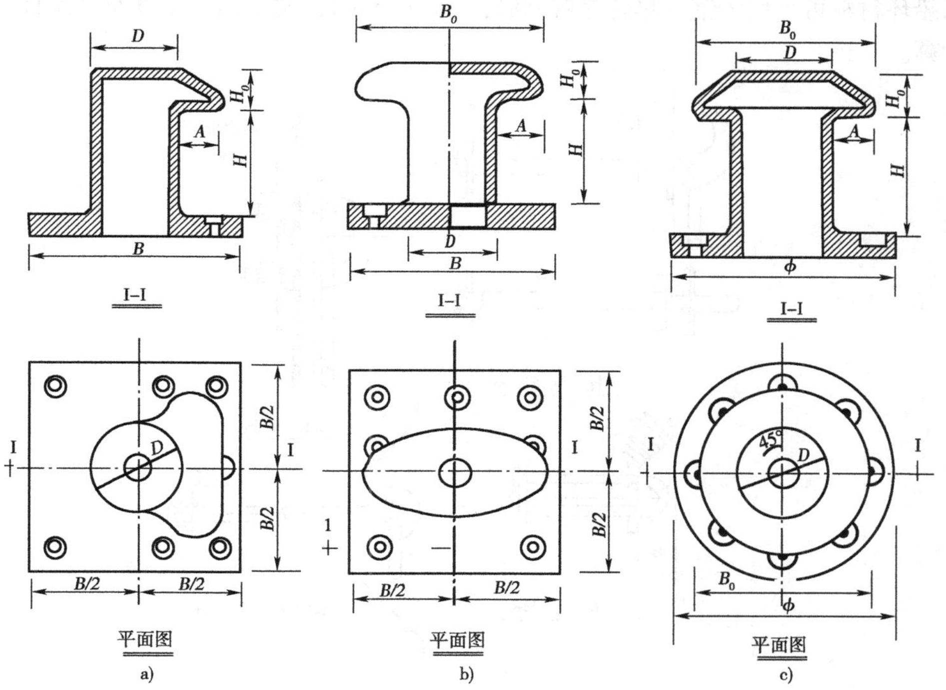

图 6-20　系船柱结构型式

a) 单挡檐形;b) 羊角形;c) 全挡檐形

系船柱按系缆力标准值分为 50kN、150 kN、250 kN、350 kN、450 kN、550 kN、650 kN、750 kN、1 000 kN、1 500 kN、2 000 kN,共 11 个等级,按系船柱的柱壳材料、柱头和底盘形状分为 7 个系列,设计时可依据系缆力标准值选定,参见《码头附属设施计算规范》(JTJ 297—2001)。当在一个系船柱上同时系带两条船时,设计系缆力应为两条船系缆力的矢量和。

二、系船环

系船环主要用于直立式码头的小船带缆和斜坡式码头的系船。系船环的承受能力较小,一般只能承受 10～50kN 的系缆力,最大可达 150kN。

对于有小船停靠且水位变化较大的内河码头或潮差较大的沿海直立式小码头,由于船小甲板低,船在系船柱上带缆很不方便,而且缆绳的垂直角度也太大,因此在设计这种码头时,应在低水位以上每隔一定高度设置一定数量的系船环。内河的斜坡式码头一般也都采用系船环带缆。

一般沿码头长度方向每隔 10 ~ 15m 设置一个系船环。根据使用要求，可在码头顶面两个系船柱间设置系船环；也可在码头前沿竖直面上设一排或多排系船环，此时上面一排系船环一般设在码头面以下 1 ~ 2m 处，上、下排间距一般为 1.5 ~ 2m，最下面一排系船环设置在设计低水位附近，上下两排可交错或同列布置。系船环应卧入码头立面内，以免与船舶相碰。

系船环常用铸钢制成、其结构型式有圆环形、带挂钩的圆环形及卡环形等形式(图 6-21)。值得注意的是，近年来，随着内河航道改善和船舶吨位增大，在内河停泊 500 吨级以上的码头中逐渐有用系船柱代替系船环的趋势。

系船环材料可采用铸钢或热轧热弯钢筋，并应进行抗拉、抗剪强度验算及锚栓直径和锚固长度计算。

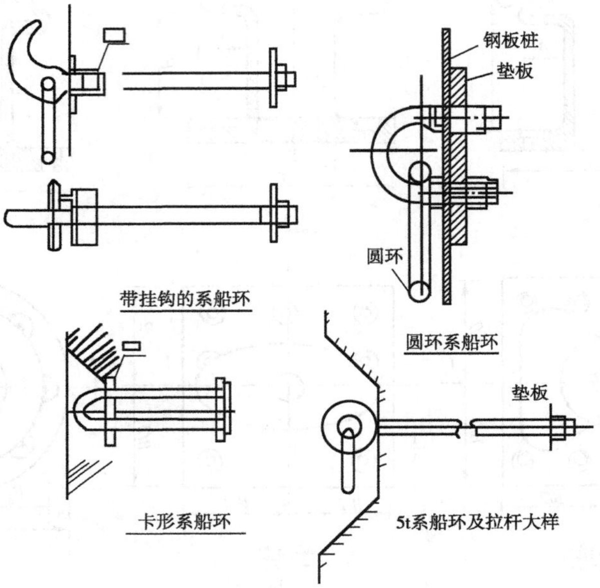

图 6-21 各种形式的系船环(尺寸单位：mm)

三、系船浮筒

系船浮筒是一密封的钢制筒，顶上设有系船环，下端通过锚链用锚块锚定在海底上。常用的锚碇形式有沉锤式、锚链式和沉锤锚链式三种(图 6-22)。

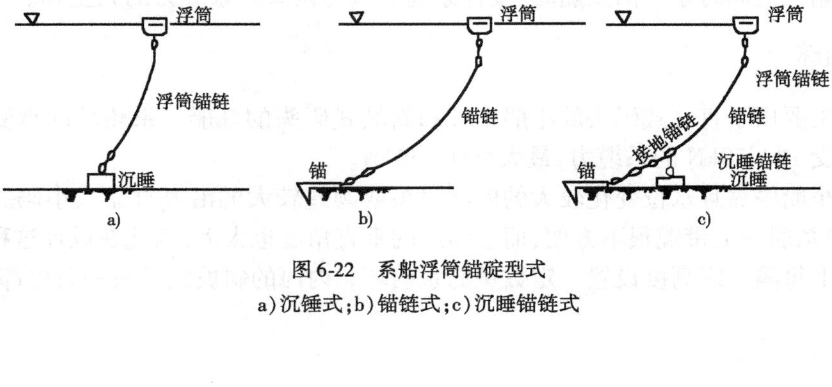

图 6-22 系船浮筒锚碇型式
a) 沉锤式；b) 锚链式；c) 沉睡锚链式

四、绞缆机和快速脱缆钩

大中型码头可根据需要设置绞缆机。绞缆机具体位置应根据码头上部结构和安全使用要求确定，油码头的绞缆机应布置在输油口水平距离 15m 以外。绞缆机的形式应根据设计船型、码头形式等选定，宜选用2～3 倍拖缆力的变速绞缆机。绞缆机的电器开关应具有与所在地区的危险额定值相适应的保护措施。

快速脱缆钩（图 6-23）是一种现代化码头的系泊设施。与传统系船柱相比，可减轻工人带缆、解缆的工作强度，提高工作效率，尤其在码头或船舶发生火灾险情等紧急情况时，系泊缆绳可迅速脱钩解缆，保证码头和船舶的安全。故特别适用于大、中型危险品码头和开敞式码头。快速脱缆钩的形式和数量应根据设计船型、系缆力大小以及缆绳数量等进行确定，可采用遥控操作，亦可采用手工操作。遥控操作的快速脱缆钩，运动部分应装设适当的安全防护装置。快速脱缆钩宜设置测力装置。

图 6-23　快速脱缆钩（双钩）

第三节　其他码头附属设施

码头上常用的其他附属设施包括轨道结构、供水供电管沟、扶梯和阶梯、码头路面、护轮槛和系网环等。此外，大中型码头前沿宜设置夜间和雾天指示灯，大型专业化码头宜配置靠泊仪等监控设施。

一、护轮槛、系网环和护栏

1. 护轮槛

为了防止在码头上行驶的车辆不慎掉入水中，同时为了给站在码头前沿的人以安全感，通常在码头边缘设护轮槛，如图 6-24 所示。护轮槛可采用连续式或非连续式，需要时亦可采用活动式。其断面形式可采用直角形、外坡形和内坡形（图 6-25），其边角应修圆。客运和集装箱码头，护轮槛可后移布置，如图 6-25c）所示，后移距离不宜大于 50cm。护轮槛高度一般为 15～30cm，底部宽度可取 30～40cm。在码头结构伸缩缝处应设分缝，并在底部设置坡向临水侧的排水孔，间距宜为 500～1 000cm，直径宜为 5～8cm，根据需要可在码头前沿护轮槛顶面设置旗杆孔，间距宜为 10～20m，直径宜为

图 6-24　护轮槛工程案例

5cm。施工完成后，应涂刷醒目的标志，一般采用黑色和黄色相间的条纹，条纹间距可取 20 ~ 35cm，条纹斜向 45°布置。系船柱底盘与码头齐平时，为了不妨碍船舶系缆，应在系船柱附近断掉护轮槛，断掉范围根据设计船型及系缆角度确定，并用钢板护角，如图 6-24所示。

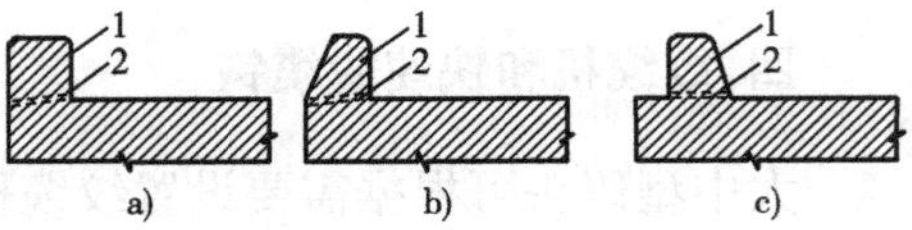

图 6-25　护轮槛断面示意图

a）直角形；b）外坡形；c）内坡形

1-护轮槛；2-排水孔

2. 系网环

在装卸杂货时，为避免货物不慎掉落水中，通常在船舶与码头之间系挂网兜，并在码头前沿设置系网环。系网环沿码头长度方向布置，间距一般为 1 ~ 3m。对于设有护轮槛的情况，常设在护轮槛的内侧，可避免被杂物掩埋和妨碍交通（图 6-26）。当码头无护轮槛时，系网环宜布置在距码头前沿线 300 ~ 600mm 范围的码头面凹坑内（图 6-27）。

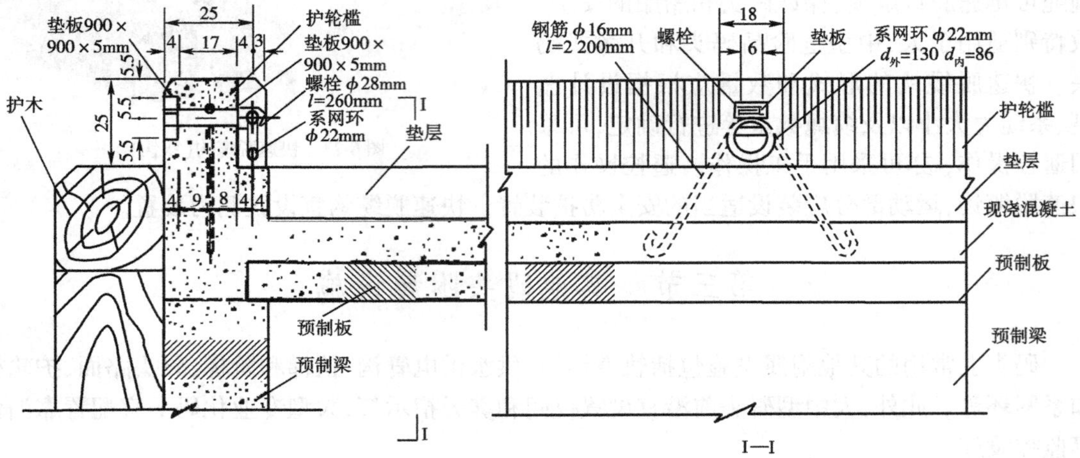

图 6-26　设在护轮槛背面的系网环（尺寸单位：mm）

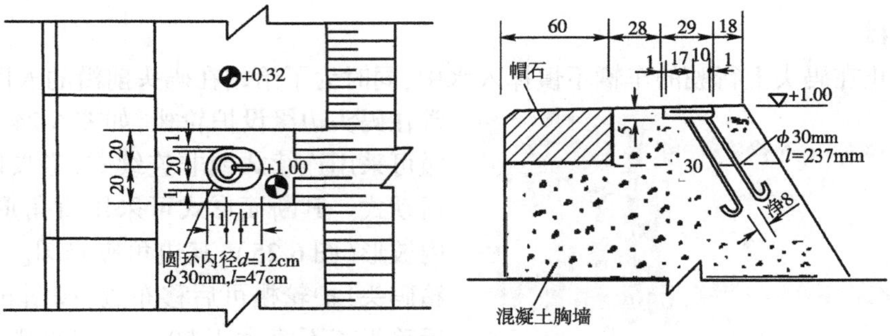

图 6-27　设在码头面上的系网环（尺寸单位：mm）

3. 护栏

码头引桥、操作平台、系靠船墩及其他需要防护的地方，宜设置不影响装卸作业的固定式或活动式护栏。护栏一般为钢结构或钢筋混凝土结构，高度一般为 1 ~ 1.2m，开敞式油码头作业平台前沿的护栏高度不宜大于 0.5m，护栏立柱间距一般为 1.5 ~ 2m。当采用钢结构护栏时，扶手横栏和立柱钢管直径应通过计算确定，并不宜小于48mm 。下横栏钢管的直径不宜小于30mm，采用拉链时，链径不宜小于8mm。

二、阶梯和爬梯

为便于上下码头，通常都需要在码头两端和中部设置爬梯。爬梯的下端不应高于设计低水位以上0.5m，宽度不小于500mm，梯级间距一般为250～300mm。为避免船舶的停靠对爬梯的损坏，爬梯最好设置在码头前沿临水面的凹槽内（图6-28）或端部的侧面，凹槽深度可取300～400mm，宽度不宜小于600mm。当爬梯突出码头前沿临水面时，距码头岸壁的距离宜为150～200mm。爬梯一般采用钢质或橡胶材料。爬梯应在码头面上设置扶手，并不应影响系、带缆作业。中、小型码头可采用链式爬梯。在内河水位差较大的码头，还应在码头前沿各层系靠船平台上设置斜爬梯和护栏。爬梯与水平面之间的夹角不宜大于50°。爬梯的宽度不应小于700mm，两侧应设护栏，护栏高度可取700～1 000mm。爬梯踏步宽度不应小于200mm。爬梯人孔宽度宜取900～1 200mm，长度宜取1 500～2 200mm，人孔宜设栏杆。

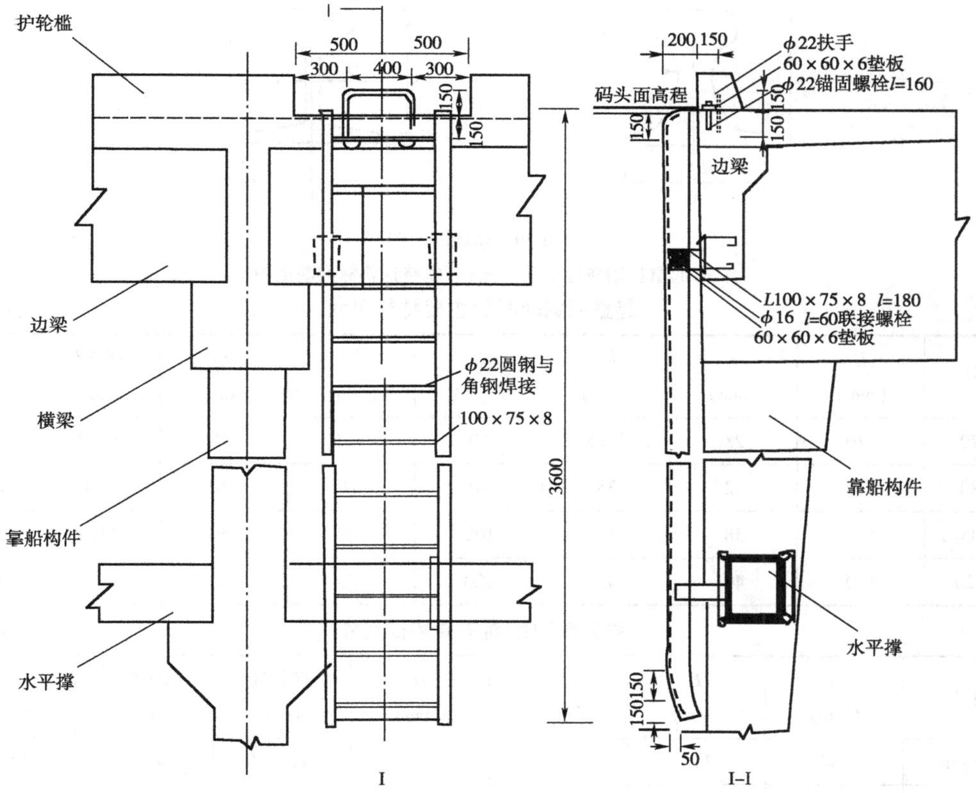

图6-28　高桩码头中的铁爬梯（尺寸单位：mm）

在人员上下频繁的小码头或客运码头，可在码头前沿或端部不影响装卸作业的地段设置阶梯。阶梯一般顺着码头长度方向顺级上下，并凹于码头前沿线以内，其宽度应根据交通量大小确定。货运码头一般为0.7～2m，客运码头一般为2～5m。每级台阶的高度一般为15～

20cm，宽度一般为25～30cm，常采用浆砌块石、混凝土或钢筋混凝土结构，踏步应采用糙面。水位变幅大的码头，应根据需要设置中间平台，平台的宽度宜取1.5m。

三、轨道结构

码头上的轨道结构是为起重机、装船机和火车等装卸运输机械设置的，轨道结构包括钢轨、轨道基础和联结件等。

1. 钢轨

在码头上铺设的钢轨有起重机、装船机和火车钢轨，它们直接承受起重设备、装船设备和火车的压力。钢轨型号的选择一般按照轮压大小通过计算确定。起重机钢轨断面如图6-29a)所示，其主要特征尺寸如表6-3所示；铁路钢轨如图6-29b)所示，其主要特征尺寸如表6-4所示。钢轨一般采用竖向方法固定。图6-30和图6-31为起重机轨道和火车轨道实例。

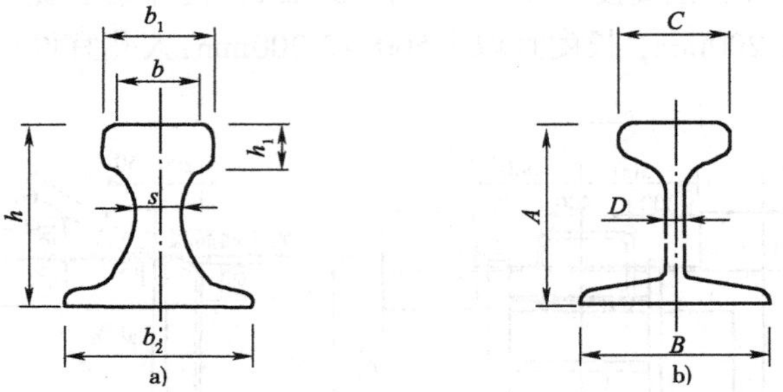

图6-29　轨道断面图

a)起重机钢轨标准断面图；b)铁路钢轨标准断面图

起重机钢轨断面主要特征尺寸　　表6-3

型号	h (mm)	s (mm)	h_1 (mm)	B (mm)	b_1 (mm)	b_2 (mm)	截面积 F (cm^2)	重量 G (kg/m)
QU70	120	28	32.5	70	76.5	120	67.3	52.8
QU80	130	32	35	80	87	130	81.13	63.69
QU100	150	38	40	100	108	150	113.32	88.96
QU120	170	44	45	120	129	170	150.44	118.1

铁路钢轨断面主要特征尺寸　　表6-4

型号	A (mm)	B (mm)	C (mm)	D (mm)	标准长度 L (m)	截面积 F (cm^2)	重量 G (kg/m)
38 kg/m	134	114	68	13.0	12.5,25	49.5	38.733
43 kg/m	140	114	70	14.5	12.5,25	57.0	44.653
50 kg/m	152	132	70	15.5	12.5,25	65.8	51.514
60 kg/m	176	150	73	16.5	12.5,25	77.5	60.640
75kg/m	192	150	75	20.0	25	95.0	74.414

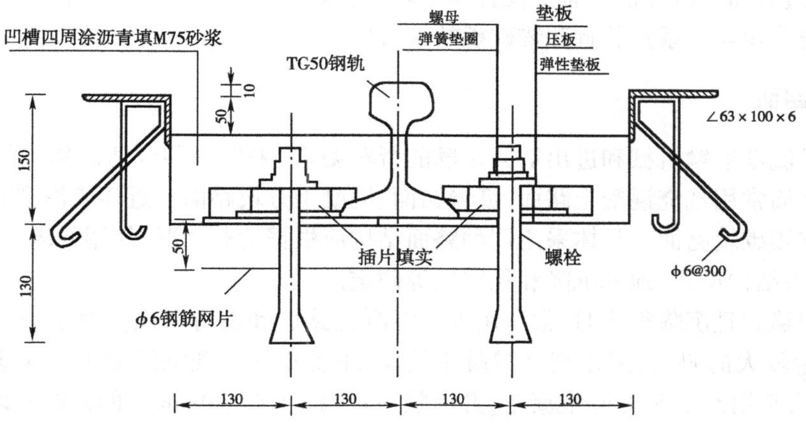

图6-30 起重机轨道固定(尺寸单位:mm)

2. 轨道基础

轨道的铺设主要有以下两种情况:一种是直接铺在码头结构上,如高桩码头的门机轨道直接安装在轨道梁上;另一种是采用单独的轨道基础,包括轨枕道砟基础和钢筋混凝土基础梁。决定轨道的基础形式时,需考虑车轮荷载、基础的允许沉降量、维修的难易程度以及地基的状况确定。由于轨道沉陷和位移造成的装卸机械不能正常运行,一方面应定期检测钢轨的沉降状况,并及时加以调整;另一方面可在两轨道基础之间设置连系梁或连系杆,以保持轨距不变。

3. 联结件、预埋件和车挡

为了将钢轨牢固地固定在轨道基础上,必须用联结件进行固定。联结件包括钢轨接头联结件(如接头夹板、弹性防松垫圈、接头螺栓、螺母等)、钢轨与轨道基础联结件(如橡胶垫板、螺旋道钉、扣板等),可根据钢轨型号和轨道基础形式参照国际通用标准设计图集《吊车轨道梁联结》和国际现行有关标准选用。

为了安全,在轨道尽端应设置车挡(图6-32),有的门机有配套使用的车挡,可以直接使用。没有配套车挡的门机,需根据门机可能对车挡的撞击力设计车挡,主要需要进行:锚固螺栓直径和锚固长度计算,受剪螺栓数目计算,独立混凝土基座稳定性验算。

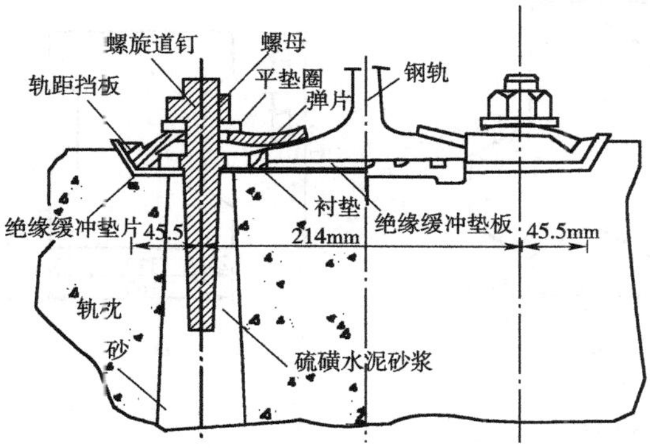

图6-31 铁路钢轨固定(尺寸单位:mm)

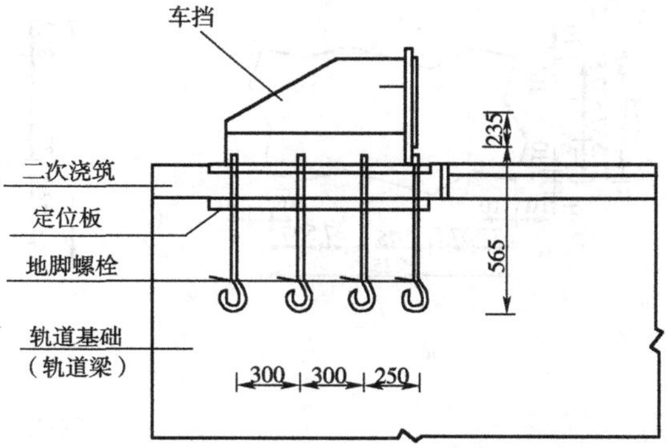

图6-32 门机车挡

此外，岸边装卸机械应根据需要设置顶升埋件，以方便维修。有防风抗台要求时，还应设置装卸机械防风拉索的系拉装置和锚碇板的铆钉坑等。

四、码头路面

为了满足流动运输机械和进出港区车辆的行驶要求，采用一种合适的路面结构是非常重要的。码头路面常用现浇混凝土路面、沥青路面、混凝土方块路面。近年来海港码头广泛采用高强混凝土连锁砌块路面。具体采用何种路面结构应根据荷载情况、使用要求、机械和车辆的繁忙程度、码头结构型式、地基沉降和稳定性等确定。

地基比较稳定且沉降很小时，常采用现浇混凝土路面和沥青路面。对于南方雨水较多的地区和装卸量较大的码头，采用现浇混凝土路面，不易损坏。现浇混凝土路面应采用不低于C20的混凝土，常用C25和C30混凝土，并应隔一定间距设置10mm宽的伸缩缝以防止温度变化引起裂缝。沥青路面对基础沉降的适应能力较强，且容易修补。但沥青路面的使用寿命较短，对接触应力大的静荷载和循环荷载的适应能力低，温度稳定性差，易受石油产品的侵蚀，在雨水较多地区受水浸泡后极易破坏，维护费用也较高。

对地基松软、沉降较大的码头陆域，过去常采用混凝土方块路面。这种路面结构一般在辗压碎石垫层上铺砌素混凝土方块，常用方块尺寸为500mm×500mm，或600mm×600mm，厚度根据设计荷载由计算确定，砌缝宽度约10mm，用粗砂填充。这种路面的优点是能适应基层的不均匀沉降，并可掀起路面方块，加铺垫层可调整路面高程；缺点是路面块容易活动翘起，高低不平，对于装卸量较大的货运码头不太适用，近年来已逐渐被高强混凝土连锁块路面所代替。连锁块的形式很多，图6-33为其中的三种型式，表6-5给出了这三种型式的尺寸规格。这种路面结构兼有沥青路面的柔韧性和混凝土路面的耐久性，能适应基层的少量不均匀沉降，维修费用低且方便，施工不受季节的影响，但路面的平整度较差，对基层的强度要求较高。施工过程中要求在块料铺砌后，用平板式振动器振压以振实下面的砂层；同时使部分沙子从底部挤进块料之间的接缝内；然后在顶面扫入细砂，边扫边振使缝隙被细砂填满为止，从而形成砌块的连锁作用。由于这种面层在荷载作用下，块体之间的嵌锁作用增大从而使其扩散荷载的能力也增大，并使彼此孤立的块体形成稳定的整体性结构。20世纪70年代以来连锁块结构在欧美各国广泛使用，近年来我国海港码头也大量采用这种路面结构。

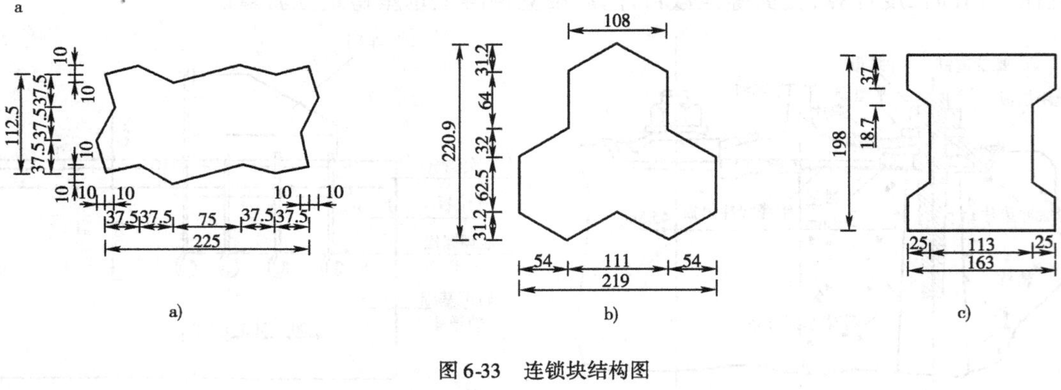

图6-33　连锁块结构图

a)S型；b)D型；c)I型

连锁款厚度 表6-5

结构型式	厚度(mm)	每平米块数	重度(kN/m^3)
S型	60,80	39	23
I型	80	35	23
D型	60	30	23

五、供水供电管沟

根据使用要求,一般码头前沿都要求铺设为船舶供水和供电等管线,修船、舾装码头则需有压缩空气、氧气、乙炔等工艺管线。这些管线都安放在专用的管沟内。

对于重力式码头,通常将管沟设在胸墙内。对于高桩码头,可利用上部结构构件之间的空隙设置管沟,一般设置在前边纵梁(或靠船板)和起重机轨道梁之间。对于板桩码头,由于胸墙较窄,在胸墙内只可设置较小尺寸的管沟。

管沟按尺寸大小分为大尺寸管沟和小尺寸管沟。大尺寸管沟,为便于工人在管沟内进行铺设和修理管线工作的需要,管沟的宽度不宜小于1.0m,深度不宜小于1.2m。小尺寸管沟,由于工人在地面上铺设和修理,尺寸相对可以较小,但宽度不宜小于0.4m,深度一般采用0.6m,且一般用于单一管线。

为了保证安全,水管和电缆应尽可能分沟设置,特别是乙炔管和氧气管严禁设在同一沟内。为了防止管沟被水淹没,管沟的底面高程宜高于平均高潮位。为了排除管沟内的积水,管沟应有一定的坡度并在沟底设置排水孔。为了检修的方便,小尺寸管沟的盖板应全部做成活动的;对于大尺寸的管沟一般是一部分盖板做成固定的,一部分为活动的。设计管沟盖板尺寸时要考虑人工能否掀得动。

六、靠泊仪和船舶靠泊综合检测系统

1. 靠泊仪

我国现行行业标准《码头附属设施技术规范》(JTJ 297—2001)、《装卸油品码头防火设计规范》(JTJ 237—99)和《开敞式码头设计与施工规范》(JTJ 295—2000)都提出大型专业码头宜设置靠泊仪等监控设施。

老式靠泊仪主要采用声呐、雷达或空气声波测量系统。声呐靠泊系统由于受换能器束角的限制,在作用距离200m时,其信号易受水面波或底部反射波的影响,同时也易受船舶螺旋桨涡流的干扰。雷达靠泊仪系统由于易受障碍物及雨、雪等气象因素的影响,其精度及有效作用距离均受到限制。空气声波靠泊系统在有风的条件下,其有效作用距离、稳定性及精度等都将明显下降,其动态反应也缓慢。自1989年激光技术应用于靠泊系统后,其应用效果取得了突破性进展,在有效距离精度、适应能力以及安全性等方面都得到很大提高。新一代的激光靠泊仪是激光靠泊系统(Laser Docking System,简称LDS)的核心。它不仅能准确监测船舶的靠速、船舶首尾的接岸距离、船体与码头前沿线的夹角、船舶在系泊状态下的漂移,同时还可通过其内置计算机的接口与其他的监测仪器、电子传感器相连,将风速、风向、波速、波向、波周期、潮位流速、流向、船舶吃水、系缆力、护舷变形以及输油(或LPG、LNG)臂工作状态的记录数据输入计算机处理,并将其结果在屏幕上进行图形和数据显示(图6-34)。

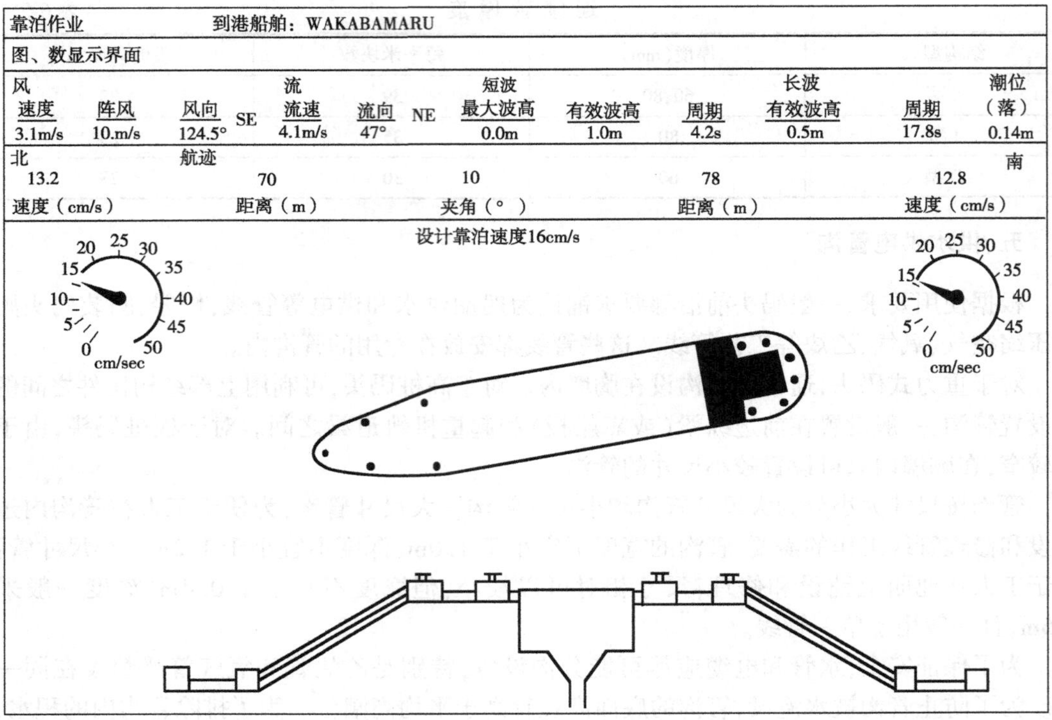

图 6-34　靠泊作业的图数显示

2. 船舶靠泊综合检测系统

船舶靠泊综合检测系统包括激光靠泊系统、系泊缆绳荷载监测系统、快速脱缆系统、码头海事环境检测系统。近十多年来，国际上许多开敞式码头（尤其是油码头和 LNG 码头）配备了以上系统，如美国、沙特等国已经广泛采用缆绳监控系统，日本、韩国、荷兰、比利时等国的数十个油气码头安装了综合监控系统，对靠系泊作业过程等进行实时监控，使靠系泊及装卸作业安全可靠，事故概率显著降低，码头设施（尤其是护舷）使用状况良好，维护工作量减少，耐久性增强。

随着我国大型开敞式码头的数量不断增多，码头作业的安全问题也越来越受到重视。我国宁波等地的少数油码头安装了含缆绳测力监控系统的快速脱缆钩，可对挂在快速脱缆钩上的系泊缆绳进行实时拉力监测，对超出安全范围的负载发出警告。国内其他一些大型开敞式码头建设也在对船舶靠泊综合检测系统的使用进行积极探索。

七、其他码头附属设施

大、中型码头前沿宜设置夜间和雾天指示灯，指示灯可采用固定式或移动式。固定式指示灯可设在护轮槛上。

码头上应设置下列明显的安全警示标志：

(1) 限制荷载标志。

(2) 非作业车辆停泊标志。

(3)集装箱码头行车道标志。

(4)接电箱、上水栓井盖识别标志。

拖缆槽宜采用双槽,槽深宜为100mm,槽底应设排水孔,排水孔间距宜为5~10m,直径不宜小于50mm。拖缆槽边角应采用角钢包角。

斜坡码头缆车道顶端宜设置缆车保护装置。缆车道和坡顶内侧的缆绳沟内应设置钢丝绳托辊,托辊纵向间距可取15~30m。缆车道坡顶应设置缆车检修系绳装置。

小　　结

本章主要介绍以下几个方面的内容:

1. 常见压缩型橡胶护舷(圆筒形、半圆形、超级拱形、超级鼓形)的规格、特点、适用条件。

2. 常用系船设备(系船柱、系船环、系船浮筒、绞缆机和快速脱缆钩)的构造及适用条件。

3. 其他码头附属设施(护轮槛、系网环、护栏、阶梯、爬梯、轨道结构、码头路面、供水供电管沟等)的构造。

思　考　题

1. 码头附属设施主要包括哪些?其作用分别是什么?

2. 护舷按材料可分为哪几类?试述各自的特点和适用情况。

3. 橡胶护舷按吸收能量的方式可分为哪几种?如何选择和布置橡胶护舷?

4. 系船设备有哪几种?各用于什么情况?根据什么条件来选择系船设备?

5. 系网环、护轮槛、护栏一般应如何设置?

6. 码头上的爬梯和阶梯有哪些构造要求?

第七章 防 波 堤

本章学习提示：

通过本章学习，熟悉防波堤的功能、受力特点、基本结构型式与构造要求；掌握斜坡式防波堤的施工特点及施工程序等。

第一节 防波堤建筑物概述

一、防波堤的功能和分类

防波堤是港口工程的重要组成部分。建造在开敞的海岸、海湾或岛屿的港口，通常通过建设防波堤以形成有掩护的水域供船舶避风、靠泊作业。防波堤的功能主要是防御波浪对港域的侵袭，维护港内水域的平稳，以便于船舶避风停靠、系泊、顺利进行货物装卸作业和旅客上下。在沙质和淤泥质海岸，防波堤建筑物兼有阻挡沿岸泥沙流入港内、减轻港内淤积的作用。在有冰冻的海域，防波堤还可以阻止大量流冰进入港内，防止港口堵塞。

防波堤通常按平面型式和结构型式分类。

防波堤按平面位置可分为突堤和岛堤两类。防波堤的一端（堤根）与岸相连时称为突堤；防波堤的两端均不与岸相连时称为岛堤（图7-1）。

图7-1 某港防波堤平面图

防波堤按结构型式可分为重型和轻型两类；前者包括斜坡堤、直墙堤（图7-2）。

斜坡式防波堤［图7-2a)］是防波堤的一种主要结构型式。其结构断面为梯形，在我国使用最广泛，适用于水深较浅、地基较差和石料来源丰富的海域。其主要优点是：波浪在坡面上发生破碎，从而消散能量，堤前的反射波较小；斜坡堤对地基的不均匀沉降不敏感，可适用于较软弱的地基；施工较简单；易于维修。其主要缺点是：需经常维修，维修费用高；堤的内侧不能用作靠船码头；材料的用量与水深的平方成正比，材料用量大。

直立式防波堤[图 7-2b)]具有直立或接近直立的墙面，根据墙前水深的不同情况，入射波在墙面上可产生完全反射或部分反射。直立堤的主要优点是：随水深增大而增加的工程量不如斜坡堤明显，因此一般适用于水深较大的情况，但水深一般不宜大于 20 ~ 28m；内侧可同时供靠船用。其主要缺点是：一般需要大型专门的施工机械，施工技术也较复杂；重力式结构对地基的不均匀沉降较敏感，一般要求较好的地基条件，或需对软弱地基进行加固处理；直立堤发生整体破坏的后果也较严重，修复极其困难。

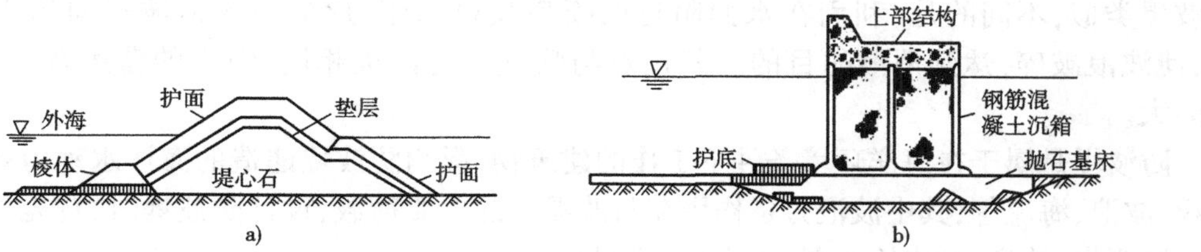

图 7-2 防波堤的结构型式

a)斜坡式防波堤；b)直立式防波堤

理论和实验研究表明，波浪的能量大部分集中在水体的表层，在表层 2 倍和 3 倍波高的水层厚度内分别集中了 90% 和 98% 的波能，由此产生了适应波能这一分布特点的轻型防波堤，包括透空式防波堤、浮式防波堤、喷气式和喷水式防波堤等。

透空式防波堤由不同结构型式的支墩和在支墩之间没入水中一定深度的挡浪结构组成[图 7-3a)]，利用挡浪结构挡住波能传播，来达到减小港内波浪的目的。但它不能阻止泥沙入港，也不能减小水流对港内水域的干扰，一般适用于水深较大、波浪不大又无防沙要求的水库港和湖泊港。支墩可采用重力式或桩式结构，挡浪结构可采用箱式或挡板式。

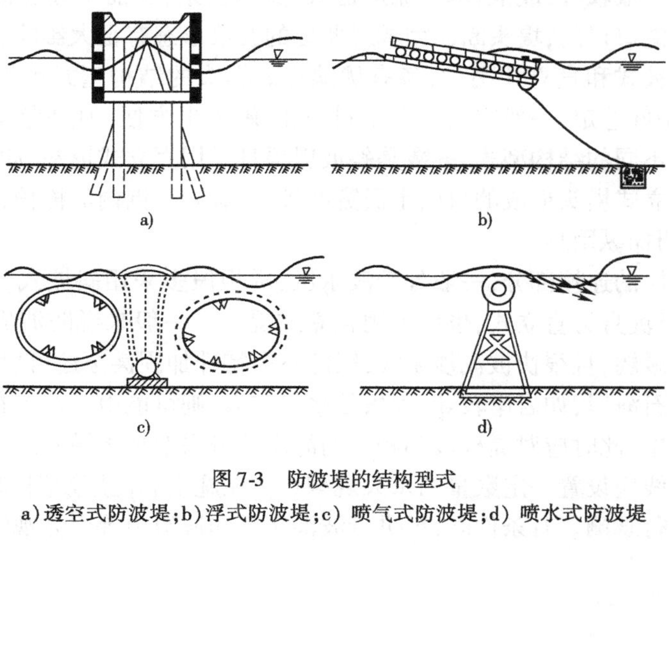

图 7-3 防波堤的结构型式

a)透空式防波堤；b)浮式防波堤；c) 喷气式防波堤；d) 喷水式防波堤

浮式防波堤由具有一定吃水深度的浮体和锚链系统组成[图 7-3b)]。浮体为各种形式的浮箱或浮排。它被锚链锚定,漂浮于水面上。浮体可以阻止波浪传播使波浪破碎,并利用浮体上下浮动和前后摆动来吸收和消散波能以达到减小堤后波高的目的。其修建不受地基和水深的影响,修建迅速,拆迁容易。但由于锚链系统设备复杂,可靠性差,易发生走锚或锚链被拉断等状况,未得到广泛应用,仅用于临时工程防护。

喷气式防波堤[图 7-3c)]利用敷设在海底的带孔的管道喷放压缩空气,空气从管孔喷出后形成一系列的上升气泡,气泡上升带动水体垂直向上流动,此水流到达水面后又变成水平的表面流动,这种表面流能使波浪的波长变短、波陡增大,甚至破碎,从而使进入港内的波浪减小。喷气式防波堤的优点是不占空间,对船舶航行无阻碍;安装和拆卸方便,基建投资少。其缺点是用气量大,营运费用高。喷水式防波堤[图 7-3d)]的消浪原理与喷气式防波堤类似,不同的是,利用在水面附近的喷嘴喷射水流,形成与入射波逆向的水平表面流,使波浪破碎,达到消浪的目的。其优点与喷气式防波堤相同,但它的营运费用更高,其耗能大。

防波堤是属于在海洋环境条件下工作的建筑物,影响防波堤建造的海洋水动力条件包括潮汐、波浪、海流等,其中波浪力是作用在防波堤上的主要荷载,设计防波堤时,首先要确定设计波浪要素:波高 H、波长 L、波周期 T 以及波向。

二、防波堤的纵轴线布置与组成

防波堤的纵轴线由一段或几段直线组成,各段之间用圆弧或折线相连接。在布置防波堤时,防波堤轴线宜向港内拐折,避免向外拐折形成凹角,造成波能集中,波高增大。如堤轴线必须向外拐折时,则两段堤轴线的外夹角不宜小于 150°,并且最好用圆弧连接。凹角处应进行局部加强处理,以保证整个防波堤结构的安全。

突堤式防波堤的纵轴线一般分为三段:堤头段、堤身段和堤根段,而岛式防波堤只有堤头段和堤身段。

堤头处的水深一般较大,波浪、水流流速也大,受力复杂,堤前水底易被冲刷。此外,两个堤的堤头之间形成港口口门,堤头断面型式对此处的波浪形态有很大影响,关系到船舶进出港的安全。堤头有斜坡式和直立式两种,各有优缺点。堤头的结构型式可根据当地的地质、水文、施工和建材的条件选定,一般应与堤身相同,此时施工也方便;但是考虑使用要求,有时堤头也可采用与堤身不同的结构型式,多数是斜坡堤堤身采用直立式堤头,此时应注意堤头与堤身之间的衔接。直立式堤头形成的口门水面宽度较窄,有利于港内的掩护,缺点是波浪反射较严重,船舶进出口门操纵困难。

堤根是突堤与岸的连接部分,一般处于浅水区,堤根段多采用斜坡式。如果为岩石海岸,堤根处水深较大,且堤身为直立式,也可采用直立式堤根。一般来说防波堤建造后,堤根部分的波浪作用将逐渐减弱,且很快被泥沙淤浅,因此不需特殊加固甚至还可以采用重量较小的护面块体。但对于岩石海岸,如岩岸较陡,堤根处水深较大,则可能由于波浪在海岸上的反射,造成堤根段的波能集中,此时应对堤根段和相邻的海岸地带采取加强措施。

沿防波堤纵轴线应设置一定数量的永久观测点。在施工和使用期间,对防波堤的沉降、位移和倾斜应定期进行观测。有条件时,可进行波浪爬高和波浪力等原体观测。

第二节 直立式防波堤

一、直立式防波堤的结构型式

直立式防波堤最常见的结构型式是重力式,还有双排桩式、格形结构和大直径钢筋混凝土圆筒结构等,但从整体工作而言,实际上也是属于重力式结构。

1. 重力式直立堤

重力式直立堤与重力式码头一样,是靠自身的重量来抵抗水平外力并维持建筑物的稳定性,主要由墙身、上部结构和基床组成。重力式防波堤以自重维持稳定,往往有强大的墙身,其墙身结构通常采用钢筋混凝土沉箱[图7-4a)]、混凝土方块(或空心方块)[图7-4b)、c)];大直径圆筒直立堤[图7-4d)]。

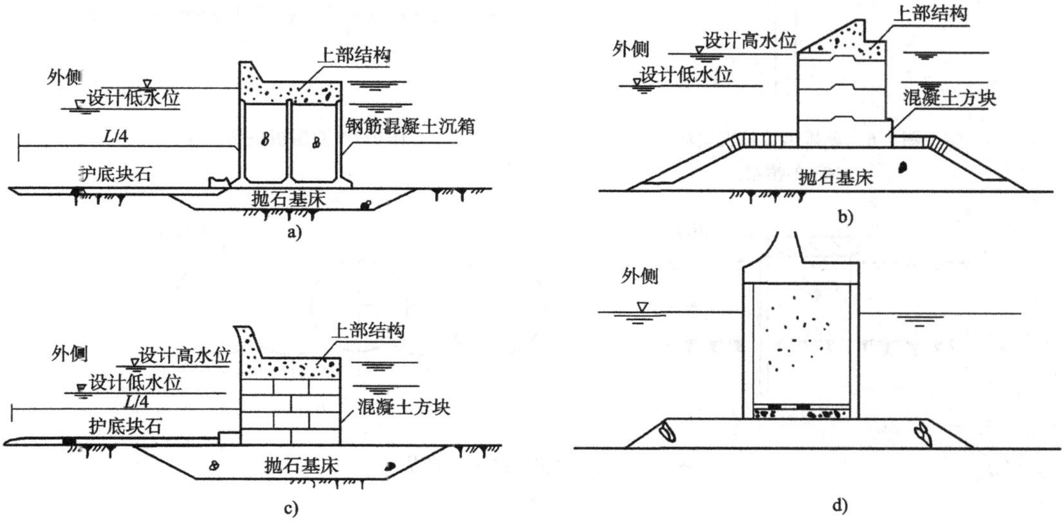

图7-4 重力式直立堤断面图

a)沉箱式直立堤;b)削角方块直立堤;c)正砌方块直立堤;d)座床式圆筒直立堤

(1)钢筋混凝土沉箱防波堤的优点是整体性好,箱内填块石或砂料,可节省混凝土,降低造价,施工速度快,特别适合于外海作业,但沉箱的预制和下水必须有大型专用设备。

(2)混凝土方块式防波堤具有坚固、耐久的优点,施工也较简便,但混凝土用量大,且整体性较差,对地基不均匀沉降敏感,也需要有起重船等大型设备。

(3)大直径圆筒直立堤由直径大于3m(一般为8~15m,最大已达21.5m)无底钢筋混凝土或钢圆筒组成,内为砂石回填料。圆筒可以置于抛石基床上(即座床式圆筒直立堤)或沉入地基一定深度(图7-5)。直接沉入地基的大直径圆筒防波堤是靠自重和入土部分前面的被动土压力来维持稳

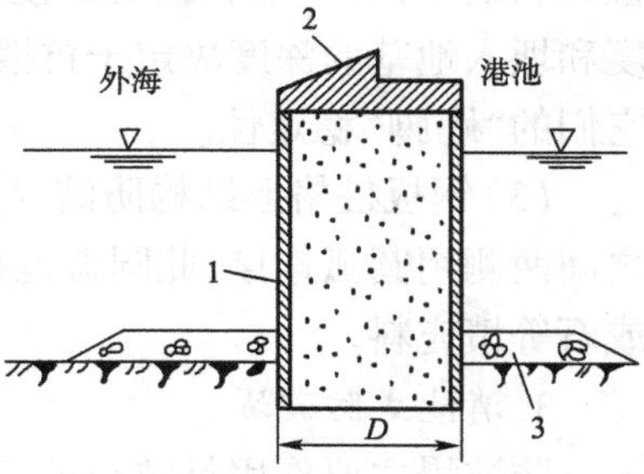

图7-5 沉入式圆筒直立堤

1-圆筒;2-上部结构;3-抛石

定。座床式圆筒直立堤适用于地基较好的情况。

2. 桩式直立堤

无基床薄壁防波堤是由插入地基内的薄壁壳和填料组成,靠它们共同成为一个整体来抵抗波浪力的作用,有单排桩式(图7-6)、双排桩式(图7-7)、钢板桩格形结构(图7-8)等结构型式。它们的共同特点是无抛石基床;有入土部分,前面被动土压力参加工作;一般适用于地基中持力层埋藏不太深的情况。

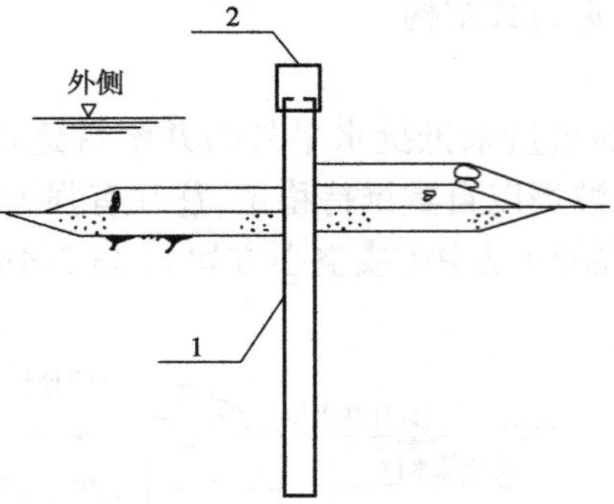

图7-6 单排钢管桩直立堤

1-桩;2-帽梁

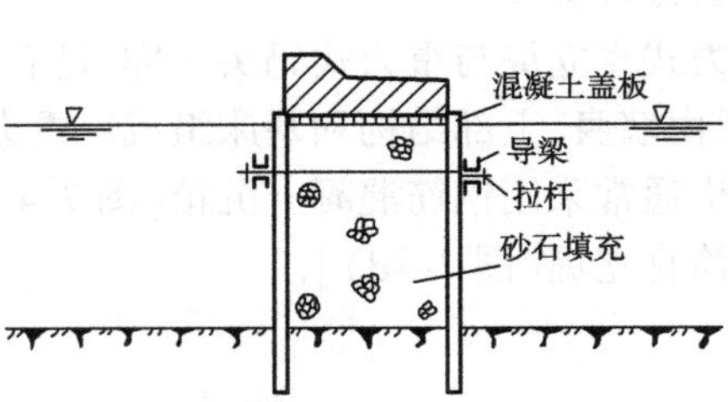

图7-7 双层板桩防波堤

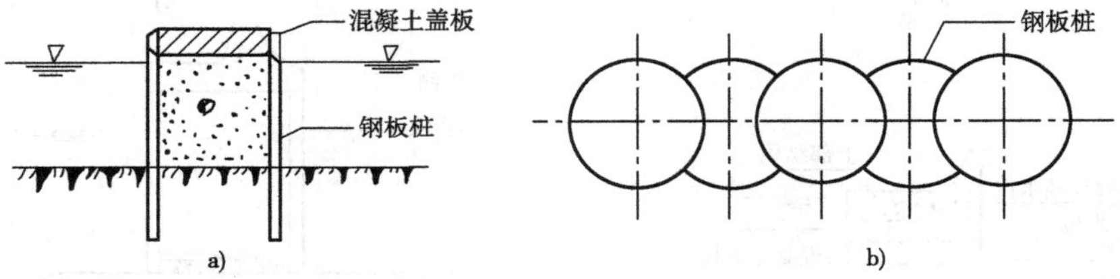

图7-8 钢板桩格形结构防波堤

a)断面图;b)平面结构图

(1)单排桩式直立堤是由直桩、斜桩、帽梁和联结构件等组成,桩前后回填块石增加桩的稳定性。

(2)双排桩式防波堤断面两侧是打入地基中的排桩或板桩,在上部用拉杆将双排桩(或板桩)对拉,中间为填料,顶面用混凝土板覆盖,而后在盖板上浇注上部结构。这种防波堤的宽度和埋入地基的深度决定于抗滑、抗倾和中和轴抗剪的稳定性,桩或板桩的入土深度也要满足它们的"踢脚"稳定性。

(3)钢板桩格形结构防波堤是用打入地基中的平板形钢板桩组成大直径圆圈,相邻圆圈之间两侧用圆弧连接,此圆弧也是由打入地基中的平板形钢板桩组成,圆圈及圆弧内为砂、土或石等填充料。

3. 消能式防波堤

防波堤主要作用是防浪的,其主要受力荷载是波浪力,因此减小波浪力就可减小堤的断面,从而减少工程造价。最早由加拿大人加兰于1961年首先采用多孔式沉箱直立堤。目前主要有以下几种型式:

(1)顶部剖角直立堤[图7-4b)]。在直立堤的上部结构靠海侧做成较缓的斜面,犹如直立墙削掉一个角(图7-9)。这样,堤前波浪在斜面上破碎,既消减了一部分波能,又减小了堤前波浪的反射,从而使波浪力减小。同时,作用在斜面上波压力的垂直分力还有利于堤的稳定,从而减小了堤的断面。缺点是削角斜面上的越浪较大。我国采用削角直立堤的工程较多,如大窑湾港区420m南防波堤、葫芦岛港防波堤延长段和秦皇岛港扩建工程岛式防波堤等。

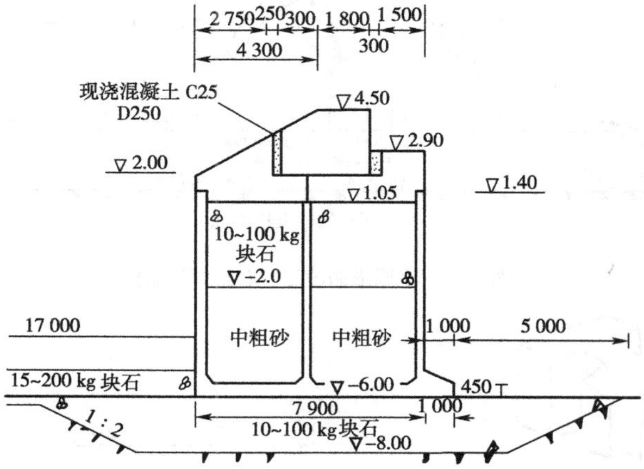

图7-9 顶部剖角直立堤(尺寸单位:m)

(2)开孔消浪直立堤(图7-10)。将沉箱靠海一侧的箱壁上开一系列孔洞,部分波浪水体通过孔洞进入没在海侧箱格的消能室,利用堤前波浪与进入消能室水体的相位差和水体进入消能室后产生的剧烈紊动来消能,以达到减小波浪力的目的。

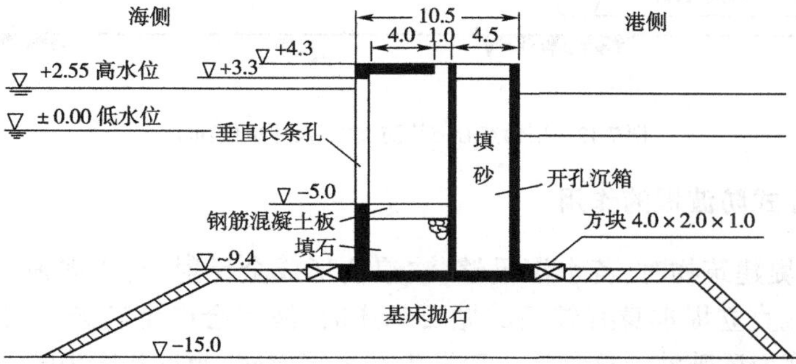

图7-10 开孔消浪直立堤(尺寸单位:m)

(3)半圆形防波堤(图7-11)。由开孔的半圆形拱圈和底板组成,堤身内不抛填石料。拱圈上开孔可消耗波能,底板上开孔可减小波浪浮托力。它的特点是波浪作用力小,构件受力性能好。

(4)削角空心方块防波堤(图7-12)。结合削角斜面结构和开孔消浪结构两者的优点的一种新型结构。

除以上几种消能结构型式外,到目前为止,研发的直立式防波堤有:多孔凹形曲面堤、波浪自稳防波堤、曲面纵向开孔堤、梳式防波堤等。半个世纪以来,防波堤正向消浪、透流、轻型的方向发展。

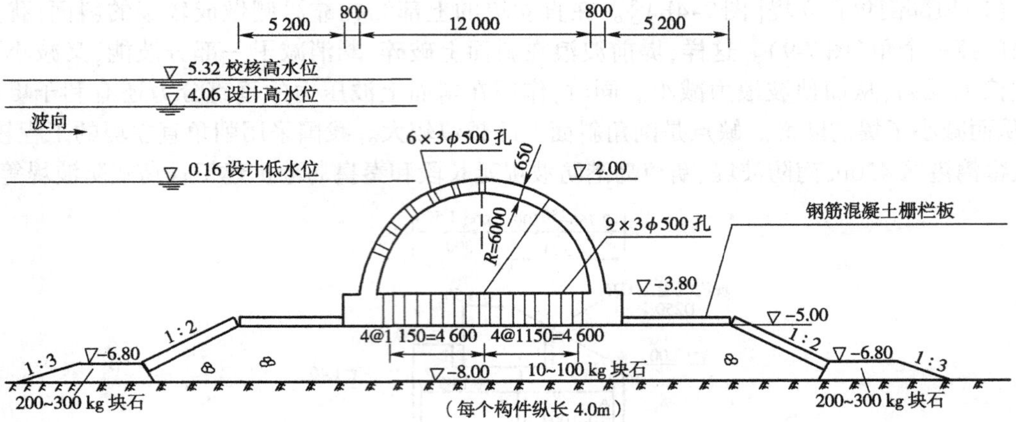

图 7-11　半圆形防波堤(尺寸单位:m)

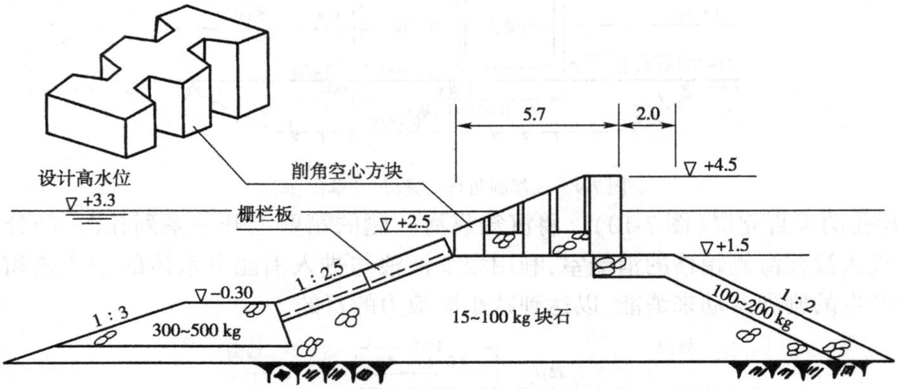

图 7-12　削角空心方块防波堤(尺寸单位:m)

二、波浪对直立式防波堤的作用

波浪遇到直立堤建筑物时,若水深足够,波浪会形成全反射,与入射波叠加形成立波(驻波)。当水深较浅或直立堤本身有较高的抛石基床时,波浪会产生破碎。当破碎在离堤半个波长以外发生时,称为远破波。这种波一般发生在平缓海底,而且基床为暗基床或低基床的情况。当破碎在离堤半个波长以内或在基床及堤面发生时为近破波。这种波一般发生在中、高基床的情况。近破波较远破波对直立堤具有更大的冲击性。三种波浪形态如表 7-1 所示。

作用于直立堤的波浪形态　　表 7-1

基床类型	产生条件	波　态
暗基床和低基床 $\left(\frac{d_1}{d}>\frac{2}{3}\right)$	$\overline{T}\sqrt{g/d}<8, d\geq 2H$ $\overline{T}\sqrt{g/d}\geq 8, d\geq 1.8H$	立波
	$\overline{T}\sqrt{g/d}<8, d<2H, i\leq\frac{1}{10}$ $\overline{T}\sqrt{g/d}\geq 8, d<1.8H, i\leq\frac{1}{10}$	远破波

续上表

基床类型	产生条件	波 态
中基床 $\left(\frac{1}{3}<\frac{d_1}{d}\leqslant\frac{2}{3}\right)$	$d_1 \geqslant 1.8H$	立波
	$d_1 < 1.8H$	近破波
高基床 $\left(\frac{d_1}{d}\leqslant\frac{1}{3}\right)$	$d_1 \geqslant 1.5H$	立波
	$d_1 < 1.5H$	近破波

注：$\overline{T}$——平均周期；H——建筑物所在处进行波的波高(m)；d——建筑物前水深(m)；d_1——基床上水深(m)；i——建筑物前水底坡度。

直立式防波堤立波的产生除应符合表7-1的要求外，还应满足波峰线与防波堤大致平行，且防波堤的长度大于一个波长的条件。

由表可以看出，防波堤建成前的波浪要素、堤前水深条件、底坡及基床轮廓尺寸都是波浪表现为不同形态的影响因素。

还应当注意到，当来波较陡($\frac{H}{L} > \frac{1}{14}$)时，波浪遇直立堤反射后波陡加大，可能形成破碎立波。又当堤前水深 $d < 2H$，底坡 $i > \frac{1}{10}$，防波堤为暗基床或低基床时，堤前也可能出现近破波，对上述情况，宜通过物理模型试验进行检验。如果明基床上有护肩方块，其宽度大于波高 H 时，应当用方块顶面水深 d_2 代替基床顶面水深 d_1，以确定波态和计算波浪力。

三、重力式直立堤的结构构造

重力式防波堤与重力式码头一样，主要由抛石基床、墙身和上部结构组成，二者由于所处工作环境和条件有所不同，因此在构造上也有所差异。图7-13为某海港防波堤。

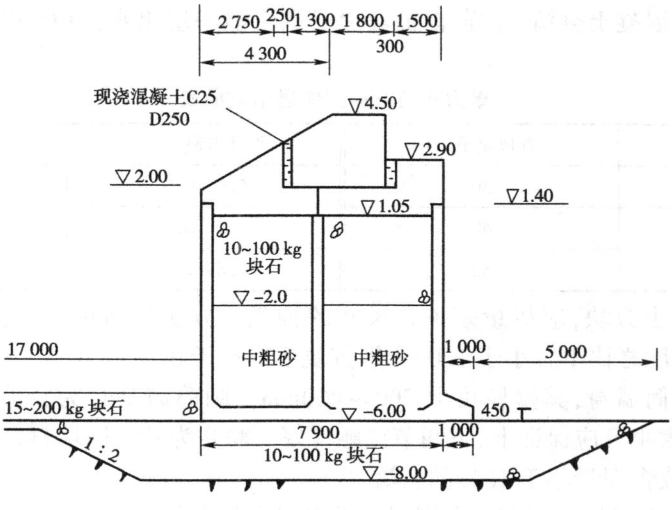

图7-13 某海港防波堤

1. 抛石基床

重力式防波堤抛石基床也有暗基床、明基床和混合基床三种型式，选用的依据是地基承载力和波浪、水深条件等，地基为软弱土层时可采用换砂、设置砂垫层、布置排水砂井或深层水泥搅拌等方法进行软基加固处理。

抛石基床厚度的确定除应考虑地基承载力外，还应考虑在堤前形成的波浪形态和工程造价等影响因素。在非岩基上的抛石基床厚度应由计算确定，但对于黏土地基抛石基床厚度不应小于1.5m，砂土地基时不应小于1.0m（含碎石垫层0.3m）；在岩基上的抛石基床厚度不应小于0.5m。抛石基床可采用10～100kg的块石，基床宜用重锤夯实，也可采用爆夯，具体采用何种方式应根据基床的厚度和施工条件确定。

为了避免堤前出现近破波，应保证基床顶面在设计低水位时的水深不小于1.5～2.0倍的波浪破碎水深。为了保证抛石基床的完整性，要求明基床的外肩和内肩的宽度分别取0.6和0.4倍的堤身计算宽度，外边坡坡度一般为1:2～1:3，内边坡一般为1:1.5～1:2。对于高基床的肩宽和边坡坡度应通过水工模型试验确定。暗基床底宽度不宜小于直立堤墙底宽度加两倍的基床厚度。

当波浪较大而基床顶上水深较小时，根据计算需要可采用安放大块石或人工块体来保护基肩和边坡，人工块体可用混凝土实心方块、四脚空心方块和栅栏板等。直立堤前护底块石可采用1～2层，其厚度不应小于0.5m。当护底块石重量大于100kg时，或当地基为砂土时，应在护底块石层下设置不小于0.3m厚的碎石垫层。

2.堤身结构

堤身结构是指基床顶面以上、上部结构以下的部分，其高度既要考虑上部结构的施工，又要兼顾沉箱内回填料的施工时间，一般以基床顶至施工水位以上0.3～0.5m为宜。

堤身结构是重力式防波堤的主体部分，主要形式有钢筋混凝土沉箱、混凝土方块和大直径钢筋混凝土圆筒等。防波堤用的沉箱与码头沉箱不同之处是可以采用梯形断面形式；防波堤用的混凝土方块应有足够的重量，以免被波浪抽出，其重量不宜小于表7-2规定的数值，并应尽可能的大，这样有利于结构的整体性；为了增大方块的尺寸和减小混凝土用量，可以考虑采用空心方块或钢筋混凝土空箱，这样，防波堤堤身则可能一层出水，有利于施工和结构的安全稳定。

重力式防波堤方块最小重量表 表7-2

设计波高(m)	方块重量(t)	设计波高(m)	方块重量(t)
2.6～3.5	30	5.6～6.0	60
3.6～4.5	40	6.1～6.5	80
4.6～5.5	50	6.6～7.0	100

对于堤身混凝土方块，应尽量减少其尺寸的种类。方块长边尺寸与高度之比不应大于3.0；短边尺寸与高度之比不宜小于1.0，个别方块不应小于0.8。

钢筋混凝土圆筒墙身，其壁厚可取200～400mm。圆筒筒身宜为整体，当必须分节预制时，分节高度不宜太小且应保证上、下两节接触良好。筒内为砂石回填料。填料宜采用级配较好的石料、中粗砂或含泥量小于10%的石渣。

坐床式圆筒直立堤为了增加抗倾能力，圆筒底脚可向外、向内或向两侧加宽（图7-14）。大直径圆筒防波堤具有沉箱式防波堤的一些优点，但因其为无底，因此必须处理好圆筒内漏砂问题，否则将影响防波堤抗倾抗滑的稳定性。对内部填砂的座床式圆筒，应在圆筒底部设置倒滤层;对分节装配式圆筒,应在圆筒上、下节的接缝处设置倒滤层或采用其他防漏砂措施。

3. 上部结构

防波堤上部结构可采用现浇或装配整体式混凝土结构,一般由平台和胸墙(挡浪墙)两部分整体浇注而成。平台的作用是增强防波堤结构的整体性和保护堤身材料不被波浪淘刷,其顶面可兼做通道或其他使用;挡浪墙的作用是防止波浪水体大量越浪,并保证平台顶面的使用安全。防波堤迎浪面可考虑做成直立面、削角斜面或弧形面。

防波堤上部结构应有足够的刚度和良好的整体性,并与堤身连接牢固,厚度不宜小于1.0m,嵌入沉箱的厚度不宜小于0.3m。直立式防波堤的堤顶高程以挡浪墙顶为准,对于允许少量越浪时,顶高程宜定在设计高水位以上0.6~0.7倍设计波高值处;对于基本不允许越浪时,顶高程宜定在设计高水位以上1.0~1.25倍设计波高值处。

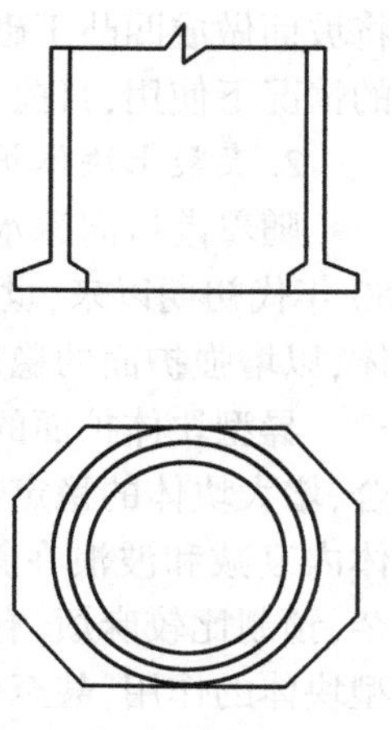

图7-14　圆筒底部加强图

第三节　斜坡式防波堤

一、斜坡堤结构型式

斜坡式防波堤的结构型式主要有抛石防波堤、人工块体护面防波堤。在海港工程中使用最广的当属采用人工块体护面的防波堤。

1. 抛石防波堤

抛石防波堤有不分级(图7-15)和分级(图7-16)两种形式。

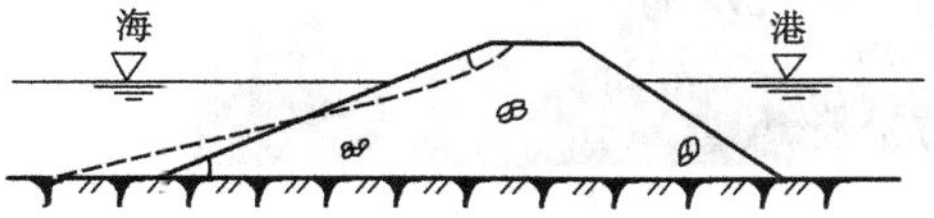

图7-15　不分级块石斜坡堤

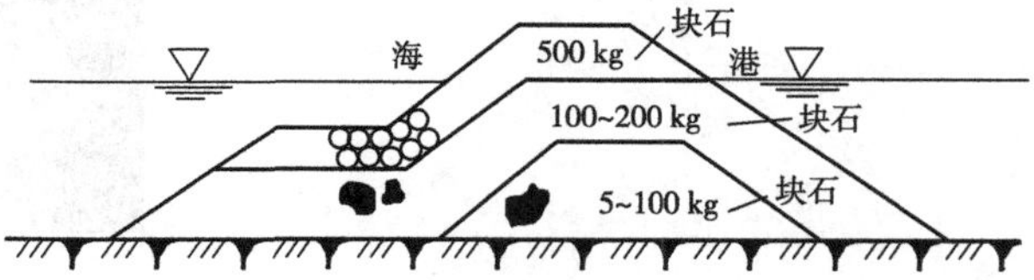

图7-16　分级块石斜坡堤

(1)不分级块石防波堤。利用开采出来的大小不一的块石,不经分选,混在一起随意抛填而成,坡度较缓,堤身较密实,孔隙率约为25%~30%,波浪和泥沙不易透过,沉降比较均匀,施工简单。这种防波堤受到波浪作用时,小块石被冲刷,大块石被冲击滚到坡下使堤面坍塌,因此,在一场大的风浪过后,需进行补抛块石,后期养护费用高。不分级抛石防波堤现在已较少采用,而改用分级块石防波堤结构型式。

(2)分级抛石防波堤。根据波浪对防波堤各部位的作用不同而将块石分级使用,将小块石堆放在堤心和堤的下面,将大块石堆放在堤面和堤顶位置,这样就提高了防波堤的抗浪能力。但由于块石分级工作较繁琐,为便于施工,块石分级不宜太多,甚至可只分堤心和表层两级。

为了更好地发挥大块石的抗浪能力,在施工水位以上的坡面可采用干砌块石,也可采用干砌条石护面。砌坡时,应使块石或条石的长边垂直于坡面,这样会有利于结构的稳定,特别是将坡面做成凹凸丁砌条石结构时还可有效减小波浪爬高。这种防波堤可在波高不超过3～4m的情况下使用,目前在山东省和福建省应用较多,尤其是小型地方港口或渔港。

2. *混凝土块体护面防波堤*

随着港口向深水发展,防波堤所处的位置水深越来越大,相应的波浪也越大,自20世纪50年代初期以来,世界各国都在研究消浪性能好、稳定性好并用于防波堤护面的人工异型块体,以增强护面的稳定性,提高防波堤的整体抗浪能力。

异型块体护面的特点是具有高度的不规则性。块体形状不规则有利于块体之间的相互咬合,增大块体的稳定性;块体形成护面时孔隙率大,形成的表面糙率也大,有利于波能在护面块体内衰减和波浪在斜坡上破碎,波能消散,减小破波流在斜坡上的爬高。缺点是块体形状复杂,预制比较麻烦,有些异型块体的连接部位较薄弱,在施工和使用过程中易折断,从而失去异型块体的作用,甚至使整个防波堤发生破坏。

目前,被广泛应用的人工异型块体主要有扭王字块体、扭工字块体、四脚锥体、四脚空心方块和栅栏板等几种。近年来,国内用得最多的是四脚空心方块和扭工字块体,均已有20多个工程实例,目前扭王字块体正日益受到广泛的运用。图7-17～图7-20是我国一些港口斜坡堤采用异型护面块体的结构断面型式。另外,我国还采用混凝土栅栏板作为斜坡堤的护面层(图7-21),孔隙率约为33%～39%。用栅栏板护面的斜坡堤,波浪爬高和反射系数均较大,一般适用于波高小于3m时的情况。

a)

b)

图7-17 四脚锥体斜坡堤

a)

b)

图7-18 四脚空心方块斜坡堤

a)

b)

图 7-19 扭工字块体斜坡堤

a)

b)

图 7-20 扭王字块体斜坡堤

二、斜坡堤构造断面尺寸与构造

1. 斜坡堤的主要断面形式

当护面采用抛填块石，安放块石或混凝土人工块体时，断面的一般形式如图 7-22a) 所示，港外侧宜设置水下抛石棱体以支承护面，对地基较好的情况，也可不设置抛石棱体。

当水上部分的护面采用干砌块石、干砌条石或浆砌块石时，断面的一般形式如图 7-22b) 所示，在施工水位附近设置肩台，用以支承水上的护面，肩台部分可安放大块石或混凝土方块。

当施工时期波浪经常较大、石料缺乏，且有足够起重能力时，可采用抛填块体的断面，如图 7-22c) 所示。

当堤顶作通道或堤内兼作码头时，宜在堤顶设置胸墙如图 7-22d) 所示。

图 7-21 混凝土栅栏板护面

当石料来源丰富，利用块石作护坡，且采用陆上推进法施工时，可采用宽肩台抛石斜坡堤，如图 7-22e) 所示。

当护面块体采用规则安放如四脚空心方块、栅栏板等形式时，应设置抛石或方块水下棱体。

2. 斜坡式防波堤堤顶高程

斜坡堤的堤顶高程应根据港内要求的平稳程度确定。

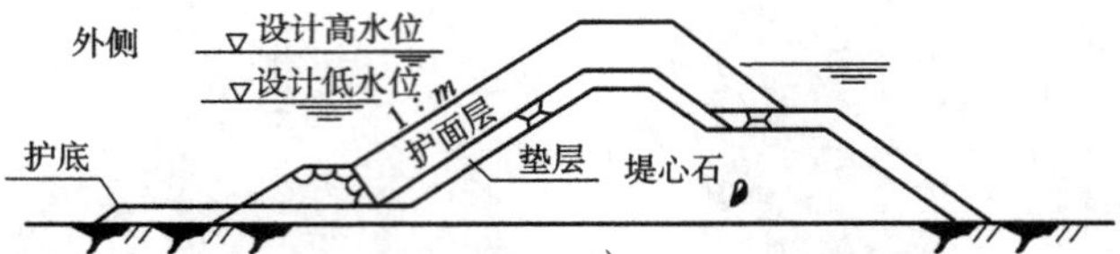

a)

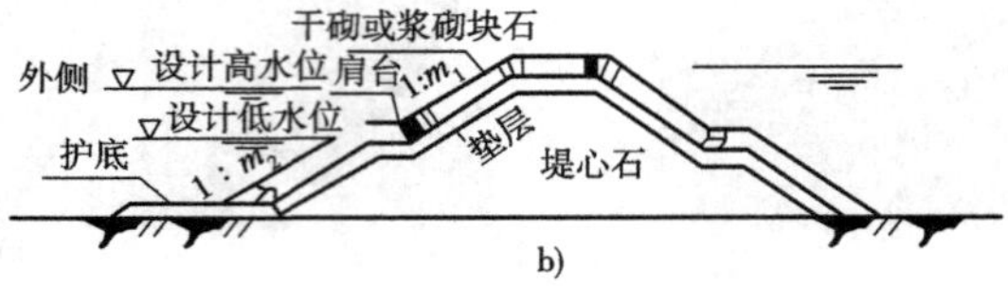

b)

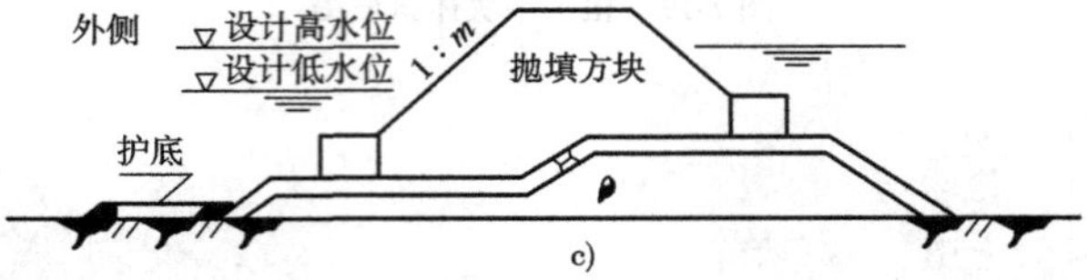

c)

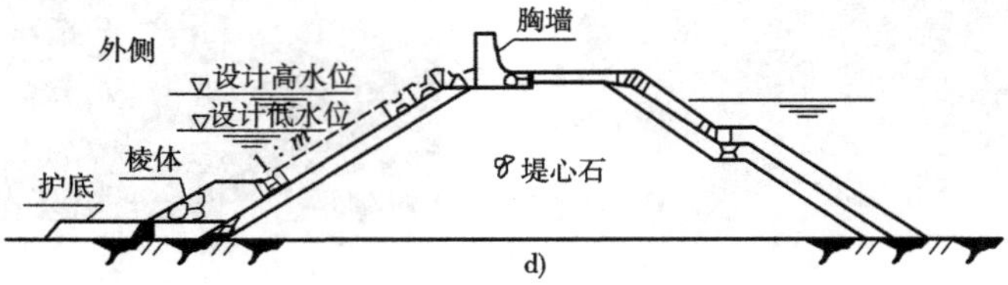

d)

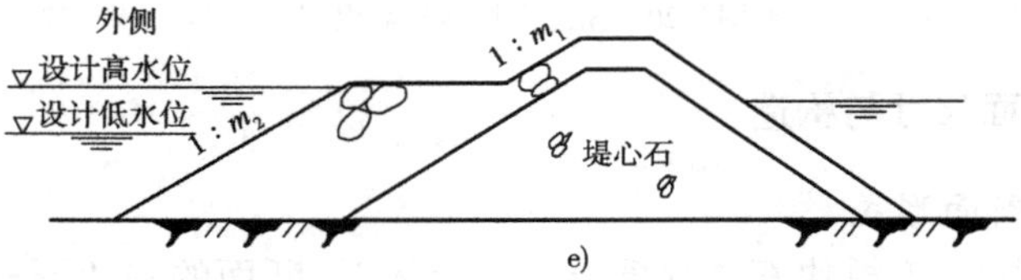

e)

图 7-22 斜坡堤断面形式

a)人工块体护面斜坡堤；b)砌石护面斜坡堤；c)抛填方块斜坡堤；d)堤顶设胸墙的斜坡堤；e)宽肩台斜坡堤

(1)对于允许少量越浪的斜坡堤，顶高程宜定在设计高水位以上不小于 0.6 ~ 0.7 倍设计波高值处。

(2)对基本不越浪的斜坡堤，顶高程宜定在设计高水位以上不小于 1.0 倍设计波高值处。

(3)对宽肩台抛石斜坡堤，宜按基本不越浪确定。

(4)对设胸墙的斜坡堤，胸墙的顶高程宜定在设计高水位以上 1.0 ~ 1.25 倍设计波高值处。当堤顶不兼作通道时，胸墙的顶高程可适当降低。

(5)对于防护较高的斜坡堤，宜按波浪爬高计算确定其堤顶高程。

3. 堤顶宽度

斜坡堤的堤顶宽度，顶宽可按 1.10 ~ 1.25 倍设计波高取值，且在构造上至少应能安放 2 排或随机安放 3 块人工块体。对从陆上推进施工的斜坡堤，堤顶宽度还应考虑施工机械的要求。

4. 斜坡坡度

在设计斜坡堤时应主要考虑外坡，内坡可陡于外坡。边坡坡度的确定应考虑波浪要素、护面块体及结构型式，具体取值可如表 7-3 所示。

斜坡堤坡度表 表7-3

护面型式	坡度	护面型式	坡度
抛填或安放块石	1:1.5~1:3	安放人工块体	1:1.25~1:2
干砌或浆砌块石	1:1.5~1:2	抛填方块	1:1~1:1.25
干砌条石	1:0.8~1:2		

注:对宽肩台斜坡堤。肩台以上和以下的边坡斜坡度可分别取1:1.5~1:3和1:1~1:1.5。

5.护面块体的支承棱体和肩台尺寸

对港外侧设置水下抛石棱体的断面,棱体的顶面高程宜定在设计低水位以下约1.0倍设计波高值处;顶面宽度不宜小于2.0m;棱体厚度不宜小于1.0m。

对抛填块体的断面,堤身在设计高水位处的宽度不宜小于3.0倍设计波高值。

肩台是在迎浪面斜坡上设置平台,可供施工使用,也具有消浪作用。如为施工用,其顶高程常取施工水位,顶宽不宜小于2m。宽肩台斜坡堤的肩台顶高程宜取设计高水位以上1.0~3.0m处,顶宽一般可取2.3~2.9倍设计波高值,且不宜小于6.0m。

6.斜坡堤构造

(1)堤底垫层及堤前护底块石:可冲刷地基上的斜坡堤堤前护底块石层的设置应符合下列要求:

①斜坡堤护底块石层的宽度应根据堤前水深和流速大小确定,堤身段可采用5~10m,堤头段可采用10~15m。

②护底块石可采用1~2层,厚度不宜小于0.5m。对砂质海底,在护底块石层下宜设置厚度不小于0.3m的碎石层。

③斜坡堤前沙质海底的护底范围,应根据其冲刷形态和冲刷深度确定。

可冲刷地基上的斜坡堤,其护面块体或水下棱体的大块石均不应直接抛于海底面上,而应在海底面上设置一层厚度不小于0.5m的10~100kg的块石垫层。

(2)堤心:斜坡堤的堤心石可采用10~100kg的块石,对工程量较大,石料来源缺乏的地区,经论证可采用开山石、石渣或袋装砂土等代用材料。代用材料与垫层块石间宜有足够厚度的10~100kg块石。开山石应有适当的级配,开山石和石渣的含泥量应小于10%。

(3)外坡护面块体下的垫层:异型混凝土块体需要良好的支持,因此护面块体下应设块石垫层。同时也可保护堤心石施工期免被冲散。外坡护面垫层块石的重量不宜小于护面块体重量的1/20~1/10,当有困难时其重量不得小于1/40。对于四脚空心方块和栅栏板护面,其垫层块石应按不超过护面空隙尺度确定。

(4)护面块体:我国常用的人工护面块体尺寸与混凝土体积计算参考《防波堤设计施工与施工技术规范》附录A。

用四脚锥体或扭工字块体为护面,一般需安放两层。当扭工字块体重量大于20t、四脚锥体重量大于40t时应考虑配置钢筋或采取其他加强措施。

四脚锥体的安放方法:下层正放,一行一脚向坡顶,另一行两脚向坡顶,相间放置,彼此紧密连接,上层插空正放。

扭工字块体的安放方法主要有两种:定点随机安放和规则安放。采用定点随机安放时,一般先按设计块体数量的95%计算网点的位置和数量,用定点、定数的方法随机安放;安放完后进行检查,对厚度不够或有遗漏处,再用预留的5%块体补安。采用规则安放时,应使腰杆在坡面的下方,并压在前块体的横杆上;横杆落在垫层块石上,腰杆跨在相邻的横杆上,并尽量不使垫层块石外露。

四脚空心方块一般单层铺放,护面坡度不宜陡于1∶1.25。

扭王字块体可采用扭工字块体的定点随机安放方法。块体在坡面上可斜向放置,并使块体的一半杆件与垫层接触,但相邻块体的摆向不宜相同。

(5)胸墙:胸墙可以现场建筑,也可以由浆砌块石构成,通常采用梯形断面。胸墙的形式有L形、反L形和弧形等,如图7-23所示。

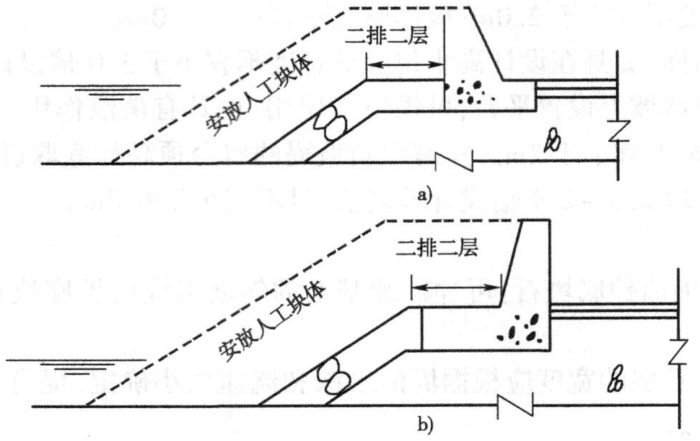

图7-23 堤顶胸墙

a)L形胸墙;b)反L形胸墙

第四节 斜坡式防波堤的施工

防波堤作为防波浪建筑物,在施工过程中极易遭受到波浪的袭击而破坏。尤其是斜坡式防波堤,在未形成设计断面之前,其抗浪能力很差,更何况从堤心到护面又是分段、分层逐步完成的,因此它工序多、暴露范围大,遭受波浪袭击几率多,破坏程度大。因此,在斜坡式防波堤施工中,应在尽可能增加和充分利用可作业天数的原则下,认真研究施工方案、施工安排和施工方法。

一、施工方案

按斜坡堤的类型和断面形式,施工方案可分为两类:一类是以陆上作业为主,水上作业为辅的陆上推进施工(图7-24);另一类是全为水上作业的水上施工。在特殊条件下,也有全为陆上作业的陆上施工。

图7-24 陆上推进法

岛堤,不论其断面为何种形式,一般只能采用水上施工方案。突堤,堤心石顶高程在高潮位以上(确保堤顶通道不被淹没),且顶宽能满足陆上机械作业要求时,如石料主要来源于陆上,又有大型陆上施工机械,宜用陆上推进施工方案

（有时为采用陆上推进施工方案，即便适当加宽、加高堤心石也可能是经济合理的）；在特殊条件下，如图 7-21 所示的断面形式，因所处海域有长周期波，波高大，且平均周期长达 24s，几乎无法用水上施工方案，于是采取沿堤中心线设施工栈桥，用 30t 门机的陆上施工方案。如图 7-25 所示。

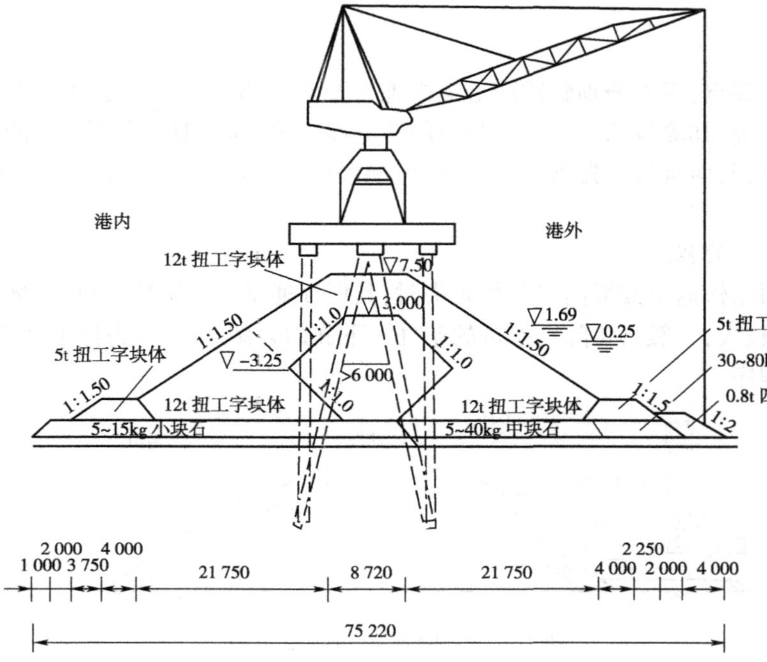

图 7-25 堤中心设施工栈桥和 30t 门机施工方案

用陆上推进施工方案的优点是：

(1) 陆上作业部分几乎不受波浪的影响，能极大地增加可作业天数，必要时还可昼夜作业，而水上作业部分，只要作业条件允许，即可一直向前推进。这样既可加速施工进度、缩短工期，又可及时护面形成设计断面，减少浪击的几率和损失。

(2) 陆上作业部分所用陆上机械台班单价低，且因能充分利用日历天和工时，机械利用率高，可减少船机的总使用费。

(3) 如遇有大风浪，在其未来之前不久，水上作业虽已停止，但陆上作业还可抢作防浪加固处理，这样，可缩短防浪的停工时间和减少浪击损失。

二、施工安排

根据水文气象资料分析波浪和海况情况，按季节合理安排施工。

(1) 在大浪季节里，为避免浪击损失，也为大浪季节过去后能开创更多的工作面，应根据可能遇到的波浪要素，按经验或通过模型试验拟定某一水位以下的堤心施工断面。拟定的原则是施工断面要小于设计轮廓线，而且要小到即使受到风浪袭击后，堤心石也不会滚落到设计轮廓线之外。如波浪比较小，为避免浪击损失且争取多完成一些工程量，也可缩小流水分段长度，增加分层层数，“步步为营”进行施工。

(2) 大浪前、后的季节里，为了多开工作点以充分利用可作业天数，应加大流水分段长度、减小分层层数、配备足够的船机、劳力和储备充分的材料(石料、护面块体、……)。

(3)根据海况情况,情况好时侧重安排堤迎浪侧的施工;情况差时,侧重安排堤背浪侧的施工。

三、施工程序

依据上述施工要点,下面分别叙述陆上推进施工及水上施工两种方法和施工程序。对于建在软基上的斜坡堤,其堤身部分的施工与一般斜坡堤基本相同,但其水下棱体的施工应与堤心底层抛石同步进行,而且最好先抛水下棱体,后抛堤心石,以防止堤心石滑移。软基处理均在水上进行。

1. 陆上推进施工的程序

当突堤的堤顶用作通道或堤内侧兼作码头时,其堤顶通常设有胸墙,这种斜坡堤的堤顶较宽、堤心石顶高程较大,一般具备陆上推进的条件。下面即以图7-26作为标准断面,叙述陆上推进施工的主要程序。

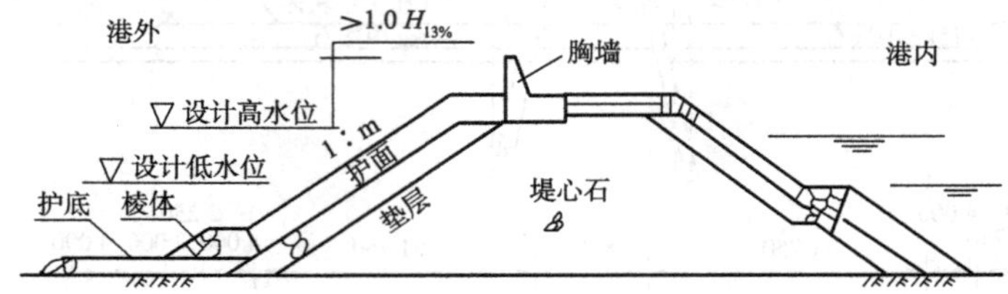

图7-26 突堤式防波堤断面图

陆上推进施工从堤根开始。由于堤根部水深较浅,堤心石可以一次到顶向前推进,当堤身推进到水深 -1.0 ~ -2.0m 以后,整个堤身已很高,为了防止继续推进造成塌坡,此后堤心石原则上需分两步进行。第一步粗抛,在水上进行,抛至 ±0.0m 左右(波高较大时,需适当降低);第二步由陆上继续推进,一次到顶。堤心石成型后,即重点进行外坡工序,如垫层、护底、棱体以及护面等,分段进行流水作业,其中护底和棱体基本上可与垫层块石同步进行。

胸墙的施工时间应考虑以下两点:

(1)若堤顶宽度较大,胸墙施工后不影响陆上机械及车辆行走,仍能继续从陆上向前推进,则施工可多头展开;若堤顶较窄,胸墙施工后影响陆上推进,则应将胸墙的施工期适当后延。

(2)如工期允许,最好让堤身能经过一个大浪季节,使之经过较大风浪打击沉实后再进行胸墙施工。

胸墙完成后方可将坡肩处的护面层补齐。内坡成型一般可放在胸墙施工之后。

堤身施工时应注意掌握施工季节。堤心石第一步抛至 ±0.0m 以下时,其稳定性较好,基本不受风浪影响,全年均可进行,并可超前多抛。堤心石的第二步长高成型以及垫层石和护面等,应重点安排在非大浪季节进行,其分段流水的分段长度应视工程量和运输安装能力的大小而定,但也不宜太长,如需在大浪季节施工,其分段流水的分段长度应尽量缩短,并要"步步为营",且在风浪来临前,应根据预报风浪情况,在堤身长高推进面及端部,用大块石(必要时用护面块体)进行临时保护。

对于在软基上施工的防波堤,其堤心的分层及其间歇时间等均须按设计要求进行。为加快施工进度、确保堤身安全,在底层抛石时,应布设沉降观测点,定期进行观测,根据观测结果分析地基的固结情况,调整上层抛石的间歇时间。根据以往经验,通过实际沉降观测分析后,其间歇时间通常比设计规定的时间要缩短不少。

2. 水上施工的程序

对于图 7-27 所示的采用抛填混凝土方块的斜坡堤,其底部堤心石的抛填方法与抛石堤基本相同,而其上部混凝土方块的抛填,则应视其重量大小,选择相应能力的起重设备,进行逐层吊抛。这种结构的有利之处在于堤身形成过程中稳定性较好,只要根据工期要求及施工作业天数配备适当的起重、装运设备,合理组织施工,即可按期完成。但这种结构型式需用大量水泥,造价也高,因此目前国内很少采用。

下面重点以图 7-28 所示标准断面的岛式斜坡堤叙述水上施工的主要程序:

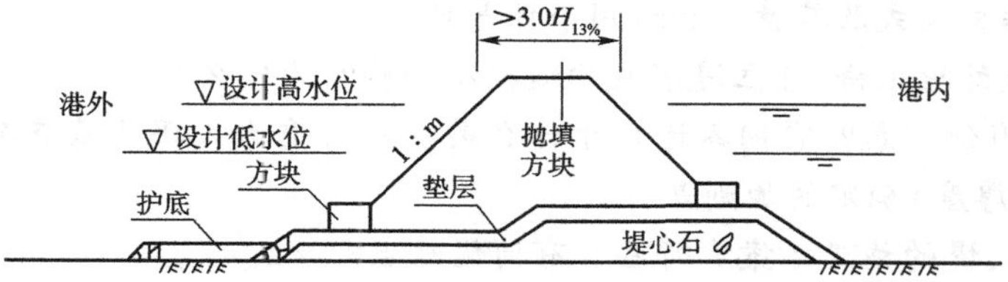

图 7-27 混凝土方块斜坡堤

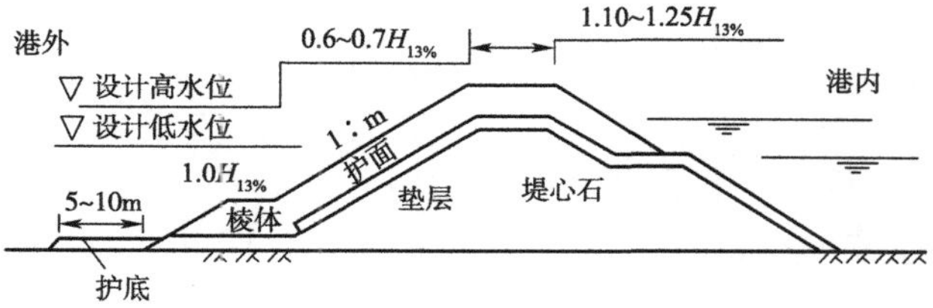

图 7-28 标准岛式斜坡堤断面

岛式斜坡堤的施工程序从一端开始,先抛棱体下部基础,接着抛棱体和护底,然后抛堤心石。堤心石原则上也分两步进行:第一步先粗抛,高程控制在 ±0.0m 左右(波高较大时,需适当降低)。第二步一次到顶。内坡堤心的戗台,可作为第二步抛石中的一个分层。堤心石抛至 ±0.0m 以下,其稳定性较好,基本不受风浪影响,可超前多抛。堤心石 ±0.0m 以上的大量长高和成型,应重点安排在非大浪季节进行,并要及时进行垫层和护面施工,其中尤应抓紧垫层抛石施工,使之先将堤心石包住,以提高抗浪能力。如需在大浪季节施工时,则应以水下抛石为主,在此期间进行堤心石长高及护面施工时,应尽量缩短分段流水的分段长度,并"步步为营"。在大浪来临前,应根据风浪预报情况在堤身长高推进面及堤头进行临时保护。

堤身和护面,在海况条件好时,应以外坡为主,但内坡也不应忽视,并且要及时护上。因为这种斜坡堤的堤顶低、堤身窄,在护面没有全部完成时,往往会因波浪越顶而把内坡打坏。

堤身各部如预制和安放人工块体护面、抛填块石、安放块石或砌石护面、现浇挡浪墙等的施工要求,可具体参阅《防波堤设计与施工规范》(JTJ 298—98)和《港口工程施工手册》等。

小 结

本章主要内容包括：防波堤的作用、组成及分类；直立式与斜坡式防波堤的结构与构造；斜坡式防波堤的施工特点、施工方案及程序等。

思 考 题

1. 防波堤的功能是什么？斜坡堤和直立堤的优缺点及适用条件是什么？

2. 防波堤轴线布置的主要原则是什么？

3. 直立堤的结构型式及其特点和适用条件是什么？

4. 斜坡堤的结构型式及其特点和适用条件是什么？

5. 从结构构造处理上讲，直立堤消波的途径有那些？为什么？

6. 抛石基床有何型式？它们各适用于什么条件？与重力式码头基床确定条件相比有何区别？基床顶高（厚度）确定的原则是什么？

7. 斜坡式防波堤的施工方案有哪些？有何优缺点？

附录一　部分码头荷载标准值

专业机械化码头堆货荷载标准值(部分)　　　　附表 1-1

码头类别	荷载图式	结构型式	堆货荷载标准值(kPa) 前沿 q_1	前方堆场 q_2 构件计算	前方堆场 q_2 整体计算	说明
集装箱码头	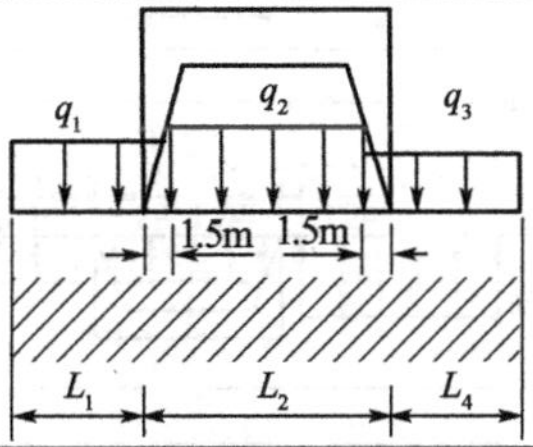	不限	20 - 30	30 - 50	30	1. L_1 布置为辅助通道时,q_1 取大值; 2. L_2 系装卸桥轨距,当轨距内堆 3 层箱时,构件计算 q_2 取大值; 3. L_4 系装卸桥陆侧轨中心线至堆场边缘距离,构件计算 q_3 =30kPa,整体稳定计算 q_3 =20kPa
煤码头 突堤式布置	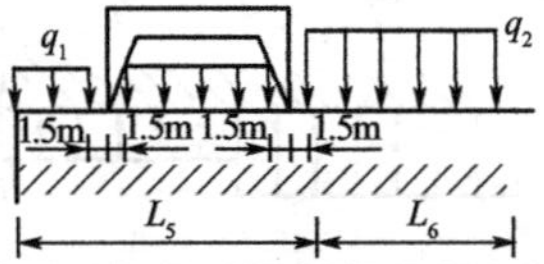	不限	20	20	20	1. q_1 按工艺要求确定,但不小于表列值;L_1 为通道宽; 2. L_2 系装、卸船机轨距,其间设置皮带机,设置皮带机范围内按皮带机荷载计,但不小于表列值
煤码头 顺岸式布置	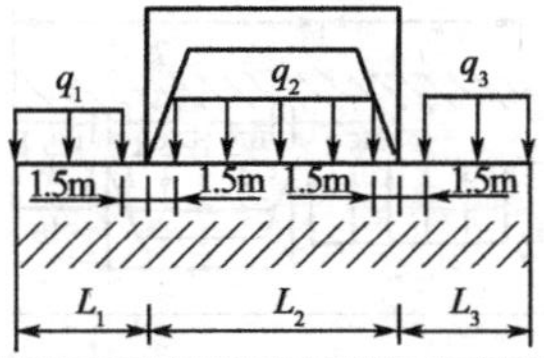	不限	20	20	20	1. q_1 按工艺要求确定,但不小于表列值; 2. L_2 系装、卸船机轨距,其间设置皮带机,设置皮带机范围内按皮带机荷载计,但不小于表列值; 3. L_3 系流动机械通道宽,按工艺要求确定,但不小于表列值

注:① L_1 为通道宽度,一般可取 3 ~4m,对于专业集装箱码头,为码头前沿线至集装箱装卸桥海侧轨中心线距离,可取 3 ~10m,河港集装箱码头可减少至 2.0 ~2.5m;

② L_2 为装卸机、卸船机或集装箱装卸桥轨距;

③ L_3 为流动机械通道宽度,可取 7 ~15m;

④ L_4 为集装箱装卸桥陆侧轨中心距堆场边缘距离,可取 25 ~40m。

附表 1-2

一般装卸条件下海港码头堆货荷载标准值(部分)

码头类别	荷载图式	结构型式	堆货荷载标准值(kPa)			说明
			前沿 q_1	前方堆场 q_2		
				构件计算	整体稳定性计算	
件杂货码头	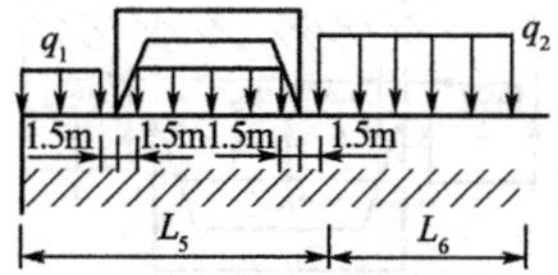	不限	20	40(60)	30(40)	前方堆场有少量钢铁时,用括号内数值。有重件落地时 q_1 用 30kPa。门机下无铁路时 q_1 用 25kPa
客货码头	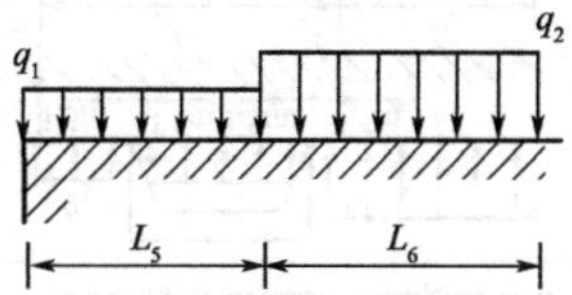	不限	20	30	25	应以装卸、运输货物的起重机械荷载、流动机械荷载对构件进行计算
金属矿石	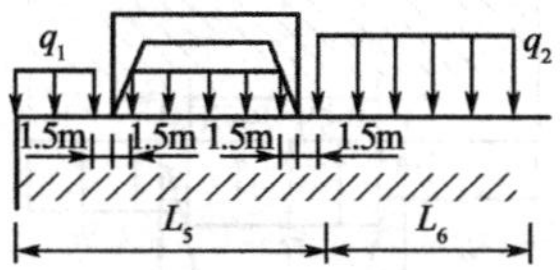	透空式	20	100	80	q_2 对应垛高 4m
		实体式	20	150	120	q_2 对应垛高 6m
非金属矿石码头(包括石料)	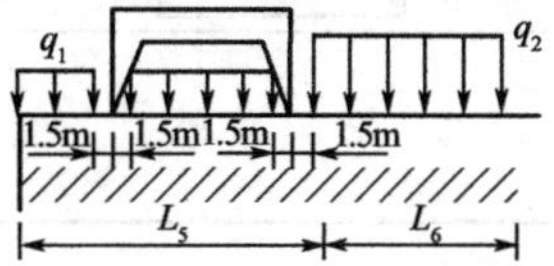	不限	20	80(100)	60(80)	前方堆场堆存量较大时用括号内数值。对砂石料码头,在整体稳定性计算时,应根据前方堆场实际堆存面积、堆存量大小,确定对堆货荷载的标准值是否进行折减
	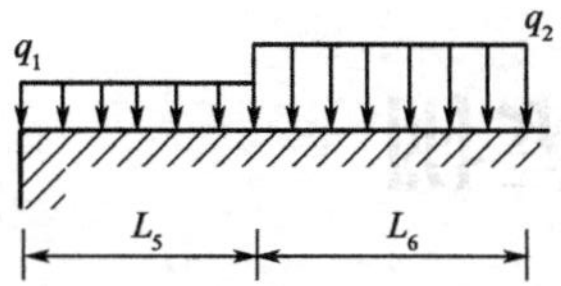		20(30)	60	60	前沿经常堆货时用括号内数值

注:①L_5 码头前沿线至门机陆侧轨中心线外 1.5m 的距离,应按可能出现的最小值采用。无门机时,可取 10m;有门机时,按实际货物堆存情况确定;

②对于无门机的码头,L_6 应按实际可能堆存情况确定。对于有门机的码头,L_6 可自 L_5 的末端起至门机所能堆到的位置止。

附表 1-3

部分河港码头堆货荷载标准值(部分)

码头类别	码头型式	荷载图式	结构型式	堆货荷载标准值(kPa)			说明
				前沿 q_1	前方堆场 q_2		
					构件计算	整体计算	
件杂货码头	直立式	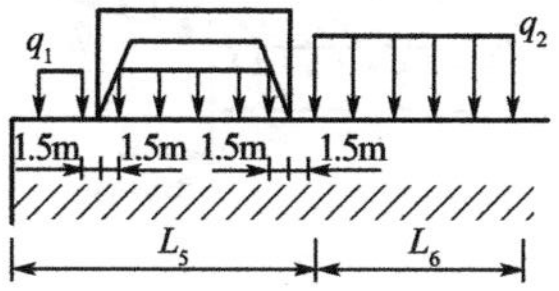	不限	20	40(30)	30(25)	1. 门机下有无铁路，q_1 均采用表列值； 2. q_1、q_2 包括装卸、堆存少量钢材； 3. 堆存木材时，q_2 用括号内数值； 4. 对无门机的情况，堆存量大时取上限值
		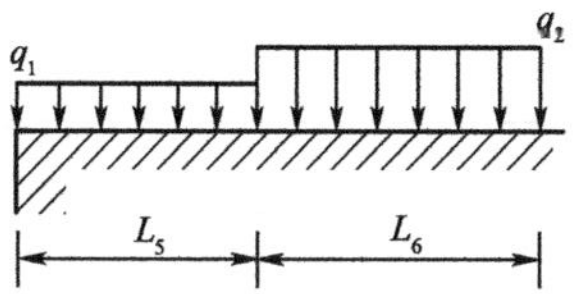	不限	15～20	30～40	20～30	
五金钢铁码头	直立式	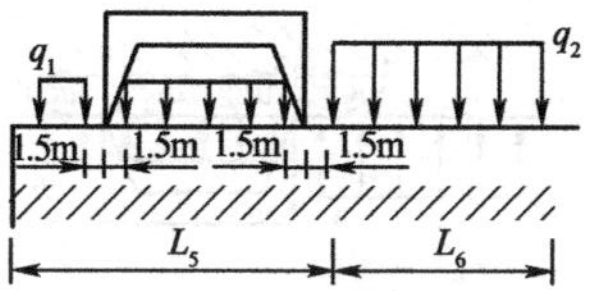	透空式	20	50～80	35～60	
			实体式		80	60	
		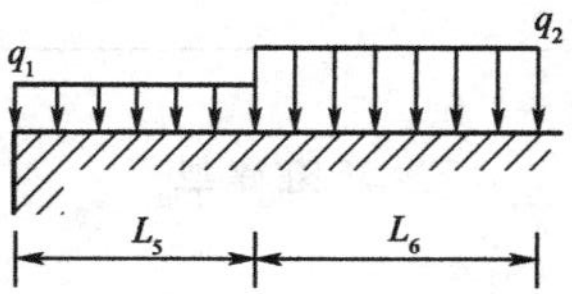	不限	20	50	35	

续上表

码头类别	码头型式	荷载图式	结构型式	堆货荷载标准值(kPa) 前沿 q_1	前方堆场 q_2 构件计算	前方堆场 q_2 整体计算	说明
散货码头	直立式	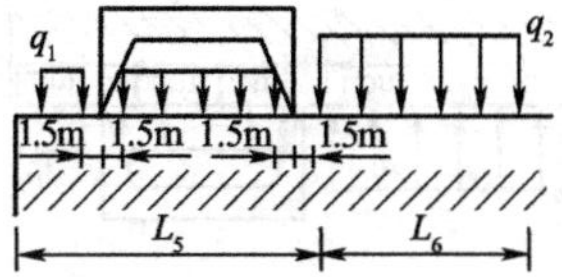	透空式	20	40 ~ 50	30 ~ 40	金属矿石及矿粉取上限值，煤、非金属矿石及矿粉取下限值
			实体式		50 ~ 80	40 ~ 60	
件杂货码头	斜坡式或浮码头	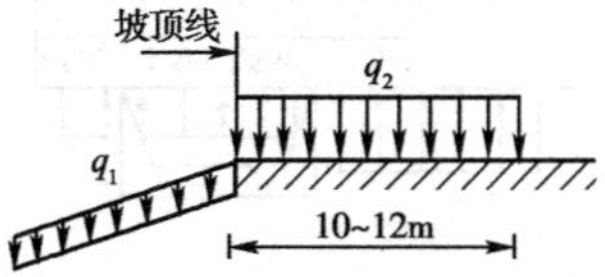	不限	5	20 ~ 30	20	1. 包括装卸木材、少量钢材； 2. q_1 根据工艺要求确定，但不小于表列值
五金钢铁码头			不限	5	40 ~ 50	30 ~ 35	q_1 根据工艺要求确定，但不小于表列值
散货码头			不限	3 ~ 5	30 ~ 50	25 ~ 40	1. 金属矿石及矿粉 q_2 取上限值，煤非金属矿石及矿粉取下限值 2. q_1 根据工艺要求确定，但不小于表列值

后方堆场堆货荷载标准值　　附表 1-4

堆存货种		堆货荷载标准值 q_4(kPa)	说明
件杂货		30~40	—
五金钢铁		80	堆高较大时，应根据实际堆存高度计算确定
木材		30	—
散货	煤	50~60	适用于移动式皮带机大面积堆高
	金属矿石及矿粉	100~120	
	非金属矿石及矿粉	80	
	砂石料	100	
集装箱	重箱	40~60	堆箱4层 $q_4=40$kPa, 5层 $q_4=50$kPa, 6层 $q_4=60$kPa
	空箱	20	—
	道路	20	主、支干道和作业通道

注：采用专业机械堆存散货或有特殊使用要求时，后方堆场堆货荷载标准值可按下式计算：

$$q_3 = \gamma h$$

式中：γ——货物堆存重度，kN/m^3；

h——货物堆存平均高度，m。

仓库堆货荷载标准值　　附表 1-5

堆货位置	堆存货种	堆货荷载标准值(kPa)
底　层	件杂货	30
	散粮、散化肥	40
	五金钢材	120~150
楼层及平台	件杂货	15~20
站　台	件杂货	30

注：①对储存性的专业袋粮仓库当堆高为24包时，可按40kPa采用；专业袋水泥仓库当堆高为3m时，可按50kPa采用；
②当计算码头整体稳定需计入仓库堆货荷载时，表列数值应乘以折减系数，件杂货乘以0.7，散货乘以0.8。

门座起重机荷载标准值　　附表 1-6

荷载代号	Mh-5-30	Mh-10-25	Mh-10-30	Mh-16-30	Mh-25-30	Mh-25-35	Mh-40-35	Mh-40-45
最大起重量(t)	5	10	10	16	25	25	40	40
最大幅度(m)	30	25	30	30	30	35	35	45
自重(t)	115	145	200	240	340	430	530	700
轨距(m)	10.5	10.5	10.5	10.5	10.5	10.5	12	12
基距(m)	10.5	10.5	10.5	10.5	10.5	10.5	12	12
轮数	2×4	3×4	4×4	5×4	6×4	8×4	8×4	8×4
荷载 P(kN)	250	250	250	250	250	250	400	500
两机荷载图式间的最小距离(m)	1.5							

注：垂直和平行于轨道方向水平力标准值可按轮压标准值的1/10估算。

门座起重机支腿荷载计算图示

附表 1-7

荷载代号	支腿荷载计算图式(间距单位:m)
Mh－5－30	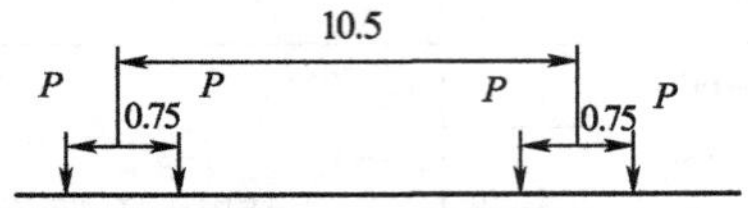
Mh－10－25	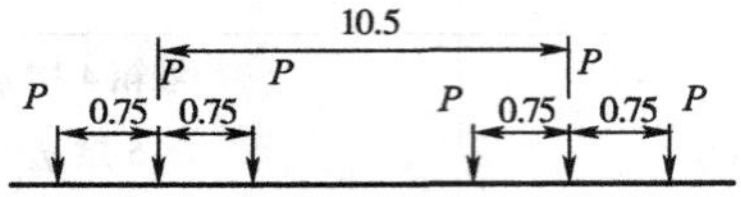
Mh－10－30	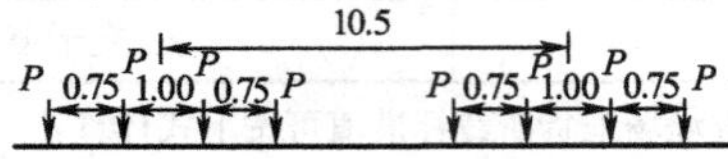
Mh－16－30	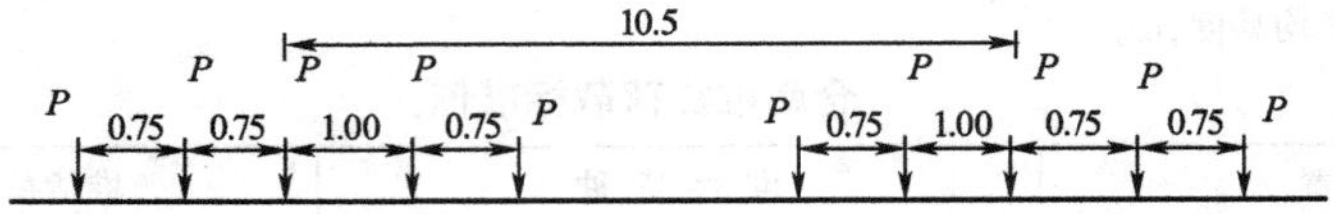
Mh－25－30	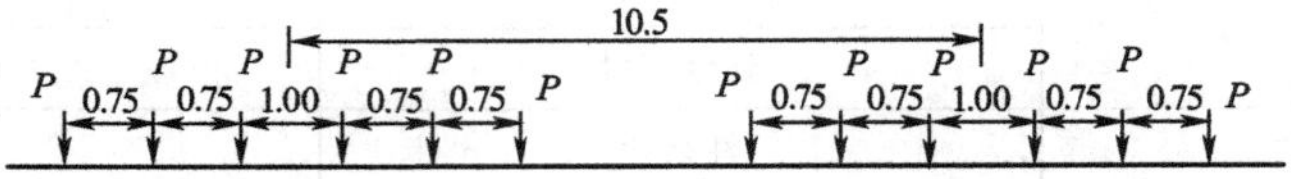
Mh－25－25	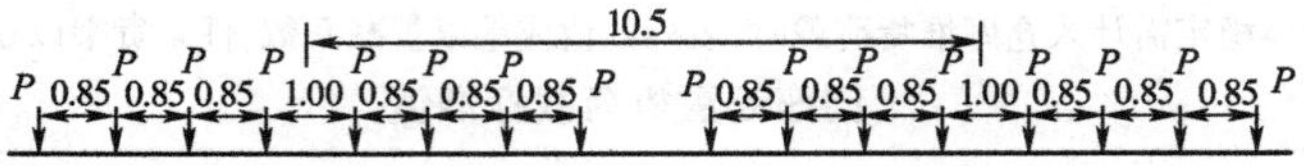
Mh－40－35	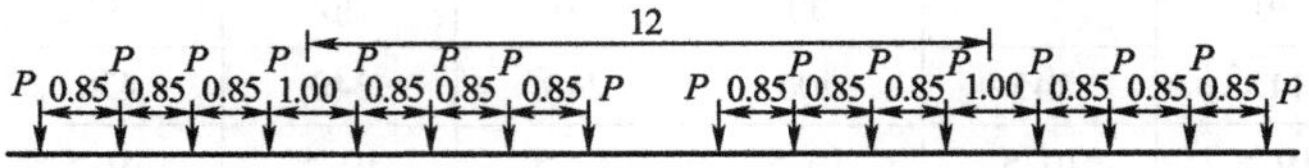
Mh－40－45	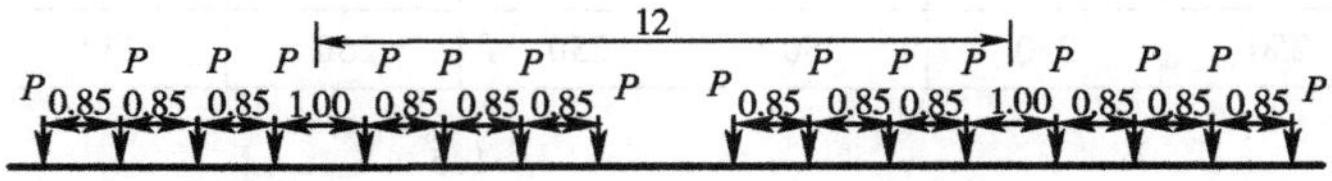

门座起重机在工作状态下的支腿竖向荷载标准值　　附表 1-8

吊臂位置	支腿竖向荷载(kN) 支腿代号 / 支腿编号	Mh－5－30	Mh－10－25	Mh－10－30	Mh－16－30	Mh－25－30	Mh－25－35	Mh－40－35	Mh－40－45
1	A	440	660	880	1100	1320	1760	2800	3500
	B	440	660	880	1100	1320	1760	2800	3500
	C	160	240	320	400	480	640	800	1000
	D	160	240	320	400	480	640	800	1000
2	A	500	750	1000	1250	1500	2000	3200	4000
	B	300	450	600	750	900	1200	1600	2000
	C	100	150	200	250	300	400	500	650
	D	300	450	600	750	900	1200	1600	2000
3	*A*	440	660	880	1100	1320	1760	2800	3500
	B	160	240	320	400	480	640	800	1000
	C	160	240	320	400	480	640	800	1000
	D	440	660	880	1100	1320	1760	2800	3500
吊臂位置	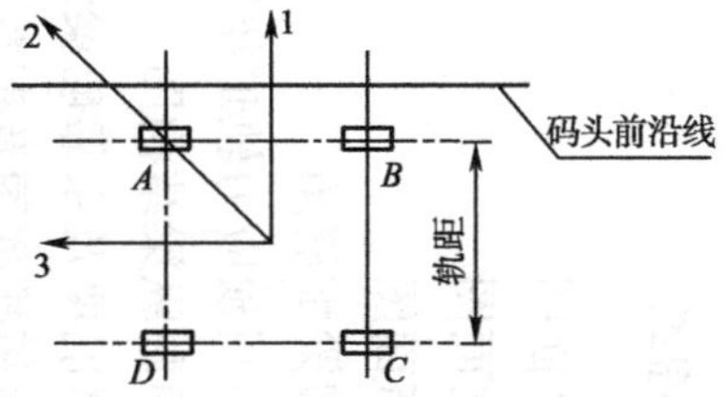								

注:①表列数值已考虑0.4kPa的风压;

②两机荷载图示间的最小距离按表C.0.1选用时,支腿竖向荷载可按吊臂位置1采用。

附录二　码头案例——高桩码头施工图

一、工程概况

该码头是一座煤码头，由码头平台（包括靠船装卸平台、转运站平台及变电所平台）和引桥组成，靠船装卸平台及引桥采用高桩梁板结构，转运站平台及变电所平台采用高桩墩台结构。

码头平台长550m，其中转运站基础平台长34m，靠船装卸平台长516m，泊位宽为28m，局部宽度为33m，根据码头设计靠泊船型，结合地质资料及桩基设计承载能力，靠船装卸平台采用了8m的排架间距，共设65榀排架。排架基础为Φ 1 000PHC管桩（水下地形较深处采用Φ1 000 δ 16钢管桩），桩尖置于密实的粉细砂及中粗砂层，每榀排架下设置3(4)根直桩和4根斜桩，靠船装卸平台上部结构由横梁、纵梁、预应力轨道梁、前边梁、系靠船梁和叠合板组成，靠船装卸平台设置了1 000kN系船柱（其中每个泊位两侧设有2个1 500kN系船柱），码头排架前沿竖向“一隔一”布置DA—B800H型橡胶护舷和DA—A300H型橡胶护舷，横向布置DA—A300H型防撞橡胶护舷。为便于兼顾船舶（2 000t级驳船）在低水位时的系泊，码头前沿设有两层系缆平台，其上设置450kN系船柱。

转运站基础平台采用高桩墩式结构，基础为Φ1 000PHC管桩，上部为钢筋混凝土墩台。

综合用房平台一座，平面尺度为27×20m，上部为钢筋混凝土墩台，基础采用Φ1 000PHC管桩。

引桥长924.772m，宽18m，根据引桥处地形和水位情况，基础分别采用Φ1 000mmPHC管桩及Φ1 000钻孔灌注桩，排架间距20m。引桥上部结构由钢筋混凝土横梁、预应力钢筋混凝土空心板及面层组成。

二、施工图纸

1. 码头平面图
2. 码头立面图
3. 码头断面图
4. 平台横梁配筋图
5. 平台预制预应力轨道梁配筋图
6. 平台预制纵梁结构图
7. 平台靠船梁及系靠船梁结构图
8. 平台梁板排列图及汇总表
9. 平台预制及现浇面板结构图
10. 平台现浇面层结构图

参 考 文 献

[1] 邱驹. 港工建筑物[M]. 天津:天津大学出版社,2002.10.

[2] 陈万佳. 港口水工建筑物[M]. 北京:人民交通出版社,1997.8.

[3] 蒋宗燕. 港航水工建筑物[M]. 北京:人民交通出版社,1997.8

[4] 韩理安. 港口水工建筑物[M]. 北京:人民交通出版社,1999.10.

[5] 周素真. 港口航道工程学[M]. 北京:中国水利水电出版社,2000.5.

[6] 李守巨. 田立新. 港口与航道土木工程师实务手册[M]. 北京:建筑工业出版社,2009.2.

[7] 周福田,张贤明. 水运工程施工[M]. 北京:人民交通出版社,2004.8.

[8] 交通部第一航务工程局. 港口工程施工手册[M]. 北京:人民交通出版社,1994.9.

[9] 中华人民共和国行业标准. 水运工程质量检验标准(JTS 257—2008)[S]. 北京:人民交通出版社,2008.

[10] 中华人民共和国行业标准. 港口工程地基规范(JTJ 147—1—2010)[S]. 北京:人民交通出版社,2009.

[11] 中华人民共和国行业标准. 港口工程荷载规范(JTS 144—1—2010) [S]. 北京:人民交通出版社,2010.9.

[12] 中华人民共和国行业标准. 水运工程测量技术规范规范(JTS 203—2001) [S]. 北京:人民交通出版社,2001.1.

[13] 中华人民共和国行业标准. 重力式设计与施工规范(JTS 167—2—2009) [S]. 北京:人民交通出版社,2010.9.

[14] 中华人民共和国行业标准. 板桩码头设计与施工规范(JTS 167—3—2009) [S]. 北京:人民交通出版社,2009.7.

[15] 中华人民共和国行业标准. 高桩码头设计与施工规范(JTS 167—1—2010) [S]. 北京:人民交通出版社,2010.8.

[16] 中华人民共和国行业标准. 斜坡码头及浮码头设计与施工规范 (JTJ 294—9—8) [S]. 北京:人民交通出版社,1998.

[17] 中华人民共和国行业标准. 海港工程混凝土结构防腐蚀技术规范(JTS 275—2000)[S]. 北京:人民交通出版社,2000.

[18] 中华人民共和国行业标准. 港口工程灌注桩设计与施工规程(JTJ 248—2001)[S]. 北京:人民交通出版社,2001.

[19] 中华人民共和国行业标准. 建筑抗震设计规范(GB 50011—2010)[S]. 北京:中国建筑工业出版社,2010.

[20] 中华人民共和国行业标准. 水运工程混凝土施工规范(JTJ 268—1996)[S]. 北京:人民交通出版社,1996.

[21] 中华人民共和国行业标准. 码头附属设施技术规范(JTJ 297—2001)[S]. 北京:人民交通出版社,2001.

[22] 中华人民共和国行业标准.防波堤设计与施工规范(JTJ 298—98)[S].北京:人民交通出版社.

[23] 中华人民共和国行业标准.港口及航道护岸工程设计与施工规范(JTJ 300—2000)[S].北京:人民交通出版社,2000.

[24] 刘永秀.板桩和地下墙码头的设计理论和方法[M].北京:人民交通出版社,2006.9.

[25] 河海大学,大连理工大学,等.水工钢筋混凝土结构学[M].北京:中国水利水电出版社,2007.

[26] 顾慰慈.挡土墙土压力计算手册[M].北京:中国建材工业出版社,2004.10.

[27] 张国良.最新《港口工程竣工验收办法》贯彻实施与港口航道工程概算、设计、施工技术、质量监理、试验检测、招投标及分类验收标准实务全书[M].北京:人民交通出版社,2005.6.

[28] 吴相忠.最新水运工程施工技术规范与策略质量检验标准实用手册[M].北京:人民交通出版社,2009.